인문사회와 과학기술의 융합

소통

문진 問津 포럼 문진총서 02

인문사회와
과학기술의
융합

소통

문진연구센터 이덕환 엮음

서강대학교출판부

문진총서 02

인문사회와 과학기술의 융합

소통

초판발행 | 2011년 3월 10일
엮 은 이 | 문진연구센터 이덕환
발 행 인 | 이종욱
편 집 인 | 우찬제
발 행 처 | 서강대학교 출판부
등록번호 | 1978년 9월 28일 제313-2002-170호

주　소 | 서울특별시 마포구 신수동 1번지
전　화 | (02) 705-8212
팩　스 | (02) 705-8612

ISBN 978-89-7273-178-8 94080

값 20,000원

* 이 책은 교육과학기술부 · 한국연구재단의 지원으로 제작되었음.

새로운 과제로 떠오른 소통(疏通)

오늘날 우리 사회는 소통의 단절로 심각한 어려움을 겪고 있다. 원만한 소통을 전제로 하는 민주화를 추구하면서 어느 누구도 상상하지 못했던 일이다. 우리가 지난 반세기 동안에 놀라운 수준의 경제적 · 사회적 · 정치적 성과를 이룩했지만 안타깝게도 오늘날 우리 사회의 행복 지수가 실제로 크게 향상되었다고 보기는 어렵다. 소통의 단절에 의한 사회적 갈등과 분열이 경제 성장과 사회적 · 정치적 민주화에 의한 발전을 무력화시켜버린 탓이다. 자칫하면 더 나은 삶을 위해 애써왔던 지난 반세기에 걸친 우리의 모든 노력이 수포로 돌아갈 수도 있는 절박한 위기 상황이다.

인간은 사회적 동물이다. 어느 누구도 다른 사람과 소통을 하지 않고는 생존할 수 없는 별난 특성을 가진 존재라는 뜻이다. 사실 세상에 살아 있는 모든 생명은 생존을 위해 상당한 수준의 소통을 필요로 한다. 사냥이나 번식을 위해 같은 종은 물론이고 다른 종과도 긴밀하게 소통을 해야만 한다. 그러나 우리 인간의 경우에는 소통에 대한 의존도가 매우 높다. 고도로 발달한 인류의 문명 자체가 긴밀한 소통을 전제로 하는 '집단 지성'(collective intelligent)의 산물이고, 개인의 권리와 평등을 기반으로 하는 현대의 민주 사회도 구성원들 사이의 원만한 소통을 전제로 하는 사회 제도이다. 사회가 경제 · 사회 · 정치적으로 발전하면 소통의 중요성도 더욱 커지게 된다. 결국 우리의 소통 단절은 선진 사회로 진입하기 위한 성장통(成長痛)이다.

소통이 쉬운 것은 절대 아니다. 소통은 단순히 정보를 주고받는 것이 아니라 기본적으로 상호 타협이나 합의를 목표로 하기 때문이다. 단순히 정보의 흐름을 원활하게 만든다고 타협이나 합의가 이루어지는 것이 아니다. 더욱이 모두가 원하는 것을 얻게 되는 '윈-윈'의 결론에 도달할 수 있는 경우도 흔하지 않다. 결국 소통에 참여하는 개인이나 집단 차원에서 적극적인 양보 의사가 없으면 원활한 소통은 어려울 수밖에 없다. 원활한 소통을 위해서 상당한 수준의 노하우와 함께 적극적인 노력이 필요한 것도 그런 이유 때문이다. 무작정 소통의 중요성과 필요성을 강조한다고 소통이 원만하게 이루어질 수는 없다.

우리 사회에서 소통의 문제는 단순한 원인에서 비롯되는 것이 아니다. 우리가 소통의 중요성을 가볍게 보았던 것이 사실이고, 양보와 타협을 전제로 하는 소통에 익숙하지 않았던 것도 사실이다. 우리가 소통을 가볍게 여기고 적극적으로 노력하지 않았던 이유도 다양하다. 우리 사회의 뿌리 깊은 문제로 지적되어왔던 혈연 · 지연 · 학연을 비롯한 '패거리 문화'도 문제라고 할 수 있고, 불행한 역사적 과정을 통해 우리 사회에 파고든 이념적 · 종교적 갈등도 무시할 수 없다. 반만년을 이어온 우리의 전통을 외면하고 세계화의 물결에 따라 낯선 외래문화와 제도에 휩쓸려버린 탓이라고 볼 수도 있다. 이제는 우리 사회에 놀라운 경제 성장을 가져다준 현대 과학과 첨단 기술까지 분열과 갈등의 원인으로 작용하고 있는다.

우리 사회의 발전을 가로막고 있는 소통의 문제는 인문 · 사회과학과 과학기술의 융합적 노력으로 풀어가야 할 대표적인 과제임에 틀림이 없다. 무엇보다도 다양한 원인에서 비롯된 우리 사회의 소통 단절에 대한 정확한 진단이 선행되어야 한다. 겉으로 드러난 증상만을 근거로 하는 표피적이고 피상적이고 단편적인 진단은 무의미하다. 모든 것을 우리의 역사적 · 문화적 전통의 탓으로 돌리는 패배주의적 진단도 도움이 되지 않는다. 오늘날 우리의 삶이 과거와는 비교도 할 수 없는 수준으로 달라졌다는 사실이 전제되어야만 한다. 개인의 차원에서만 그런 것이 아니라 사회 전체가 달라졌다는 사실을 인정해야 한다. 더욱이 오늘날 우리의 삶이 하루가 다를 정도로 빠르게 변화하고 있다. 그런 현실을 무시한 진단은 문제해결에 전혀 도움이 될 수 없는 오진(誤診)일 수밖에 없다. 과거의 전통과 현재 우리가 직면하고 있는 현실, 그리고 우리 모두가 지향하는 미래까지 모든 것을 종합적이고 복합적으로 고려한 정밀한 진단이 필요하다.

소통의 단절을 해결하기 위한 처방도 역시 종합적이고 복합적이고 융합적이어야 한다. 보수와 진보 중 어느 하나를 선택하는 것으로는 우리 사회의 고질적인 이념 문제가 해결될 수는 없다. 우리의 전통이 아름답다는 이유로 현대의 새로운 과학적 세계관과 첨단 기술을 밀어낼 수도 없다. 현대의 과학기술을 포기하고 자연으로 돌아간다고 광우병, 신종 플루, 멜라민, 구제역과 관련된 소통의 문제가 해결되는 것은 절대 아니다. 마찬가지 이유로 새것이 좋다는 이유로 무작정 옛것을 던져버릴 수도 없다. 우리에게 절박하게 필요한 것은 과거와 현재, 우리 것과 남의 것, 내 것과 네 것이 절묘하게 어우러진 융합적 처방이어야만 한다.

과연 우리가 그렇게 절묘한 융합적 진단과 그런 진단을 근거로 한 융합적 처방을 찾아낼 수 있을 것인지는 확실하지 않다. 우리 사회의 분열과 갈등을 일으키고 있는 소통 단절의 문제가 그만큼 심각하고 어려운 것이기 때문이다. 그렇다고 포기할 수는 없다. 다양한 시각에서의 진단과 처방을 모아놓은 '나루터'에서 과연 우리 모두가 어느 방향으로 나아가야 할 것인지에 대한 사회적 합의를 추구해볼 일이다. 소통의 근원적인 어려움에 대한 인문학적 고민도 필요하고, 첨단 기술을 통해 등장하는 새로운 소통의 수단을 적극적으로 이용하는 길도 찾아내야 한다. 물론 필요하다면 우리에게 오늘을 가능하게 만들어준 우리의 아름다운 전통을 다시 살려내는 노력도 포기할 수 없다. 무엇보다도 소통 단절의 문제를 융합적으로 해결하지 못하면 우리에게 더 이상의 발전은 불가능하다는 절박한 현실을 분명하게 인식해야만 한다.

2011년 2월

문진연구센터 이덕환

| 차례 |

문 진 포 럼 1

언어와 소통

토론자 (가나다순)

길희성 (서강대 종교학)
김유신 (부산대 물리학)
복거일 (소설가)
엄정식 (서강대 철학)
이대일 (명지대 디자인학)
이덕환 (서강대 화학)
최재천 (이화여대 에코과학)
한경구 (서울대 인류학)
한형조 (한국학 중앙연구원 철학)

때 / 곳

2009년 8월 28일
문진연구센터 회의실

이덕환 : 문진포럼에 대해 소개를 드리겠습니다. 요즘 '통섭', '학문간 융합' 이런 이야기들이 많이 나오는데 우리 사회에서 그런 것들이 현실적으로 가능한가, 과연 바람직한 것인가에 대해 여러 가지 이견들이 많습니다. 기존에 이런 문제의식에 대해 모여서 무언가를 해보자는 시도는 많았습니다. 과학기술부가 지원해서 과학과 문학, 과학과 예술의 만남 이런 것들에 대한 시도가 그 대표적인 사례라고 할 수 있습니다. 그러나 우리 문진포럼은 겉으로 드러나는 것보다는 조용하게 앉아서 현실적으로 내실 있는 모임을 만들면 좋겠다는 취지로 시작되었습니다. 특히 우리 문진포럼은 학문간 벽을 낮추는 시도라고 봐주시면 좋겠습니다. 그러니 자유롭게 자신의 의견을 개진해주시면 감사하겠습니다. 그런 과정에서 다른 분야에 대한 이해도 넓혀가고 소통의 길을 찾을 수 있을 것입니다. 오늘 문진토론회의 토론 주제는 말 그대로 '소통' 입니다. 이 주제는 우리 문진포럼이 궁극적으로 추구하는 목표이기도 합니다. 그런 이유에서 이번 토론회에서 여러 선생님들의 진솔한 의견을 듣고자 합니다. 형식에 국한되지 않게 자유롭게 토론해주시면 됩니다. 우선 엄정식 선생님께서 말씀해주시면 감사하겠습니다.

엄정식 : 최근의 소통 문제가 크게 부각된 것은 과학기술의 등장 때문에 그렇게 된 것 아닌가 싶습니다. 과학기술로 인해 사물을 보는 시각이 달라졌을 뿐만 아니라 소통의 양상도 획기적으로 바뀌었습니다. 저는 소통의 양상이 어떻게 달라졌는지 말씀드리려고 합니다. 먼저 말하고 싶은 것은 '사회적 합리성'이라는 재미있는 개념입니다. 과학적 합리성은 실험과 관찰을 통해서 누구나 확

인할 수 있는 방법이 있지만, 사회적 합리성은 확인하지 않더라도 인간에게 공감을 주거나 감정을 움직일 수 있는 합리성을 말합니다. 이러한 사회적 차원의 합리성을 염두에 두어야 의사소통이 원활하지 않을까 해서 생각해보았습니다. 둘째로, 저는 '포괄성'이 중요하다고 생각합니다. 커뮤니케이션이나 담론이 막히는 상황을 보면 낮은, 수준의 전제를 가지고 있는 것 같습니다. 한때 '우주의 중심'이 태양이냐 지구이냐 하는 논쟁이 있었습니다. 이 논쟁이 가능하기 위해서는 우주의 중심이 태양이나 지구, 둘 중 하나여야만 논쟁이 성립합니다. 그러나 지금은 우주의 중심이라는 것 자체가 있는지가 문제입니다. 그렇다면 이 논쟁은 아주 보잘것없고 수준 낮은 논쟁인 것입니다. 우리의 커뮤니케이션이 두절될 때, 이런 양상을 보이지 않나 싶습니다. 아주 보잘것없고 작은 사소한 전제들을 가지고 싸우는 것 아닌가 합니다. 제한된 전제들을 가지고 이야기했을 때, 커뮤니케이션이 안 되면 우리가 공유하고 있는 전제들을 다시 생각해보아야 합니다. 그래야 포괄성의 측면에서 돌파구를 마련할 수 있지 않을까 생각해보았습니다. 셋째는 '관점의 상대성'입니다. 우연히 제주도에 가서 들은 이야기입니다. 한때 제주 사람과 서귀포 사람이 험악했던 때가 있었다고 하는데, 쟁점은 한라산의 앞이 어디냐는 것이었답니다. 제주 사람은 제주에서 본 한라산, 서귀포 사람은 서귀포에서 본 한라산이 앞이라고 하며 서로 으르렁거렸다고 하네요. 만약 그 논쟁이 '저 사람이 제주에서 태어나 자랐기 때문에 그쪽을 앞으로 보고 싶은 것이구나"라고 생각하면 이 논쟁은 해소되지 않았을까요? 바로 '역지사지'(易地思之)라는 것입니다. 그러나 이런 편견을 우리가 쉽게 해소할 수는 없습니다. 베이

컨(F. Bacon)의 우상론도 사실 이러한 이야기입니다. 인간이기 때문에 우상 속에 들어갈 수밖에 없다는 것이지요. 그러나 우리가 우상 속에 있다는 것을 자각할 때, 소통이 원활해지지 않을까 생각합니다. 마지막으로 '자동성' 또는 '자율성'입니다. 소통을 잘하려고 인위적으로 애쓰면 개구리가 수렁에 빠지듯 꼬이는 수가 있습니다. 그런데 한 발자국 뒤에서 자연스럽게 놔두면 공감대가 넓어지고, 인위적으로 잘해보려고 하면 꼬이는 경우가 있습니다. 이런 점을 같이 인식하면 소통의 이상과 현실이 조금 더 구체화되지 않을까 싶습니다.

언어의 의미

최재천 : 우리는 커뮤니케이션을 생각하면 쌍방을 생각하는데요, 동물행동학에서는 오랫동안 커뮤니케이션이 쌍방이라는 것에 대해서 아무런 의문이 없었습니다. 그런데 10년 전, 영국의 두 학자가 정말 그러한지 의문 제기를 했습니다. 예를 들면, '밤중에 쥐가 먹이를 먹으러 나왔다가 낙엽을 밟고 바스락거리며 뛰어갔다. 이것을 올빼미가 들었다.' 이것은 정보가 전달이 된 것입니다. 올빼미는 이를 듣고 쥐를 잡아먹었으니까요. 그러면 쥐는 정보를 전혀 전달할 의사가 없었는데 정보가 잘못 전달되어서 죽임을 당한 것입니다. 그런가 하면, 정보를 전달하는 쪽에서 내 말을 들어달라고 하고 있는데 받는 쪽에서 항상 동등한 입장에서 받는 것이 아닌 경우도 있습니다. 두 학자가 연구해보니 많은 경우에 동물의 세계에서 커뮤니케이션은 상당히 일방적이었습니다. 조작

(manipulation)을 하는 것이지요. 언어를 사용해서 누구에게 이야기를 하는 것도 내가 전달하고자 하는 정보를 그대로 전달하기보다는 내가 이득을 취하기 위해서 상대를 설득하는 과정인 것입니다. 그래서 동물행동학계에서는 정보를 굉장히 다른 눈으로 보기 시작했습니다. 전달되는 대상이 '정보'(information)일 수도 있고 '의미'(meaning)가 될 수도 있는 것입니다. 그런데 커뮤니케이션의 의도가 무엇이냐에 따라 전혀 다른 커뮤니케이션이 가능합니다. 정말 우연한 커뮤니케이션이 있는 반면, 많은 경우 비대칭적으로 조작된 관계가 대부분일 것입니다. 이러한 논의는 80년대 말과 90년대 초에 이루어졌는데, 그전까지는 동물행동학에서 커뮤니케이션이란 하나 이상의 개체들이 정보를 공유하는 과정이라고 정의 내렸습니다. 그런데 이제는 커뮤니케이션이란 전달자가 자신의 이득이나 목적을 위해서 상대를 설득하는 과정이라고 정의합니다.

엄정식 : 언어철학이 1940년대 활발했는데, 당시 활약하던 오스틴(J. L. Austin)이 체계화한 것을 언어학에서 나중에 수용했습니다. 이 사람은 언어를 행위로 보았습니다. 오스틴에 의하면, 내가 말을 하는 그 자체를 '발화행위'(locutionary)라고 합니다. 예를 들면, 평강공주와 온달 이야기가 있는데, 평강공주 부왕이 딸이 어려서 말을 안 듣자, 얌전히 굴라는 뜻으로 "너 온달에게 시집보낸다"라고 말했습니다. 말의 진정한 뜻은 "말 잘 들어라"는 뜻입니다. 하지만 평강공주에게 의도가 잘못 전달되어서 평강공주는 마음속으로 온달에게 시집갈 준비를 합니다. 그것을 'illocutionary'라고 합니다. 이것을 저는 '발의행위'라고 번역

합니다. 의도가 전달된 것이니까요. 그런데 실제로 평강공주는 온달과 결국 결혼하게 됩니다. 'perlocutionary.' 저는 발효행위라고 번역합니다. 말의 효과가 발생한 것이니까요. 오스틴의 이론은 이렇게 이 세 부분으로 나누어집니다. 사회에서 일어나는 오해들은 발화행위와 발의행위가 달라지는 경우에 발생하는 현상들이며 고등 담론일수록 더욱 그렇습니다. 우리가 모르는 사이에 언어가 장난을 너무 많이 치고 있는데, 우리는 커뮤니케이션되었다고 생각하는 것이 문제입니다.

길희성 : 인문학 쪽에서 마르크스, 프로이트, 니체와 같은 사람들의 입장을 '의심의 해석학'이라고 합니다. 이전에는 인간이 언어를 합리적으로 투명하게 사용한다고 생각했지만, 실제로 생각과 말의 배후에 의식하거나 의식하지 못하는 경제적 이익, 성욕, 권력욕 등이 작동한다는 것입니다. 그러나 일단 언어를 사용하는 사람들의 동기가 어떻든 간에, 우선 언어를 이해해야 합니다. 언어의 목적이나 감추어진 관계, 동기가 무엇이든 간에 이것은 분명합니다. 지금도 과학에서 아인슈타인 이전의 고전물리학은 시간과 공간을 절대적으로 주어진 것으로 받아들이고, 그 공동체 안에서 과학자들끼리 서로가 잘 통합니다. 일단 제한된 공동체 내에서는 어떻게 해서든지 커뮤니케이션이 되어야 합니다. 이것은 두 가지 차원에서 생각해보아야 합니다. 첫째, 우리가 언어를 그 자체로 이해할 수 있는지, 둘째, 이해할 수 있는 언어가 사실 자체를 반영하는지, 아니면 욕망이나 다른 것을 반영하여 왜곡시키는 것인지를 생각해보아야 합니다. 이것은 너무 한쪽으로만 바라보면 안 되는 문제입니다. 일단 양면이 모두 커뮤니케이션

을 하고 있다는 생각을 하고 이야기를 해야 합니다. 제가 이야기하는 것은 숨겨진 동기가 있다고 하면 도저히 커뮤니케이션이 안 된다는 것입니다. 저는 의심의 해석학의 입장이 조금은 지나치다는 생각을 합니다. 텍스트를 읽을 때, 우선 텍스트의 의미 자체를 받아들이고 그 다음에 깊은 의미가 무엇인지를 생각해야만 합니다.

김유신 : 의미 전달이 '조작'된다고 할지라도 조작이 가능하기 위해서는 언어가 가지고 있는 객관적인 역할이 있어야 된다는 말씀이시군요.

길희성 : 네. 그것은 언어의 '지시적 개념'입니다. 언어가 어떤 맥락에서 이해된다거나 언어게임(Language Game)에서 작동하는 문제는 상위 차원이나 반성적 차원에서의 이론들이고, 일단 언어가 지시 기능이 있다는 것은 부인할 수 없고 누구든지 피할 수 없다는 것입니다.

이대일 : 그러나 그것은 자연과학에서 쓰이는 수학언어의 체계에는 적용되지만, 인문학에서 쓰이는 일반적인 언어체계에도 적용된다고 할 수는 없지 않을까요?

길희성 : 저는 문학도 그렇고 소설이나 시도 언어의 지시 기능을 떠나서는 '상징' 자체가 성립 안 된다고 생각합니다. 구체적 사물을 가리키는 것은 아니라고 할지라도 언어는 무엇인가를 가리키기 위해서 있는 것입니다. 상징적 언어를 사용한다고 할지라도 마찬가지입니다. 직접적으로 사물을 일대일 대응으로 가리키는 것은

아니라고 할지라도, 자기 심성, 객관적 사태 등, 무엇인가를 가리키는 것입니다. 저는 상식적 입장을 옹호하는 것입니다. 아무리 복잡한 언어라고 할지라도 이러한 지시 기능이 없이는 불가능합니다.

복거일 : '방어 메커니즘'은 있습니다. 작가의 의도와 산출된 텍스트를 분리시키는 것입니다. 작가가 무슨 뜻으로 이야기를 했는지는 연구 가치가 있지만 그것을 떠나 객관적으로 존재하는 텍스트의 의미, 즉 공적 의미를 따지면 방어가 되는 것입니다. 실제로 산출된 것은 작가의 의도와 다르기 때문에 그것으로 논의가 될 수 있습니다. 그러나 그것은 미학에서 가장 큰 문제가 되는데, 텍스트가 무엇인지를 따져보면 막히게 됩니다. 모든 철학이 결국 막다른 골목에서 부딪치듯이, 그것이 너무 지나쳐서 비생산적이 되어버린 것입니다. 너무 지나치게 들어가서 생산성이 없어진 것이지요. 읽고서 즐기면 되는 것입니다. 소설 읽고 즐기면 되지, 그것이 무엇이냐고 따지는 것은 주로 함의를 만들기 위해서입니다.

엄정식 : 철학에서는 지시적 기능을 언어의 원초적 기능으로 생각해서 불필요한 형이상학이 나왔다고 말합니다. 어떤 말은 의미가 있는데, 지칭 대상이 없는 경우가 많습니다. '영희는 예쁘다', '철수는 용감하다' 이런 말들이 있을 때, 그 문장이 지칭하는 대상은 철수나 영희여야 합니다. 이런 경우는 쉽게 지칭되는데, '인간은 죽는다'고 했을 때, 과연 무엇을 지칭하는 것일까요? '인간이라는 것을 지칭해봐라'라고 하면 지칭 불가능합니다. 러셀에 의하면 '인간'은 '집합(set)의 이름'입니다. '어떻게 집합이 죽는가?',

그렇기 때문에 이데아설(Idea)과 같은 것이 나온 것입니다. 하느님이 어떻다고 할 때, 전지전능한 존재가 어딘가에 존재한다는 것은 지칭 기능 때문에 나온 것입니다. 어느 날 아침에 엄마가 아이에게 "너 하느님이 두렵지 않느냐?"라고 말했을 때, 그것은 전지전능한 하느님을 지칭하는 것이 아니라 '엄마 말 잘 들어!'라는 뜻입니다. 언어를 분석하면 다음과 같은 이야기를 할 수 있습니다. 주례하는 사람이 '아무개 양과 아무개 군의 결혼을 축하한다'고 말했을 때는 무엇을 지칭한 것이 아니라 결혼을 선언한 것입니다. 지칭 기능은 아주 제한적인데, 과학자들의 언어는 지칭 기능을 합니다. 그런데 시인의 언어는 아무것도 지칭하는 것이 없습니다. 표현 기능입니다.

길희성 : 표현도 무엇을 지칭하지 않겠습니까?

복거일 : 모든 것은 작가의 경험에서 나오는 것으로, 어떤 형태이건 궁극적으로 현실에 대한 이야기입니다.

길희성 : "문을 열어라"라고 말하는 명령어에도 지칭 기능이 들어 있습니다. 그것이 없으면 의미가 안 됩니다. 일상 언어의 다양한 형태들에도 불구하고, 이러한 면에서 과학의 언어와 일상 언어는 동일하다고 생각합니다.

한형조 : 기본적으로 동원되는 기능이 있습니다. 언어가 사물 자체를 그대로 보여준다기보다는 어떤 집단들이 가지고 있는 목적이나 꿈, 가치들이 언어를 통해 발현되고 커뮤니케이션한다는 것입니

다. 실제로 똑같은 언어도 전혀 다른 용법과 가치, 의미를 가지고 있습니다. 이것이 한 사회 안에서 문화권 자체의 소통을 어렵게 하는 원인이 됩니다. 예를 들어 '교육인적자원부'라고 했을 때, 이것은 교육의 목적을 인간을 '자원화'한다는 것입니다. 만약 유교나 불교계에서 이것을 바라보면 절대로 받아들일 수 없는 말입니다. 이들에게 교육은 한 인간을 어떻게 성숙한 구성원으로 만드는지가 목적이기 때문입니다. 한 사회가 한 언어를 선택할 때는 공유되고 있는 꿈, 목적, 희망들이 반영되는 것입니다. 이것이 전혀 다른 방식으로 살고 있는 사람들이 소통 안 되는 이유 아닌가요?

길희성 : 표면상의 의미이든, 여하튼 '인적자원부'라고 말하는 사람은 무엇을 지시하는지를 알고 있습니다. 인간을 국가 발전이나 경제 발전을 위한 자원으로 사용한다는 것이지요. 그러나 이것과 그렇게 말하는 배후의 목적과는 차원이 다릅니다. 우리가 소통이 안 될 때, 아주 일차원적 차원에서 평범한 의미를 잘 이해 못하고 대화하는 경우가 있다는 것입니다. 제가 어떤 논쟁을 하려는 것은 아니지만, 저는 다만 인문학이 너무 많은 의심을 가진다는 것입니다. 최근 저는 상당히 상식적 실재론의 입장에 서 있습니다. 언어와 세계 중, 세계가 있으니 언어가 있다고 생각합니다. 저는 이러한 상식적 실재론을 대변하고 싶습니다.

이덕환 : 인문학에서 언어의 의미와 과학에서 언어의 의미는 조금 다릅니다. 언어가 가르치는 의미는 명백합니다. 예를 들어 인문학에서는 어떤 문장이나 단어의 의미를 찾아들어가면서 문제가 생기는

데, 과학 분야에서는 무엇을 뜻하는지 다 알면서 사용하기 때문에 단어에는 신경 쓰지 않습니다. 예를 들어서 '기전력'이라는 단어는 영어로 'electromotive force'인데, 실제로 그 말이 지칭하는 것은 '에너지'입니다. 전혀 다른 종류의 이름을 가지고 그냥 '힘'이라고 부르면서 즐겁게 에너지라고 이해합니다. 언어 자체의 엄밀성에 대해서는 신경을 안 쓰면서 그것이 지칭하는 대상은 구체적으로 알고 있는 상황도 꽤 많이 있습니다. 패러다임이라고 해도 될 것 같은데, 그런 특성이 다른 분야에서는 어떤지 궁금하네요.

길희성 : 저는 인문학이 언어에 특히 민감하다고 생각합니다. 대학원생들의 논문 또는 문학비평이나 예술비평을 하시는 분들의 글을 보면 상당한 수준의 교육을 받은 사람도 잘 이해 못하는 글이 많습니다. 대학원생부터 시작해서 정확하게 의사 전달하는 능력이 필요한데 그것이 잘 안 되고 있습니다. 학문공동체에서도 마찬가지입니다. 얼핏 보면 언어를 감각적으로 쓰는 것 같은데 실제로 보아도 그러한지는 잘 모르겠습니다.

엄정식 : 언어의 사용이야기가 나와서 조금 보충하려고 합니다. 길희성 선생님께서 언어의 기본 기능은 지시 기능이라고 하셨습니다. 그런데 언어를 그렇게 생각했기 때문에 커뮤니케이션이 안 되었다는 것입니다. 예를 들어 심리현상도 육체현상에 평행되는 보이지 않는 현상이라고 생각했기 때문에, 심리현상이 있을 때 그것을 지칭하려고 하는 이원론이 성립되는 것입니다. 그러나 마찬가지로 중요한 것은 저 사람이 무슨 뜻으로 언어를 사용하고

있는지를 알아야 하는데, 그것을 모르면서 커뮤니케이션하면 미스커뮤니케이션이 됩니다. 따라서 언어는 생각보다 굉장히 중요합니다. 단순히 잘못 전달되는 것이 아니라 존재하지 않는 대상을 존재하는 것처럼 느끼게 만들어 존재하는 것으로 만듭니다. 그렇게 되면 단순히 미스커뮤니케이션이 아니라 사유체계 자체가 달라지는 것입니다. 비트겐슈타인(L. Wittgenstein)에 의하면 의미가 따로 있는 것, 즉 지칭 대상에서 나오는 것이 아니라 '사용 용법'에 따라서 달라진다고 합니다. 즉, 어느 맥락에서 사용되었는가에 의해 의미는 결정되는 것입니다. 예를 들어 집을 지을 때, 지붕 위에 있는 사람이 아래에 있는 사람에게 '벽돌'이라고 말했을 때, 이 사람은 '벽돌'을 지칭하려고 하는 것이 아니라 그것을 위로 던지라는 것입니다. 이렇게 언어는 굉장히 복합적인 것입니다.

길희성 : 엄정식 교수님이 말씀하신 것은, 서양철학사의 잘못된 문제제기는 언어를 잘못 사용하여 시작되었다는 것입니다. 그런데 저는 그런 철학적 문제를 떠나서 이야기하는 것입니다. 예를 들면, 종교에서 보이지 않는 신을 이야기하니까, '신이 무엇을 지칭하는 것인가, 정신적 경험인가, 심리 상태인가'라는 다양한 논의가 있습니다. 그러나 내적인 것을 지시하든, 우주의 절대정신을 지칭하든, 지시 기능 없이는 언어는 무의미할 것입니다. 적어도 그것이 본질적 요소로 개입되어 있다는 것입니다. 따라서 우리가 그것을 가능하면 정확하게 사용할 때, 일차적으로 커뮤니케이션의 혼란을 피할 수 있다는 것입니다.

무엇이 소통을 어렵게 하는가?

이덕환 : 과학에서 언어의 지시적 기능은 굉장히 강조가 됩니다. 그런데 2000년대 초에 '과학전쟁'이라고 불리는 황당한 일이 발생했는데, 일상적으로 사용되지 않는 단어들, 즉 물리학에서 쓰이는 아주 골치 아픈 용어들을 소위 '포스트모더니즘'을 주장하는 사람들이 사전을 뒤져 이상하게 해석해서 사용하는 것을 '소칼'(A. Sokal)이라는 사람이 비판한 일이 있었습니다. 복거일 선생님이 말씀하신 것과 같이, 전혀 다른 것을 지시하는 언어를 다른 분야에서 이해하지 못하고 가져가 사전을 찾아 일상적 의미로 해석하면 정말로 소통이 불가능해지는 것입니다.

엄정식 : 이것은 간단한 문제가 아닙니다. '수학의 언어들은 무엇을 지칭하는가. 그 대상은 무엇인가?'에 관해 자연과학자들은 답할 수 있어야 합니다. 그런데 정말로 소립자의 세계가 입자인지 파동인지 혹은 둘 다인지를 물었을 때, 무엇을 지칭하는 것 같은데 실제로는 지칭하지 않은 것이 있습니다. 지칭 대상을 찾을 수 없는 것도 있고 확인할 방법도 없는 것이 있는 것입니다. 그래서 지칭하는 것들 사이의 관계가 더 중요해지는 것이고, 그래서 문제가 된 것입니다. 언어철학의 발상은 '수학적 표현이 무엇을 지칭하는가?', 그리고 '소립자 세계로 들어갔을 때 거시적 의미로 지칭하는 것이 있느냐?'를 물은 것입니다. 바로 이러한 이유 때문에 언어철학이 등장한 것이며, 이것은 상당히 어려운 문제입니다. 커뮤니케이션에서 언어가 차지하는 부분이 상당히 크게 작용한다는 언어 자체에 대한 반성이 사회학이나 심리학 · 종교학에서

는 적었다는 말씀을 드리고 싶습니다.

한경구 : 저는 길희성 선생님께서 말씀하신 것에 공감합니다. 그러면서도 어떤 것이 먼저인지는 모르겠습니다. 제가 생각하기에는 언어의 중요한 본질 중의 하나는 소통과 더불어서 어떤 소통을 거부하거나 감추거나 자기 의미를 보인다든지, 혹은 언어를 통해서 무언가를 하려고 한다는 것입니다. 저는 그것이 언어의 본질적인 측면 같습니다. 명확히 본질이라고 말하기는 그렇지만, 그것이 언어가 등장한 이래 굉장히 중요한 요소였다고 생각합니다. 80년대 같으면 대학에서 여학생들이 선배 남학생을 '형'이라고 불렀습니다. 엄밀히 말하자면 틀린 표현이지만, 형이라고 부르는 것은 관계를 설정하는 표현인 것입니다. 그렇다면 그것을 틀렸다고 말하기보다는 무엇이 소통이 된 것이냐고 말해야 합니다. 사실 현학적인 글을 쓰는 큰 이유 중 하나는 내가 한 어떤 것에 대해 자세히 그것을 봐달라는 것입니다. 그것은 언어 자체에 담긴 것이 아닙니다. 언어가 그런 의미에서 중요한 도구이면서도 많은 조작을 합니다. 의도적으로 어떤 개념들을 몇 가지 다른 방식으로 사용해서 이야기하면 모두 다르게 받아들입니다. 우리 자신이 언어가 다의적인 의미를 갖도록 사용하고 있는데, 그것은 잘못된 언어이고 정확하게 써야만 한다는 것은 동의하기 힘듭니다. 과연 사람들이 정말 소통을 하고 싶어 하는지, 누가 어떤 때 소통하고 싶어 하는지를 엄밀히 살펴보면, 많은 사람들이 정말로 소통하고 싶어 하지는 않는 것 같습니다. 그래서 커뮤니케이션을 정말 하고 싶어 하는지, 어떤 종류의 커뮤니케이션을 하고 싶어 하는지 생각해보아야 합니다.

길희성 : '어떤 종류의 것을 감추고 싶어 하고, 곡해를 하고 싶어 하는가?' 이 논의는 다양하게 생각해볼 수 있겠습니다. 조금 전, 형이라고 부르는 것도 일차적으로 형이라는 것이 의미를 가지기 때문에, 일상적 용법과 다르지만 여학생의 말이 힘을 가지는 것입니다. 그 일차적인 의미를 떠나서는 이상할 이유가 없으며 의미도 없는 것입니다. 제가 말하는 것은 모든 언어는 기본적인 의미가 있다는 것입니다. 물론 종교적 대화, 예를 들어 기독교권과 이슬람권의 대화, 기독교권과 불교권의 대화를 분석하고자 하는 목적과 동기에 관해 이야기할 경우에는 복잡한 문제가 발생하게 됩니다. 이러한 문제는 단순히 지시 기능만 가지고는 해결되지 않습니다.

한형조 : 언어의 주관성은 차치하고, 언어가 명백한 상태에서 소통을 어렵게 하는 것은 우리가 사용하고 있는 두 종류의 언어에서 기인할 수 있습니다. 과학에서는 같은 개념과 영어 전통 안에서 이해를 공유하고 있습니다. 그래서 어려운 말을 해도 오해 없이 잘 사용합니다. 그러나 인문과학 · 사회과학에서 사용하는 언어들은 한자로 본다면, 기본적으로 19세기 중후반의 일본에서 서양 문물을 번안하는 데 사용한 언어를 사용하고 있기 때문에 실제로는 영어로 사용하고 있다고 해도 큰 차이가 없습니다. 그런데 담고 있는 언어들은 한자 형상을 하고 있습니다. 원래의 한자의 형상과 서구의 번역어 사이에는 굉장한 괴리가 있습니다. 이러한 단어들은 무수히 많기 때문에 개념들을 새롭게 정리하고 구획하는 일을 다시 해야 합니다. 또 우리가 언어를 배울 때는 너무 고차원의 언어부터 배웁니다. 철학에서도 사상을 집약하는 최고층

위의 언어를 그냥 외워서 사용하기 때문에 자기도 모르는 소리를 더욱더 모호하게 만드는 것 같습니다. 저는 언어의 모호성 문제는 바닥에서부터 고고학적인 작업을 해나가야 한다고 생각합니다.

복거일 : 물리 · 화학은 단순하지만, 그 위의 생물학을 하면 한 단계 더 복잡해집니다. 그런데 우리가 사회과학을 말하면 이야기가 또 달라지는데, 계속 개념 규정을 하면서 한걸음씩 나아가야 무슨 이야기인지 알아듣습니다. 현상 자체가 물리과학 · 생명과학 · 사회과학 · 인문학 · 예술로 올라갈수록 복잡성이 기하급수적으로 늘어나기 때문에 문제가 발생하는 것입니다. 그렇기 때문에 인문학을 하시는 분들은 운명적으로 어려울 수밖에 없습니다.

김유신 : 자연과학은 단순하고 문학은 복잡하다는 것은 굉장히 잘못된 생각입니다. 자연과학적 구조를 탐구하는 것은 아주 복잡합니다. 복잡하기 때문에 복잡한 기호와 주산력을 사용하는 것입니다. 그런데 그 용어를 알지 못하면 사용할 수 없기 때문에 그 단어를 이해하고 사용해서 쉬워 보이는 것이지, 개념이 단순해서 그런 것이 아닙니다. 둘째로, 문화나 예술 분야는 한 단어의 개념과 현상을 설명하고 이해하는 데 있어서 이해하는 방식 자체에 애매성이 동반되어 있습니다. 뿐만 아니라 단어의 의미는 현상 속에서 현상이 너무 다양하기 때문에 현상과 현상 사이를 쉽게 관통하지 못합니다. 즉, 인문학의 일 자체가 애매성을 특성으로 가지는 것이기 때문에 어려워 보이는 것입니다. 이러한 오해를 풀어주지 않으면, 과학 언어, 인문학 언어를 나눌 필요가 없습니다. 인문학

언어에서 지시가 어렵다면 과학언어에서도 지시는 어려운 것입니다. 자연과학이나 인문 · 사회과학이나 똑같은 것입니다.

최재천 : 사실 학문 용어만 그런 것이 아닙니다. 제가 아기로 태어났을 때, 저의 아버지께서 저를 안고 황소를 가리키며 "소"고 하셨습니다. 그런데 나중에 젖소를 보고 삼촌이 제게 "소"라고 한다면, 저는 '소가 아닌데, 소는 누런데' 이렇게 생각할 것입니다. 즉 언어의 지시 기능이라는 것 자체가 엄청난 변이를 가지고 있는 것입니다.

엄정식 : 언어가 고정된 대상을 지칭한다고 하면, 지칭하자마자 지칭 못하는 모순에 봉착하게 됩니다. 물은 화학에서는 'H_2O 섭씨 4도'라고 정의하는데, 그것은 거의 찰나이며 순간순간 변합니다. 그렇다면 물1, 물2, 물3 …… 물n으로 무한히 나아가게 되는데, 그렇게 되면 화학에서 말하는 '물' 개념이 성립하지 않기 때문에 '물'이라는 단어가 작동할 수 없게 됩니다. 언어는 너무 애매하면 지칭 대상이 없지만, 본성상 애매해야 합니다. 어떤 사람은 과학 용어가 어렵다고 말합니다. 그러나 과학 용어가 어렵다는 것은 문학이나 사회학에서 용어가 어렵다는 것과는 조금 다릅니다. 예를 들면, 과학철학에서는 '관찰 용어'와 '이론 용어'를 나누는데, 관찰 용어는 실험과 관찰로 확인 가능한 세계를 표현하는 단어들이고, 이론 용어는 있어야 하는데 원칙적으로 확인이 안 되는 것을 표현하는 단어입니다. 이론 용어가 없으면 유치한 차원의 이론들만 있을 뿐이지, 차원 높은 소립자나 복잡계의 세계를 상상할 수 없습니다. 우리는 언어에게 고맙다고 해야 합니

다. 언어는 리얼리티를 살려주니까요.

복거일 : 제가 생각하기에 중요한 문제는 언어가 아니라 '모델링'(modelling)의 문제인 것 같습니다. 모델링이 쉽게 되는 것은 의사소통이 잘 됩니다. 자연과학은 수학 공식으로 모델링이 되며 생명과학도 지금은 어느 정도 모델링이 됩니다. 그러나 사회과학이나 그 상위로 올라가면 모델링이 안 됩니다. 경제학자들의 시장경제모델링을 보면 수요와 공급을 통해 균형을 이루게 되는데, 이것은 '시간'이라는 개념이 배제된 정태적인 것입니다. 그런데 이것이 동적 이론으로 가려면 이 틀을 부숴야 합니다. 왜냐하면 '균형'이라는 것은 그 자체로 변화가 없기 때문입니다. 그러나 균형과 시간 사이에 해결할 수 없는 모순이 존재합니다. 현재 경제학의 문제가 바로 이것인데, 동적 이론을 도입하면 복잡해서 모델링이 안 됩니다. 따라서 언어로 모델링할 수밖에 없기 때문에 인문학 쪽에서 어렵다고 하는 것입니다. 자연과학은 기본적으로 수학에 의해서 모델링 할 정도로 현상 자체가 단순합니다. 왜냐하면 무수히 많은 것들을 통해서 법칙을 도출할 수 있기 때문입니다. 그러나 사람들과 동물, 다른 생태계의 관계에서는 모델링을 하기에는 너무나 복잡합니다.

김유신 : 제가 말씀드린 것은 모델링을 하기에는 사회현상이나 인간관계 현상이 너무 복잡하고 어렵다는 것입니다. 그래서 그것은 모델링을 할 분야가 아닙니다. 모델링 할 분야가 아닌 것을 모델링하려고 하니까 어렵다고 하는 것입니다. 인문학은 애매한 것이기 때문에 애매성을 가지고 그 안에서 의미전달을 해나가는 그러한

것으로 보아야 합니다. 그런데 이것을 자연과학처럼 수학으로 모델링을 한다면, 이미 그때부터는 인간관계는 아닙니다. 그렇기 때문에 그러한 모델링을 해서는 안 됩니다.

한형조 : 모델링을 하지 말라는 것은 학문 자체를 하지 말라는 것인데요.

김유신 : 학문의 정의가 무엇입니까? 모델링을 하는 것이라고 정의하면, 인간관계에 관한 학문은 하지 말라는 것입니다. 학문이라는 것은 모델링이 목표가 아니고, 모델링이라고 할지라도, 모델링의 의미를 '대상을 보다 핵심적으로 구조를 파악하기 위한 도구다' 라고 생각을 하면, 인간관계 학문도 할 수 있지요. 그런데 모델링을 '수학적으로 일반적인 규칙에 의해 만들어지는 것이다'라고 하면, 사회과학이나 문학예술과 같은 것의 모델링은 없습니다. 그런데 예술은 작위적으로 하는 것이 아니라 모델이 있습니다. 그러니 다 모델이 있는 것입니다. 그러다 보니 자연과학은 '어떠어떠하다,' 인문 · 사회과학은 '어떠어떠하다'라고 하면, 중고등학생들에게 굉장한 혼란을 주는 것입니다.

복거일 : 모든 지적 활동은 모델을 만드는 것입니다. 그런데 수학 모델이라는 것은 특수한 경우이고, 모든 지적 활동은 자신을 포함한 우주 전체에 대해 모형을 만드는 것입니다. 모델을 넓은 뜻으로 한다면 지적 작업과 똑같은 것이고, 그러한 면에서 모델링이 잘 안되는 이유는 대상의 복잡성과 관련되는 것입니다.

이덕환 : 우리들 사이에서도 소통이 안 되고 있는 것 같아서 제가 주제를 바꾸겠습니다. 우리 사회에서 작년, 올해 경험한 사례 같은데, 언어의 지시 기능에 대한 오해, 즉 화자가 쓰는 의미와 청자가 받아들이는 의미가 전혀 다르기 때문에 문제가 시작되는 것 같습니다. 이 점에 관하여 말씀해주시기 바랍니다.

길희성 : 우리 사회의 뜨거운 이슈는 진보－보수의 문제입니다. 흔히 '우리나라의 진보, 진짜 진보인가? 보수, 진짜 보수인가?' 이런 이야기를 합니다. 그것이 언어의 지시 기능을 하고 연결된 것인지, 아니면 정말로 아는데도 공격하기 위해 그렇게 말하는 것인지에 대한 문제가 있습니다. 저는 특별한 개념은 없습니다만, 이야기를 해보았으면 합니다.

한경구 : 공자가 말한 '정명론'(正名論)으로 논의를 시작하면 좋을 것 같습니다. 이것은 "임금이 임금답고, 신하가 신하답고, 아버지가 아버지답고, 자식이 자식다워야 한다"는 것을 말합니다. 어떻게 보면 모델이지만, 이것은 또한 임금이 임금답지 않은데 임금이라고 하면 안 되고, 신하가 신하답지 않은데 신하라고 하면 안 된다는 것입니다. 조금 전에 길희성 선생님이 말씀하신 '형'이라는 단어도 일차적으로 이와 같은 지시 기능이 있지만, '형이 아닌데 왜 형이라고 하는가? 그럼 형의 진정한 의미란 무엇인가?'를 물어볼 수 있습니다. 형이라는 단어는 '같은 부모님 밑에서 태어난 남자와 남자의 관계'를 나타내는 것입니다. 그러나 이것을 조금

확산해서 '비록 피를 나누지 않았더라도 먼저 태어난 남자'라는 의미로 확대해서 사용할 수도 있습니다. 그렇다면 여성이 남성을 그렇게 부르거나 남성이 여성을 그렇게 부를 때는 '사회적으로 경험도 많고 형다운 것이 형'이라고 할 수 있습니다. 그렇다면 지시기능이 있지만 같은 부모 밑에서 태어나지 않았다고 할지라도 위의 개념에 부합하면 형이라는 단어를 사용할 수 있는 것 아닌가요? 저는 우리 사회의 큰 문제 중에 하나가 정확한 의미를 합의하지 않는다는 점이라고 생각합니다. 진보에서는 '보수는 꼴통이고 고리타분한 집단', 보수에서는 진보를 '말만 하는 빨갱이'라고 상당히 다르게 의미를 부여합니다. '진보란 무엇인가'에 대해서 용례를 놓고 그중에서 진보를 이렇게 규정하자고 해도 도저히 안 됩니다. 언어의 굉장히 중요한 기능 중 하나가 '역할 규정'입니다. 가령 열두 살 된 아들에게 아버지가 장기 근무를 떠나면서 "이제부터 네가 사나이니까 엄마와 누나를 지켜야 한다"고 말하는 경우에, 여기에서 부정확하지만 사나이라고 말할 때, 언어 자체가 그 아이를 사나이로 만들어주는 것입니다. 개념을 정확히 하면 오해를 해결하고 피할 수 있는 문제들이 있지만, 그것을 사람들은 알면서도 끊임없이 협박을 하고 사기를 치기도 합니다.

길희성 : 저는 '진보와 보수'의 문제를 불교적인 관점을 넣어서 논의를 해 보겠습니다. 우리가 논의한 것 중에서 언어에 고정된 본질적인 의미가 있다고 보는지, 아니면 맥락 · 용법 · 의도에 따라서 그 의미가 달라질 수 있다고 하는지를 논의하였습니다. '정명사상'(正名思想)에 의하면, 고정된 본질주의, 즉 아버지의 영원한 본질

이 있기 때문에 그것에 어긋나면 잘못된 것입니다. 그래서 여학생이 '형'이라고 말하면 유학자는 잘못되었다고 말할 것입니다. 그런데 불교에서는 언어에 본질적인 의미가 없다고 생각합니다. 그것이 바로 '공'(空) 사상으로, 언어는 맥락과 관계 속에서 형성된다는 것입니다. 예를 들어 컵의 의미는 존재론적으로 컵 아닌 것들과의 상호의존적 관계에 의해 형성됩니다. 그래서 고정된 의미는 없습니다. 물을 마실 때는 컵이지만, 던질 때는 무기가 되고 급할 때는 변기도 됩니다. 이것이 영원히 고정된 의미가 없다고 보는 '공' 사상입니다. 진보와 보수의 문제, 이것을 불교의 입장에서 보면 싸우지 말라는 것이 됩니다. 보수가 있으니까 진보가 있고 진보가 있으니까 보수가 있는 것이기 때문에 모두 상관적인 것입니다. 그렇기 때문에 싸우지 말라고 하는 것입니다. 말 자체가 오해이기 때문에 궁극적으로는 말을 하지 말라는 것이지요. 컵을 만들기 위해서는 종이, 공장 등등 무수히 많은 것들이 들어가지만 단지 컵이라고 부르는 것뿐입니다. 따라서 한마디로 말할 수 없는 것이기 때문에, 말을 하지 말아야 합니다. 그런데 말을 하는 이유는 어찌할 수 없기 때문에 말을 하는 것입니다. 즉, 반대가 있기 때문에 나도 있는 것이니 혼자 독불장군처럼 자신의 입장을 고집하지 말라는 것입니다.

이대일 : 저는 유난히 소통이 안 되는 사회가 한국 사회가 아닌가 생각합니다. 사실 어떤 개념 또는 언어에 대해서 우리가 사용하는 공동적인 내용은 그것을 수학 언어와 같이 정확히 사용한다기보다는 개연성을 가지고 주관적이며 임의적으로 해석하는 경우가 많습니다. 또 그것을 극도로 강조하면서도 이해보다는 갈등을 심화

시키는 소지가 굉장히 크다고 생각합니다. '소통'이 무엇인지 그 뜻을 찾아보니, "상호 이해"(mutual understanding)이더군요. 저는 이 부분에서 많이 공감을 했는데 지금 엄정식 교수님은 소통을 일종의 대화 커뮤니케이션이라는 함의에 의미를 많이 두셨는데, 사실 상호 이해의 측면에서 보면, 우리 사회의 인간끼리 소통이라는 것이 과연 존재할 수 있는지가 의심스럽습니다. 소통이 아니라 상호 집단성을 보존하기 위한 적절한 타협이 아닐까요? 가령 사람은 10명 정도 모이게 되면 갈라지기 시작합니다. 갈라지게 되면 줄기를 달리 가지면서 또다시 갈라지기 시작하는데, 소규모이든, 대규모이든 자기가 속한 가지의 입장 혹은 태도를 대변하는 주장을 강화하면서 자기 존재를 보존하게 됩니다. 이런 것을 위한 수단으로 상호간에 대화를 통한 양보와 타협이 있을 뿐이지 소통이라는 깊은 측면이 있을지 의심하게 됩니다. 엄정식 교수님이 언급하신 포용성 등등의 네 가지는 인간에 대한 이상주의적인 견해가 아닌가 싶습니다. 왜냐하면 인간은 지적 능력, 현실적 능력에 있어 차별성을 보일뿐만 아니라 상대방과 내가 무엇을 똑같이 인식하고 똑같이 나누어 완벽하게 이해할 수는 없기 때문입니다. 이것은 분명히 일방성과 설득성입니다. 소통이라는 것은 상황에 따라 달라지고 집단에 따라 형식이 달라지며 매우 복잡하기 때문에 기본적으로 일어나는 것은 소통이 아니라 상호 이해가 아닌가 싶습니다.

소통에 관한 학문적 해석들

복거일 : 우리나라에서 소통이 문제가 되는 것은 사회 전체에서 소통이 안 되고 막혔다는 것이 시급한 문제로 대두되었기 때문에, 즉 개인적인 수준보다는 사회 전체적 수준에서 소통이 안 되어서 문제가 된 것입니다. 소통이 사회적인 수준에서 이루어지면 여론이라는 형태로 나와서 사회적 판단, 사회적 결정이 나오게 됩니다. 그런데 혼란스럽고 비효율적이며 사회적 응집력이 약해졌기 때문에 갑자기 소통의 문제가 대두된 것입니다. 우리 사회에서는 특히 이념적 소통이 안 되고, 지역적 소통이 안 되기 때문에 그것이 정치적 소통의 문제로 등장하게 됩니다. 단적인 예가 영호남의 분열입니다. 투표를 해보면 호남에서는 진보적인 정책과 이념을 선호하고, 영남은 그 반대입니다. 완전히 지역적으로 갈라졌다는 것이 결국 정치적인 분열을 만듭니다. 이것이 고착되어 20~30년 동안 이어지면 당장 우리 사회의 소통의 문제가 제기되고 이것이 가장 큰 문제라고 생각을 합니다. 사회적인 수준에서 소통이 무엇인지, 장애요인을 어떻게 해결해야 할지를 짚어봐야 합니다. 이것을 하기 위해서는 모델링을 해야 하지만, 너무 복잡하고 어려운 현상이라 모델링이 힘듭니다. 현재로서 우리가 집중할 수 있는 것은 '집단행동'(collective behavior)입니다. 여기서는 다른 사회학도 마찬가지이지만, 모든 행위자는 옆 사람의 의견이나 행동에 영향을 안 받는다고 가정합니다. 이것은 모든 모델의 기본입니다. 왜냐하면 수학적으로 모델링을 할 때 이렇게 하지 않으면 답이 안 나오기 때문입니다. 경제 모델을 할 때도 행위자는 독립적으로 판단합니다. 그런데 집단행동은 그렇지 않은데, 둘레의 사람들을 다 본 이후에 행동을 합니다. 이번 월가의 경제공황이 바로 '집단행동'의 사례입니다. 이번 월가의 위기는

월가의 어떤 사람의 갑작스러운 말 때문이었습니다. "정말 내가 가진 자산이 현재의 위기 속에서 보장이 되는가?" 그래서 사람들이 회수하기 시작했습니다. 2~3일 간에 두려움이 쫙 퍼진 후 공황이 터진 것입니다. 집단행동의 특징은 물이 얼음으로 변하는 과정과 똑같습니다. 그런데 경제학자에게는 모델이 없습니다. 조금 전에 말씀드린 바와 같이 '수요와 공급이 균형을 이룬다'는 모델과는 다르기 때문에 방법이 없습니다. 그래서 경제학자들은 예측도, 전망도, 대응도 못하는 것입니다. 모델이 없기 때문에 컴퓨터로 시뮬레이션 작업을 합니다. 그런데 독립된 행위자라고 하면 잘 돌아가지만, 둘레 사람들의 영향을 받는다고 하면 파국이 나옵니다. 자본주의 역사에 늘 공황이 터져 나오는 것은 이것 때문입니다. 우리나라의 광우병 파동도 동일합니다. MBC에서 보도가 나오기 시작해 퍼져서 '크리티컬 매스'(critical mass)를 넘어서기 전까지 한 달이 있었습니다. 그때 정부가 손을 썼으면 광우병 파동을 막을 수 있었는데, 정부는 하지 않았습니다. 소통의 문제도 이와 딱 들어맞는 것입니다. 광우병이나 지역적 갈등도 둘레 사람들로부터 영향을 받기 때문에 자유로운 행위자가 아닙니다. 집단행동과 소통의 문제를 연결해본다면, 소통에서 이것은 학습의 문제입니다. 지역감정이 잘 해결 안 되는 것은 호남 차별이 굉장히 깊다는 것을 호남인들이 학습했기 때문입니다.

길희성 : 모델링을 떠나 간단히 말하자면, 인간은 합리적이고 개별적인 주체가 아니라는 것입니다. 경제 활동에서는 당연히 각자가 자기 이익을 위해 행동한다고 생각했고, 근대 윤리들도 인간을 합

리적 주체라고 했지만 그것이 아니라는 것입니다. 그래서 서구적 인간관 자체가 잘못된 것입니다. 경제학자들이 예측하기 편했는지는 몰라도 우리는 인간의 개인적인 이성적 자율성이 무력하다는 것을 잘 알고 있습니다. 엄청난 교육을 받은 사람도 영호남의 정치 문제를 말할 때는 100시간을 이야기해도 통하지 않더군요. 그럴 때마다 저는 인간에 대해 절망을 느낍니다.

최재천 : 논의를 다양하게 한다는 차원에서 동물학 쪽 이야기를 하겠습니다. 예를 들면 '신호를 보내는 사람'(signal sender)과 '신호를 받는 사람'(signal receiver)의 문제입니다. 동물학 커뮤니케이션의 문제이지만, 우리 사회를 보면 모두 신호를 보내는 사람의 입장에 서고 싶어 하지, 받는 쪽에 서고 싶어 하지는 않습니다. 처음에 '조작'에 관해 잠시 이야기했는데, 신호를 보내는 사람 입장에서는 조작하려는 의도를 가지지 않고는 커뮤니케이션을 시작할 필요가 없습니다. 커뮤니케이션은 내가 이 상황을 유리하게 바꾸기 위해서 하는 것이지, 에너지를 소모하며 할 필요가 없는 것입니다. 이것이 양쪽 쌍방의 커뮤니케이션이 되려면 발신인(sender)과 수신인(receiver) 사이에 동일한 상황에서 이루어져야 합니다. 그런데 제가 동물행동학자로서 대한민국의 인간이라는 동물들을 관찰하면 모두가 신호를 보내는 사람이고 싶어 합니다. 받는 사람은 전혀 없습니다. 도대체 왜 이런 일이 벌어질까 고민해보는데 아직 정확히는 잘 모르겠습니다. 그런데 재미있는 생각이 하나 들었는데, 대개 신호를 보내는 쪽은 수컷이더군요. 짝짓기를 하기 위해서 신호를 보내야 되는데, 보내는 것은 수컷이고, 받는 것은 암컷입니다. 그러나 그 짝짓기의 선택권은 암컷

에게 있습니다. 신호를 듣고 그 중에서 암컷이 선택하여 짝짓기는 이루어지니까요. 이렇게 되면 암컷은 소극적인 장사를 하는 것입니다. 내가 가진 자본만을 효율적으로 사용하여 자손을 만드는 것이니까요. 반면 수컷의 장사는 로또복권 1등 당첨과 같은 것입니다. 정말 잘만 되면 자본을 가진 암컷을 다 수태시킬 수 있으니까요. 이렇게 발신인의 매력은 잘만 하면 엄청난 돈을 벌 수 있다는 것입니다. 우리 사회의 많은 사람들의 전략은 바로 엄청난 부의 창출을 추구하는 것 같습니다. 정확하게 사회학적으로 분석할 자신은 없지만 동물행동학자의 눈에는 그렇게 보입니다.

이대일 : 저는 이러한 현상, 즉 주관적이며 자기만 강조하는 현상은 유난히 우리 사회가 강해 보입니다. 제가 학교에서 보면 일단 우리 사회는 생각 · 사고 · 이성, 이런 것이 전제되는 것이 아니라 정서적이고 정령적인 측면이 대단히 강하기 때문에 본능적으로 '싫다', '좋다'를 마음속에 가지고 듣는 것이 아닌가 싶습니다. 그래서 일단 비호감을 느끼면 공격과 반박을 준비하고 호감을 느끼면 좋은 감정과 공감적인 측면을 찾아내는 요소가 강한 것 같습니다. 학교에서 아이들도 '옳다', '그르다'가 아니라 '좋다', '싫다'입니다. 이렇게 보면 인간은 그다지 이성적인 동물이 아니라는 주장에 공감이 되곤 합니다.

길희성 : 제가 어제 들은 재미있는 이야기를 하나 해보겠습니다. 우리나라 사람들은 IT산업이 발달하고 광케이블이 광범위하게 보급되다보니 인터넷에 많이 접속합니다. 왜 그런지를 생각해보았는데, 제게 이야기를 해준 사람의 설명은 단순했습니다. 그 사람의

말에 의하면, 우리 시대의 문화가 '권위주의문화'이기 때문에 집에서도, 학교에서도 말을 못하다가 인터넷에 접속하면 실컷 말한다는 것입니다. 아무런 책임도 지지 않기 때문이지요. 그곳에서는 비합리적인 행동도 마음대로 할 수 있는데, 그것은 익명이기 때문이라는 것입니다. 그러다 보니 그 덕에 IT산업은 더욱더 발전하게 된다는 것입니다.

이대일 : 그렇다고 한다면, 중국과 일본도 마찬가지 현상이 있어야 하지 않을까요?

길희성 : 그 부분에서 생각해본다면, 우리 사회가 더 권위적이고 대화를 하고 있지 않다고 할 수 있겠지요.

엄정식 : 발신인 전성시대라는 현상과 복거일 선생님의 말씀처럼 집단행동이라는 부화뇌동의 성향의 관계, 그리고 인터넷 문화에서는 눈치 볼 필요가 없기 때문에 부화뇌동도 자유롭게 할 수 있다는 이러한 현상이 어떻게 정립될 수 있을까요?

복거일 : 모두가 발신인인 것입니다. 수신인은 스스로 원해서 되는 것이 아니라 '밈'(meme)의 힘에 따라 수동적으로 받아들이는 것입니다. 발신인들의 메시지는 하루에도 수천 통이 들어오지만 다 거부하려고 합니다. 그중에서 아주 충실하게 복제되는 메시지를 진화생물학에서의 밈이라고 합니다. 밈은 그 자체가 힘을 가지고 인간의 뇌에 기생하는 존재이기 때문에 우리가 물리치려는 노력에도 불구하고 우리의 대퇴부를 지배하는 것입니다. 모두가

발신인이라는 사실을 불쾌하거나 걱정할 필요는 없습니다. 좋은 밈을 생산할 수 있다면 좋은 것입니다. 그런 면에서 좋은 밈들, 즉 좋은 아이디어, 생각, 이념들, 좋은 발명들이 사회에 많이 유통되면 옆에 사람들이 하는 것을 보고 배우는 집단행동도 나아질 것이라는 주장이 합리화되는 것입니다.

엄정식 : 제가 이해하는 집단행동은 계산해서 속해지는 것이 아니라, 그야말로 부화뇌동입니다. 판단하기 전에 그쪽으로 가버리는 것이지요. 그렇기 때문에 자유민주주의 체제에서는 사람들이 일단 개인으로서 자율적 판단을 하고, 또 그러기를 바라며, 그렇다고 전제를 합니다. 우리는 과거에 비해 상당히 자율적 판단을 하게 된 편입니다. 그런데 모델링에 의하면, 한국 사람만이 그런 행동을 하는 것이 아니라 인간이라는 종(種)이 보편적으로 그렇다는 것입니다. 이 문제는 우리가 조금 진지하게 생각해보아야 할 것 같습니다.

최재천 : 그 문제는 왜 우리 사회가 더 그런지를 논의해보면 좋을 것 같은데요.

이덕환 : 우리 사회의 이야기를 하면 참 복잡한 것 같습니다. 언어를 의도적으로 애매하게 만들어놓고 생기는 소통의 문제 등이 있는 반면, 이념적 갈등, 지역적 갈등은 오히려 어떤 의미에서는 소통을 거부해서 생기는 문제인 것 같습니다. 복거일 선생님께서 집단행동에 대해서 이야기해주셨는데, 생물보다는 조금 더 정교한 물리 이야기가 있습니다. 우리가 소통의 문제를 이야기할 때, 우

리는 사회가 소통이 잘되면 상당히 문제가 해결될 것이라는 생각을 가지고 소통 부재를 이야기합니다. 그런데 집단행동을 비유적으로 사용해서 그 역의 결론도 가능합니다. 우선 우리는 집단행동에서 가역 과정만 이야기를 했는데, 사실은 비가역 과정도 있으며, 갈 때와 돌아올 때 길이 전혀 다른 경우도 있습니다. 물리 세계에서 집단행동이 나타나는 두 가지 경우가 있는데, 그 중 하나는 직접적인 정보 전달입니다. 옆과 정보를 공유함으로써 생기는 집단행동입니다. 물리학에서 물리 법칙을 이용해 사회를 모델링하는 연구가 있는데, 이 물리 세계에 나오는 에이전트들은 철저하게 합리적입니다. 여기에 나오는 개인을 '에이전트'(agent)라고 하는데, 명백하게 정해진 룰에 따라서 상황을 파악해서 룰에 씌어진 대로 행동하기 때문에 비합리성은 없습니다. 그런데 아주 의외의 현상이 나타나는데, 어느 에이전트도 원하지 않는 결과가 마구 나타난다는 것입니다. 정보를 공유함으로써 정보 공유의 강도가 어느 정도인가에 따라 결과가 전혀 다르게 나타날 수가 있습니다. 그런 집단행동은 기본적으로 정보 공유 때문에 생기는데, 정보 공유를 차단하면 아무 일도 안 생깁니다. 예를 들어 자동차 도로에 차를 놓고 달리게 했을 때, 앞의 차와 옆의 차를 보지 못하게 하고 달리게 하면 정체 없이 잘 달립니다. 그런데, 앞의 차와 옆의 차를 보게 하면 아무 이유 없이 정체됩니다. 한 친구가 다른 생각을 하다가 잠깐 브레이크를 밟으면 뒤와 옆의 친구들이 같이 브레이크 밟게 되고 그러면서 정체가 생기면서 뒤로 쫙 전파가 됩니다. 시뮬레이션을 보면 브레이크 등이 없으면 정체가 생길 가능성이 확 줄어듭니다. 자기가 브레이크를 밟았다는 사실을 앞과 옆의 친구들이 알게 되면 아무 이유 없이 정체가 생겨나는 것입니다. 이것이 집단행동의 원인 중에 하나입니다. 그 다음, 원자나 분자에 관한 이야기입니다. 물은 0도에서 어는 반면, 헬륨은 영하 269도가 되어야 액체가 됩니다. 그전까지 아무리 냉각시켜도 정보 교환을 안 하고 아무것도 안 합니다. 오히려 서로 정보 공유를 많이 하는 분자들일수록 상전이를 많이 일으키고 골치 아픈 문제를 많이 일으킵니다. 그밖에 서로 정보 공유를 안 해도 같은 공간상에 서로 묶여 있다는 사실 하나만으로 문제가 생기는 경우도 있습니다. 온도가 너무 낮을 때 생겨나는데, 여기에서도 이상한 상전이가 많이 일어납니다. 엔트로피 때문에 나타나는 효과가 그 예입니다. 이런 것들은 정보 공유를 하지 않아도 자기들끼리 혼잡스럽다는 이유만으로 주고받는 것은 아무것도 없는데 너무 많은 것이 같은 공간에 있어서 불편하다는 이유만으로 문제를 일으킵니다.

길희성 : 그 이야기 중에 사회 이야기로 국한시키면, 각자는 합리적으로 행동하지만 어떤 정보를 받는지에 따라 집단적으로 이상한 행동을 할 수 있다는 것입니다. 커뮤니케이션을 왜곡하는 것은 결국 파워, 즉 힘의 문제입니다. 오늘날 세계적으로 글로벌화 된 CNN, NBC가 비판받는 것은 매스컴을 이용해 잘못된 정보를 터트렸다는 것 아닐까요?

이덕환 : 물리학에서 힌트를 얻는다면 어떤 내용의 정보를 어떤 강도에 얻느냐에 따라 결과가 많이 다르게 나타난다는 것입니다. 이런 면에서 두 가지를 생각해볼 수 있는데, 하나는 소통이라는 것이 모든 문제의 해결 방법이 아닐 수도 있다는 것을 추측할 수 있습니

다. 물리학에서의 모델링은 개인의 차원에서 어떤 정보를 어떻게 공유하는가인데, 개인의 차원에서는 능력의 한계 때문에 정보가 한정되며 정보의 질도 문제가 됩니다. 이렇게 물리학에서 원자나 분자의 행동을 보면 정보 공유가 반드시 문제 해결은 아닐 수 있습니다. 또 하나는 물리계에서는 만일 어떤 이유에서 집단행동이 나타난다고 할지라도, 예외는 없다는 것입니다. 모두가 한꺼번에 나타나지 일부만 얼고 일부는 녹는 것은 나타나지 않습니다. 그것을 사회에 적용하면 혁명은 있어도 중도는 없습니다.

소통, 무조건 좋은 것인가?

김유신 : 이것을 사회에 적용시킬 때 느낀 것은 모든 인간은 합리적인데 비합리적인 것은 정보의 공유 때문에 일어나며, 정보를 공유하는 것이 집단행동을 유발시키기 때문에 반드시 좋은 것은 아니라는 점입니다.

복거일 : 모델링을 한다는 것은 물리학에서 나오는 현상이 그대로 인간 사회에서 나오는 현상과 같다고 전제하는 것이 아니라 비슷한 모델을 만드는 것, 그리고 그것을 사회적인 현실에 적용했을 때 사람들의 행동을 상당히 잘 설명을 한다는 것입니다. 그것이면 충분하다는 것입니다. 우리가 컴퓨터 시뮬레이션을 할 때 간단한 룰을 적용한 행위자를 만들고 둘레의 사람들, 그리고 몇 사람들이 영향을 받는다는 정보를 집어넣으면 집단행동이 나온다는 것

입니다. 물리학에서의 여러 가지 복잡한 것들은 사회 현상의 집단행동의 모델에 적용할 때 문제가 되지는 않습니다.

이덕환 : 아, 저는 문제가 된다는 것이 아니라 거기서 함의를 찾아낸다면 소통의 문제를 이야기할 때, 소통이 잘 되면 문제가 해결될 것이라고 생각하는데, 오히려 소통을 안 시키면 문제가 안 생길 수도 있다는 것입니다. 무조건 소통이 되면 문제가 해결된다는 생각은 물리세계의 집단행동을 보면 잘못된 것일 수도 있습니다. 소통의 질이 중요합니다. 어떤 소통이 어떤 정보로 이루어지는지에 따라 사회의 방향이 전혀 다를 수도 있다는 함의를 얻을 수 있다는 것이지요.

엄정식 : 밀(J. S. Mill)의 『자유론』을 보면 심각하게 문제되는 것이 '다수자의 전제'(the tyranny of the majority)인데, 그것을 해결하기 위해 소수 의견을 듣도록 활성화해야 한다는 이야기를 합니다. 토론을 하게 되면 다수결의 원칙이 흔들릴 수 있게 되는데 다수결 원칙은 대전제입니다. 그럴 경우에 오히려 토론을 안 하는 것이 나을 것입니다. 그러나 토론을 통해 소수의 의견을 수용할 수 있는 것입니다. 진리는 누구도 독점할 수 없기 때문에 소수의 반대 의견도 수용할 수 있는 것입니다. 그렇기 때문에 커뮤니케이션이 필요한 것입니다.

이덕환 : 저는 커뮤니케이션이 나쁜 것이라고 보지 않습니다. 단지 소통만 되면 문제가 해결되는 것이 아니라 소통의 질이 굉장히 중요하다는 것을 말씀드리는 것입니다.

최재천 : 복거일 선생님께서 이야기하신 집단행동과 관련해서 야생에서 관찰할 수 있는 절묘한 것이 있습니다. 동물들의 짝짓기 중 레크(lek)라는 기이한 것이 있는데, 수컷들이 전통적으로 해마다 모이는 곳이 있습니다. 치고 박고 해서 춤출 자리를 잡고 암컷을 기다리는데요, 그 앞에서 춤을 추고 노래하고 그런다고 할지라도 절대로 암컷을 붙들지 못합니다. 암컷들은 완벽한 자율 속에서 수컷들을 다 검토한 후 짝짓기만 하고 살림은 혼자 차리며 수컷은 보지도 않습니다. 즉 정자만 받아서 가는 것이지요. 암컷들은 과연 무엇을 하는 것일까요? 그것은 가장 훌륭한 유전자를 찾기 위한 것입니다. 재미있는 것은 암컷들은 와서 제일 경험 있는 언니를 다 따라한다는 것입니다. 수컷들은 계속 정보를 보내지만, 암컷은 판단이 안 서는 것이지요. 그래서 작년에 와 짝짓기를 해보고 자식 잘 기르는 언니 뒤를 따릅니다. 그 언니 암컷이 어떤 수컷 하나를 정해서 교미를 하면 다른 암컷들은 거기서 기다려서 그 수컷과 교미를 합니다. 그러다보니 한 수컷이 거의 모든 암컷들을 차지하는 기이한 현상이 벌어지게 됩니다. 이것은 정보가 주어졌지만 정보가 너무 단순해서 일어나는 현상이 아닐까요? 엄청난 정보가 주어졌는데도 똑같은 현상이 일어나니까요.

이덕환 : 제가 말한 것은 정보가 너무나 단순해도 결과는 굉장히 심각할 수 있다는 것입니다. 정보가 복잡하면 나타나는 양상도 굉장히 복잡하겠지요.

복거일 : 우리나라 사람들도 다 똑같은 행동을 합니다. 흔히 '입소문'이라고 하지요. 사용해보니 어떤지를 물은 다음에 물건을 사는 것입

니다. 유행의 기본은 경험자의 경험을 중요하게 생각하는 것입니다. 인간도 동물이라는 집합에 속하기 때문에 집단행동에는 차이가 없습니다.

엄정식 : 이덕환 교수님은 물리학 세계에서의 이야기를, 최재천 교수님은 생물학자로서 생체들의 이야기하셨으며, 복거일 선생님은 사회학의 관점에서 이야기하셨습니다. 이제 일관성을 가지는 것 같습니다. 인간을 사회에서 개인으로 볼 수 있지만 이것은 세포들의 집합이기 때문에 세포들의 자율성이 있을 것이며 세포도 집단행동이 있을 것이라는 점입니다. 이것들을 유기적으로 연장선상에서 설명하는 것이 가능할까요?

최재천 : 심지어 유전자들도 집단행동을 합니다. 우리가 설계해서 좋은 것만 골라서 받은 것이 아닙니다. 역사 속에서 바이러스로 들어와서 나가지 않은 것도 있고, 물고기 시절에 받았던 유전자가 진화하면서 건너와서 우리에게 내려온 것도 있습니다. 그래서 출신 성분이 엄청나게 많은 다양한 유전자들이 모여 있는 것입니다. 유전자들이 가진 고민은 지역만 고집하면 전체가 죽기 때문에 적당히 협조는 해야겠는데, '협조를 하면서도 어느 정도 협조하느냐'입니다. 왜냐하면 내 옆에 있는 유전자보다는 내가 이득을 받아야 하기 때문입니다. 유전자 차원에서도 이런 일이 벌어지니 세포 차원에서도 늘 벌어지게 됩니다.

한경구 : 저는 '언니 암컷'을 좇아가는 것이 굉장히 이성적이라고 생각합니다. 노르웨이 어선을 쫓아다닌 물리학자가 있었는데, 이 사람

은 어떤 어선이 음파탐지기를 가지고 있는지를 알고 있었습니다. 왜냐하면 그럴 경우에 물고기 떼의 포착을 먼저 해서 유리하기 때문이었습니다. 온갖 경험을 가진 선장이 있고 음파탐지기를 조정하는 사람이 있는데, 보통 때는 선장이 배를 지휘하지만 추적을 시작하면 선장도 음파탐지기 조종사가 가자는 데로 이동합니다. 이것은 결국 언니 암컷을 좇아가는 것과 같은 것입니다. 몇 명이 전속력으로 가면 주변에서 다 같이 이동하기 시작합니다. 그런데 그것이 틀릴 수도 있지만 모두 불확실하기 때문에 안 따라가는 것보다 따라가는 것이 확률이 높게 됩니다. 진화생물학에서 배워올 방식은 많은데 조심해야 할 것은 사람은 상호작용을 한다는 점입니다. 그러면서도 과거의 학습들이 있기 때문에 개별 행위자들은 이성적으로 행동하지만 각자에게 이성적인 것이 모두 다릅니다. 트라우마를 겪은 사람과 겪지 않은 사람 모두 이성적으로 행동하지만 그것이 각각 다르고 커뮤니케이션을 하지만, 커뮤니케이션은 오해의 소지가 있습니다. '떡보 이야기'라는 우스갯소리가 있습니다. 중국에서 사신이 왔는데 접대하는 것이 두려워 모두 마중을 안 나가니까 '떡보'라는 사람이 나왔습니다. 떡보가 나가자 중국 사신이 손가락을 세 개 폈는데, 그것은 '삼강'(三綱)을 아는지를 물은 것이었습니다. 그런데 떡보는 '떡을 세 개 먹을 수 있는가?'를 묻는 줄 알고 손가락을 다섯 개 폈습니다. 중국 사신은 '오륜'(五倫)도 안다는 줄 알고 깜짝 놀라 손가락을 둥글게 만들었습니다. '하늘이 둥근 것을 아느냐?'고 물은 것이지요. 이에 떡보는 '나는 네모난 떡을 먹었다'며 손으로 네모를 만들었는데, 중국 사신은 '땅이 네모난 것도 안다'는 것으로 이해했습니다. 이 경우는 소통이 안 된 것이지만,

그 관계가 유지되는 이유는 소통이 될 때에도 실제로는 의미 유지가 안 되는 것이 많은데, 각자 오해를 하고 자의적으로 편하게 해석할 경우에 소통이 잘 되는 측면들이 많다는 것입니다. 어찌 보면 모순인데, 부분적으로 소통이 잘 안 되는 것이 사회 유지에 오히려 도움이 될 수 있다는 것입니다. 인류학에서는 문화(Culture)의 정의를 커뮤니케이션으로 보는 시각도 있습니다. 완전한 소통이 아니라 부분적이고 불완전한 소통을 하면서 그것으로 사회가 유지되고 잘못되었을 경우에 사회가 무너지는 것으로 보는 것입니다.

길희성 : 각자가 이기적으로 이윤을 추구해도 기능이 잘 유지된다는 상당히 낙관적인 해석인 것 같습니다. 조금 과도하게 이야기하자면 라이프니츠가 말한 신이 정해놓은 조화(pre-established harmony)와도 유사합니다. 낙관적으로 여기저기에서 복잡하게 잡음이 들린다고 할지라도, 그것이 사회의 다양성을 유지하면서 조직되어 사회의 생명성도 생기고 조화도 생긴다면, 낙관적으로 보아야 한다는 이야기인데요. 그래도 우리가 이렇게 논의하는 것은 소통을 방해하는 것이 무엇인지를 살펴보고 소통이 되었으면 한다는 가정을 가졌기 때문입니다. 그런데 이것이 너무 획일적으로 해석될 수 있어서 걱정이 됩니다. 결정론적인 생물학적 모델이나 물리학적 모델들도 획일적으로 주어지는 것입니다. 인간의 경우에는 그런 것을 감안하더라도 학습의 효과도 있고 개성도 있으며, 자유롭게 사회적 조류에 반하게 행동하는 경우도 있습니다. 그래서 이런 것을 너무 한쪽으로만 이야기할 수는 없을 것 같습니다. 소통이 무조건 잘 돼어야 한다는 생각은 반성해야 할

것 같습니다. 어떤 종류의 소통이어야 하는지, 또 소통이 획일적인 소통일 경우에 그 사회는 독재 국가와 같은 위험이 있다는 것도 반성해보아야 합니다.

엄정식 : 이것은 정치사회적 이슈인 것 같습니다. 우리가 무조건 소통을 잘 해야 한다는 것은 개방 사회를 지향하는 자유민주주의 안에서 대전제인 것 같습니다. 과도기적으로 분란이 생겨도 그것을 극복하고 나아갈 문제이지, 누적되면 더 큰 문제가 일어납니다. 우리가 소통이 중요하다고 말하는 것은 좋은 내용이 소통되면 좋은 사회가 되고 나쁜 내용이 소통되면 도둑 집단이 된다는 것입니다. 그러나 그것을 결정하는 것은 우리가 아닙니다. 일단 소통을 잘하고 보면 스스로 판단력이 생겨서 결정할 것입니다.

길희성 : 진부한 이야기지만 소통한다는 것은 이해한다는 것입니다. 그러나 이해한다는 것이 동의나 수용을 의미하지는 않습니다. 이성적으로는 서로가 사회 내에서 아주 다른 입장을 가져도 서로 이해하게 되면 존중할 수 있습니다. 그것을 바탕으로 해서 의견이 다르면 투표나 다수결을 하게 되는 것입니다. 이해하는 것이 반드시 획일적인 것을 의미하는 것은 아닙니다.

복거일 : 사회는 여러 가지 아이디어들이 있어서 경쟁을 하면서 진화를 합니다. 우리가 이야기할 때 소통의 획일화의 문제는 자유롭게 '백화제방'(百花齊放)하면서 지속적으로 부단히 경쟁하면 해결될 것 같습니다.

한경구 : 이런 가능성은 없을까요? 이해를 하는 것이 중요하다고 하셨는데, 이해를 못하고 참아줄 수 있는 경우가 있습니다. 커뮤니케이션의 경우에, 가령 조금 전 소통이 대전제라고 하셨는데, '묵비권'이라는 권리와 '프라이버시'에 대한 것이 있을 수 있습니다. '이 문제를 논의하지 않았으면 좋겠다'고 했을 때, 동의에 의해 논하지 않을 수도 있지만, 상대방이 동의하지 않아도 최소한의 윤리적인 문제이기 때문에 싫어해도 논의해야 하는 경우가 있을 것입니다. 또한 상대방이 이해되지는 않지만 상대방의 입장을 고려해서 이야기하지 않을 경우도 있습니다. 소통이 자유민주주의의 대전제라는 것에 대해서 저는 조금 두렵습니다.

이덕환 : 제가 말씀드린 것과 일맥상통하는 것 같습니다. 어떤 종류의 정보는 소통을 하는 것이 오히려 사회 문제를 더 크게 일으키는 원인이 될 수도 있다는 것입니다. 또한 소통의 길이도 굉장히 중요한 것 같습니다. 물리 시스템을 원용하자는 것이 아니라 물리 시스템에 나타나는 것을 보면 소통을 얼마나 멀리까지 하느냐도 결과에 중요한 영향을 줍니다. 내가 이야기하는 정보가 바로 옆까지 한정되는지, 아니면 열 사람 건너, 백 사람 건너까지 넘어가는지에 따라 그 결과는 엄청나게 달라집니다. 개인적인 정보를 4천만이 다 알아야 된다고 주장하면, 소통이 되었을지라도 그 결과는 끔찍할 것입니다. 사회 전체가 결정해야 하는 문제를 한 사람만이 알고 절대 소통하지 말라고 하는 경우도 문제가 되는 것입니다. 이런 뜻에서 제가 물리학에서 배울 것이 있다고 말씀드린 것입니다.

엄정식 : 제가 밀(J. S. Mill)의 대변자는 아니지만, 우리가 살고 있는 정치 체제와 사고 체계가 지향하는 방향은 소통을 전제로 하고 있습니다. 그것은 우리 사회가 다원화된 사회이기 때문입니다. 그래서 상식적으로 알고 있는 이야기지만 '알 게 있고 모를 게 있다'는 말은 맞습니다. 그러나 '어떤 것을 알 것이고, 어떤 것을 모를 것인가?'를 결정하는 것은 별개의 문제입니다. 그것은 우리를 넘어서는 것입니다. 소통하다보니 시간이 벌써 다 되었습니다. 오늘 아쉬웠던 부분을 한마디씩 해주시면 감사하겠습니다.

이대일 : 다양한 이야기가 나와서 의미 있고 즐거웠습니다. 간단히 말씀드리겠습니다. 생물학이나 물리학에서 일어나는 정보는 현실의 무의식적인 공유와 소통입니다. 인간의 소통은 사고와 감정에서 발생되는 의지적인 문제이기 때문에 향후 화두로 거론이 된다면 감정과 사고의 의식적인 발현과 상호 커뮤니케이션이라는 측면에서 초점을 맞추면 좋겠습니다.

김유신 : 두 가지만 이야기하겠습니다. 하나는 소위 유추라는 것이 있었습니다. 유추를 하게 되었을 때 한계가 있으니 그것을 고려를 했으면 좋겠고, 두 번째는 지식인의 역할입니다. 지금은 언어 노동의 분업 시대입니다 이 사회에서 올바른 언어가 제대로 의미를 전달하기 위해서는 전문가들이 있어야 하고 전문가들의 의견을 들어주면 되는데 사람들은 전문가를 믿지 않습니다. 아무리 뛰어난 학자도 소용이 없습니다. 지식 추구를 위해 공부를 하는데, 정작 지식인들을 신뢰하지 않습니다. 우리 사회가 의사소통이 제대로 이루어지기 위해서는 지식인의 역할과 신뢰의 문제가 중

요하다고 생각합니다.

한형조 : 오늘 정보의 질에 대해 말씀하셨는데, 제가 하는 학문에서 비추어보면, 특히 유교에서는 정보의 소통, 전파의 문제를 그다지 중요하게 여기지 않았습니다. 그것보다는 공감, 서로 통하는 것이 더 중요시했습니다. 위와 아래의 사이, 그리고 평등한 관계에서도 '믿을 수 있는지, 신뢰할 수 있는지'를 중요하게 생각했지, 정보는 2차적인 것으로 생각했습니다. 도덕성과 같은 것을 더 심원하고 효과가 있는 것이라고 생각했는데, 소통 문제에서도 이렇게 비언어적인 분야를 고려해야 한다고 말씀드립니다. 또한 소통에서 동물의 차원을 깊이 고려해야 할 것 같습니다. 서양 철학의 중심이 '이성' 중심이었는데, 스피노자, 쇼펜하우어 이래에 '의지'가 중심이 되었으며, 이제 문제는 의지를 어떻게 제어하는지가 중요한 문제로 등장했습니다. 누구나 기본적으로 자신의 욕구에서 출발하고 계속 신호를 보내기 때문에 개인이나 집단들을 어떻게 훈련시킬지를 고려해야 할 것 같습니다.

길희성 : 인간이 궁극적으로 추구하는 가치가 있습니다. 그런 가치가 충돌을 일으키는 것이 미국을 중심으로 한 서구 사회와 이슬람 문화, 중국과 미국의 충돌이며, 우리나라에도 지금 그러한 현상들이 일어나고 있습니다. 특히 종교를 배경으로 한 문화적 갈등이 소통에 있어서 굉장히 중요한 문제라고 생각됩니다. 그리고 오늘 이야기한 '인간은 합리적 주체인가?' 즉 인간이 투명하고 가치중립적인 합리적 주체로서 어떤 정보를 바탕으로 결정을 내리는지에 대한 문제가 있습니다. 이 점은 서구의 세속적 인간관과

인도나 이슬람권에서 이루어지고 있는 인간의 행동, 인간의 문화적 가치와 같은 것에서 볼 수 있을 것입니다. 이른바 종교와 세속적인 이데올로기의 갈등 사이에서 이야기해야 할 것들이 많습니다.

엄정식 : 구체적 각론으로 본격적으로 진입하지는 못했지만, 원칙적 이야기는 많이 한 것 같습니다. 늘 아쉬운 점이 있습니다. 미진하기는 하지만 그래도 소통의 차원에서 보면 어느 정도 심도 높은 논의가 있지 않았나 생각합니다. 마지막 부분에 소통이 좋은 것으로만 생각하고 어떻게 하면 소통이 잘 될지, 그 내용이 무엇인지에 대한 이야기를 했는데 좋은 문제제기였던 것 같습니다. 오늘 모두 수고하셨습니다. 감사합니다.

문 진 포 럼 2

소통의 조건

토론자 (가나다순)

김인묵 (고려대 물리학)
엄정식 (서강대 철학)
이대일 (명지대 디자인학)
이덕환 (서강대 화학)
이정모 (성균관대 심리학)
정　민 (한양대 국문학)
한경구 (서울대 인류학)
황경식 (서울대 철학)

때 / 곳

2010년 10월 28일
문진연구센터 회의실

이덕환 : 안녕하십니까, 오랜만에 문진토론회가 개최어서 그런지 오늘 따라 더욱이 여러 선생님들을 뵙는 것이 즐겁게 느껴집니다. 간단하게 '문진'을 소개해드리겠습니다. 이 모임은 과학기술과 인문사회가 만나 학문 간에 존재하는 높은 담을 낮추려는 시도로 시작되었습니다. 그동안 문진토론회는 공통적인 주제 하나를 선택하여 사회자도 없는 상태에서 난상토론을 통해 자유로이 의견을 주고받음으로써 서로를 알게 되는 자리였습니다. 오늘도 여러 선생님들께서는 부담을 갖지 마시고, 그동안 하고 싶었던 이야기를 마음껏 말씀해주시면 감사하겠습니다. 우리가 살고 있는 사회가 이상향은 아닌 것이 분명합니다. 그렇기 때문에 불만이 생기고 그것이 쌓이게 되면 갈등을 유발하고, 결국 분쟁을 일으킵니다. 이러한 문제를 해결할 수 있는 것은 바로 '소통'이 아닐까 생각합니다. 요즘 '소통'이 굉장한 화두인 것으로 알고 있습니다. 우리 사회가 너무 경직되어 있어서 사회적으로나 종교적으로 서로 대화를 안 하고 있는 실정입니다. 이런 이유로 이번 토론회의 주제를 '소통'으로 정했습니다. 다시 한 번 말씀드리지만, 문진토론회는 정해진 격식이 없습니다. 편안하게, 즐겁게 말씀해주시면 감사하겠습니다. 먼저 철학을 전공하신 황경식 교수님께서 말씀해주시겠습니다.

소통의 유형

황경식: 저는 소통의 다양한 유형에 대해서 말씀드리도록 하겠습니다. 우선 먼저 몸과 마음의 소통인 '기혈의 소통'에 대해서 알아보겠습

니다. 우리말로 '기(氣)가 막힌다'는 표현이 있습니다. 우리는 어떤 놀라는 상황이 되었을 때 기가 막히는데, 기가 막히는 것은 기가 소통되는 길이 막힌다는 것으로 한방에서는 울결(鬱結) 되는 것, 울체(鬱滯) 되는 것이라고 합니다. 이렇게 소통이 되지 않을 경우에 한방에서 보약을 쓰는데, 인삼과 녹용의 핵심은 결국 청혈제, 즉 피를 맑게 해주는 것입니다. 그 자체에 대단히 몸을 보호해주는 엑기스가 있다기보다는, 피를 맑게 하여 소통을 잘 하게 하는 것이 보약입니다. 신진대사가 안 되거나, 기혈이 막혀 있는 것을 뚫어주고, 소통시킴으로써 몸 스스로가 자생력을 갖도록 하는 것입니다.

다음은 '감정적 소통'과 '이성적 소통'의 구분입니다. 이는 마음의 소통입니다. 감정적 소통과 이성적 소통에서, 감정이라는 것은 'local communication'으로 '개별화의 원리'에 충실한 것입니다. 이성적 소통은 보편 '지향적 소통'으로 'global communication'입니다. 그래서 부연하자면, 감정적인 소통은 'hot communication'으로 표현될 수 있습니다. 감정적 소통은 통하는 사람끼리, 끼리끼리의 소통이라고 볼 수 있습니다. 감정이 통해야 하기 때문에 이것은 local할 수밖에 없습니다. 이것은 끼리끼리의 소통, 화끈한 소통, 그렇기 때문에 'hot communication'이라고 할 수 있지 않을까 싶습니다. 이것 때문에 개별화되고, 편향적이고, 문화적이고, 연고주의가 발생되는 것입니다. 이는 타인에 대해서 배타적입니다. 이에 반해 'cold communication'은 냉철한, 냉정한 이성적 소통입니다. 이것이 극단화되면, 까칠한 소통, 이해타산적인 소통이 됩니다. 그래서 이 두 가지의 소통을 상호 보완하는 이상적 소통을 제 나름으로

'cool communication'이라고 이름을 붙였습니다. *EIQ*라는 책이 있습니다. 우리나라에서는 IQ의 시대가 가고 EQ의 시대가 왔다는 말이 있는데, 이는 EIQ를 잘못 이해한 것으로, IQ가 밑받침 되어야 EQ가 되기 때문에, EIQ라는 새로운 조어가 생겨난 것입니다. EIQ 소통은 감성 지능적 소통으로, 감성과 이성의 통합 소통, IQ와 EQ의 조화 소통, 그렇기 때문에 '전인적 소통'인 것입니다. cool communication은 EIQ 소통으로, 이는 두 가지 방법으로 볼 수 있습니다. 감정적으로는 공감적 동일화, 인지적으로는 역지사지(易地思之)적 소통인데, 이는 전인적 측면, 이성적 측면이 통합이 되어야 보편화를 지향하면서 개별화를 지향할 수 있다는 것입니다.

셋째, 철학적 생각으로, 저는 소통에는 논리적 기반이 있다고 봅니다. 소통에는 '논리적 요건'(logical requirement)이 있습니다. 철학에서 20세기 이후에 지속적으로 이루어졌던 '개념의 의미명료화'는 개념의 논리적 분석을 통해 의미를 명료화하려는 시도였습니다. 말이라는 것이 굉장히 중요한데, 말에는 문제가 많기 때문에, 말이라는 것이 일상적으로는 잘 돌아가지만, 학문적으로의 말과 개념은 의미가 명료하지 않으면 소통의 장애가 생겨납니다. 그렇기 때문에 철학에서는 개념의 논리적 분석을 해왔고, 의미와 무의미의 기준을 정했으며, 의미 있는 말을 학문의 영역으로 들여왔습니다. 이때 무의미한 말은 '시적인 언어', '형이상학적인 언어', '신학적인 언어'들로, 이러한 언어들이 무의미한 이유는 이를 검증하기 위한 공적척도를 찾기 어렵기 때문입니다. 또한 철학에서 강조하는 것 중 하나는 'argument', 즉 논변의 제시입니다. 아이들에게 논술을 가르치고, 대학에서 논술 성적을 통해 합격 여부를 결정하는데, 논술의 핵심은 논변이고, 그것을 따지지 못하는 사람은 경쟁 사회에서 쳐지게 된다고 봅니다. 이것이 강조되는 이유는 글로벌 사회에서 상대방을 합리적으로 설득시키기 위해서는 논변이 필요하기 때문입니다. 논변은 쉽게 이야기하면 따지는 기술입니다. 한국 사회는 따지는 사람을 별로 좋아하지 않았습니다. 아랫사람이 따지면 하극상이라고 말했고, 군대와 같은 곳에서는 따지는 것을 상상도 할 수 없습니다. 또 나이가 어린 사람이 따지면 버릇이 없고 인간미가 없다며 따지는 것을 싫어했습니다. 하지만 이제는 그런 시대가 지나갔고, 따지지 못하는 사람은 경쟁 사회에서 뒤처지게 되어 있습니다. 그러나 한국 사회는 아직은 목소리 큰 사람이 이기는 사회입니다. 할 이야기가 없기 때문에 소리만 지릅니다. 그렇기 때문에 우리 사회가 이성이 숨 쉬는 사회, 합리적 사회, 예견 가능한 사회, 즉 소통이 원활한 사회가 되기 위해서는 독서 지도, 논술 능력을 강화시키는 것이 필요합니다. 논리적 글쓰기는 예쁜 글쓰기, 감동적 글쓰기인 작문과 구분하여, 그야말로 논리적인 글쓰기가 될 수 있도록 해야 합니다.

넷째, 소통의 '윤리적 기반'에 관한 것입니다. 포퍼(K. Popper)는 관용(tolerance)을 두 가지의 근거로 나누었습니다. 저는 이것이 소통의 윤리적 기반이라고 생각합니다. 첫째는 '오류가능주의'(fallibilism)입니다. '내가 틀리고 당신이 옳을 수 있다, 당신이 틀리고 내가 옳을 수 있다', 즉 인간의 이성은 유한한 이성이기 때문에 오류를 범할 수 있다는 전제가 있어야 상대방을 관용할 수 있는 것입니다. 철학에서 전통적으로 이야기하는 '선험적 이성'(transcendental reason)은 결국 독단으로 귀결될 가능성이 있습니다. 따라서 비판과 토론을 통한 합의, 중지(衆智)를 모으는 자세가 필요합니다. 이는 한꺼번에 일어날 수 있는 것이 아니고, 점진적 개선을 통한 진화, 나루터가 어디에 있는지에 대해 묻는 자세, 즉 서서히 접근해나가는 자세가 필요합니다. 두 번째 포퍼가 이야기한 관용의 근거는 개인의 '자율적 선택'에 기초한 '존중'입니다. 이는 선의의 '간섭주의'(paternalism)와 대비됩니다. 자율을 존중해야 하는 중요한 이유 중의 하나는 자기에게 좋은 것은 자신이 가장 잘 안다는 전제 때문입니다. 뭐니 뭐니 해도 자신이 가장 잘 알기 때문에, 자신이 가장 잘 알 수 있도록 해주어야 합니다. 이는 교육에서도 마찬가지인데, 부모는 자녀들이 스스로 터득할 수 있도록 조력자(helper)의 역할을 통해 자녀들의 자율적 능력을 향상시킬 수 있도록 해야 합니다. 이렇듯 포퍼는 존엄한 인격의 선택을 존중하는 약한 간섭주의를 옹호하는 입장입니다.

마지막으로 존 롤스(J. Rawls)를 통해 바라본 소통입니다. 롤스는 소통의 조건에 대해, '원초적 입장'(original position)이라는 말을 사용합니다. 정의에 대해 담론을 하려면 다음의 입장에 서야 이야기할 수 있는 것입니다. 롤스는 우선 계약론적(contractorism) 입장으로, 당사자들의 합리성이 우선 전제되어야 하고, '무지의 베일'(veil of ignorance)을 주장합니다. 무지의 베일은 편향적인 요인들을 배제되는, 판단중지, 괄호 침을 의미하는데, 이는 자유의 여신상에서도 확인할 수 있습니다. 한손에는 자, 정의의 척도를 들고, 다른 쪽에는 칼을 들고 있습니다. 정의는 힘이 없으면 실현되기 어렵기 때문에, 칼은 힘을 의미합니다. 중요한 것은 정의의 여신이 봉사라는 것입니다, 무지의 베일은 정의의 여신이 봉사인 것과 일맥상통한다고 볼 수 있습니다. 편향적인 요소들, 예를 들어 사회적 지위, 천부적인 능력들은 모두 정의를 이야기하는 데 관련성이 없어야 된다는 것을 나타냅니다. 다음은 공리주의에 대한 롤스의 비판입니다. 공리주의가 제대로 작동하기 위해서는 어떤 정책을 선택했을 때 그 정책이 국민 개개인에게 어떤 이익과 비용을 요구하는지 자세히 알아야 합니다. 또한 모든 국민 한 사람 한 사람이 느끼게 될 기쁨과 슬픔에 대한 공감적 동일시(sympathetic identification)가 있어야 합니다. 개개인이 받게 되는 기쁨과 슬픔을 전부 합산하여 정책 결정을 해야 한다는 것입니다.

이덕환 : 김인묵 선생님도 한 말씀 해주시면 감사하겠습니다.

김인묵 : 조금 전 말씀하신 개념의 명료화와 연결해서 융합형 과학 교재를 만드는 것과 관련하여 생각해볼 수 있을 것 같습니다. *Conceptual Physics*라는 책이 있습니다. 이 책은 화학이나 지구과학을 알기 위해서는 물리에 대해 알지 못하면 안 되기 때문에, 물리는 물리대로, 화학은 화학대로, 지구과학은 지구과학대로 설명하되, 쉬우면서 같은 줄기로 설명하자는 취지로 씌어진 책입니다. 저는 이 책을 화학 · 지구과학 전공 교수들과 번역을 했는데, 이 책을 번역하는 과정에서 책 제목을 어떻게 정할지 고민하다, '수학 없는 물리'라고 이름 지었습니다. 그런데 번역하는 과정에 함께한 화학과 · 지구과학과 교수들과 용어의 소통이 잘 되지 않았습니다. 물리학에서 선택하고 있는 용어와 똑같은 개념을 가지고 있는 화학에서는 물리학에서 사용하고 있는 언어와

다르게 용어를 사용합니다. 이는 지구과학에서도 마찬가지입니다. 이것을 겪으며 느낀 것은 물리학에서 사용되고 있는 용어가 과연 명료한 것인지에 대해서 생각하게 되었습니다. 바로 옆에 있는 사람, 즉 인접 분야의 과학자와 소통이 먼저 되어야 좀 더 먼 분야의 학자들과 소통이 될 수 있다는 생각을 하게 되었습니다. 먼 분야의 사람보다 오히려 가까운 분야, 이웃하는 분야의 사람들과의 벽과 담이 무너지고 틈이 생겨야 비로소 좀 더 넓게 소통을 할 수 있는 것입니다. 우선 각자 분야에서 사용하고 있는 용어가 중복 되었을 경우, 충분한 소통이 있어야 대중들에게 올바로 전달할 수 있다고 생각합니다.

엄정식 : 김인묵 선생님께서 말씀하신 것은 1920년대, 1930년대 논리실증주의자들(Logical Positivism)이 통합을 시도한 것과 유사합니다. 예를 들어 형이상학의 용어들이 너무 막연하고 관념론적이어서 이것들을 알아들을 수 있게 번역할 수 있는 방법 찾기를 시도하면서 사회과학자 · 정치학자 · 물리학자 · 화학자들이 모두 동원되었습니다. 선생님의 말씀을 들으니 그것이 생각이 났습니다. 그런데 같은 분야의 사람들끼리 소통이 더욱 어려운 것 같습니다.

소통의 전제

이정모 : 제 생각에 뭔가 잘못되고 있는 것 같습니다. 소통의 메커니즘에 대한 과학적 접근에 의해서 밝혀진 바를 바탕으로 해서 소통을

해야 하는데, '소통을 해야 한다'라고 말하는 것은 잘못된 것 같습니다. 소통의 메커니즘이 무엇인지 밝히는 일이 먼저 이루어져야 합니다. [중략] 너무 추상적인 개념으로 이야기하는 것은 그 수준에서 이야기되다가 멈추게 됩니다. 제가 생각하기에는 한 분야건 다른 분야건 간에, 다른 생각들이 연결되어 융합되는 그것의 실제 메커니즘에 대해 과학적으로 밝히고, 그 이후에 소통이 무엇인지 이야기해야 합니다.

이대일 : 소통의 문제와 소통의 메커니즘은 사실상 별개의 문제가 아닐까요? 메커니즘을 제대로 알 수 있다고 하더라도 그것을 기초로 소통이 이루어지는 것은 아니지 않을까요?

이정모 : 저는 '쌍방향 체제'(two-way-system)로 가야 한다고 생각합니다. 그것을 밝히는 것이 아직 해결되지 않았고, 그것이 무엇인지에 대해 계속 해결하려는 노력을 하되, 그럼에도 불구하고 소통의 문제를 해결하려는 노력을 해야 한다고 생각합니다. 소통의 메커니즘을 밝혀도 소통이 제대로 되지 않을 것이라는 생각에는 어떤 전제를 가지고 계신 것인가요?

이대일 : 소통에 대해 다각적 · 분석적으로 제시한다는 것은 중요하고 의미 있는 제안이라고 생각합니다. 저 나름대로 보면서 새삼스레 드는 생각은 소통에 대한 개념입니다. 소통이라는 개념은 서로 막힘없이 잘 통하는 것입니다. 즉, 특정한 주제로 여러 사람이 서로 교감을 나누면서 한 방향으로 나아가는 일종의 목적 지향적 행위입니다. 저는 소통의 조건을 생각해보았습니다. 소통의 조

건은 소통이 다자간이건 일대일 양자의 쌍방 소통이건 간에, 여기에는 '일대일의 대응관계'가 없으면 불가능합니다. 인격적인 측면, 지적인 측면, 일상생활에서 공동의 경험과 목적을 가지고 대화해야 불통이나 소통이 일어납니다. 그렇기 때문에 소통은 일대일 대응입니다. 이것이 전제되지 않을 경우에 소통에 대해 이야기하는 것은 무의미하지 않을까 싶습니다. 주제의 공통성이라는 측면에서 소통을 생각해본다면, 저는 그것이 지향해야 하는 목표가 '조화를 통한 즐거움'이어야 한다고 생각합니다. 또 한 가지는 명제 형식으로 말하겠습니다. 하나는, "소통은 이성을 중심으로 소통이 이뤄지는 것은 아니다. 그것은 존재 대 존재다." 이때 존재는 이성과 감성을 통해 '개방성을 가지고 역지사지적으로 상대방을 이해하려는 노력'이 전제되지 않으면 진정한 의미에서 소통은 불가능하다는 것으로 이해했습니다. 제가 강조하고 싶은 것은 이성 이상으로 중요한 것은 한국 사회의 특수한 요소인 '공감적인 요소'로, 강한 상호교통성이 소통의 절대조건이 된다는 것입니다. 학문 간의 소통은 언어에 내포되어 있는 개념의 객관성을 전제할 때는 수학과 같이 명료해질수록 정확해집니다. 반면 일상생활에 있어서 교육 · 정치 · 외교의 문제 등의 소통이 어려운 것은 대화 당사자들이 개인적인 경험에 기초논리를 부여하기 때문입니다. 즉, 자신의 경험만을 주장할 수밖에 없기 때문에 여기에 과연 이성이 작용할 수 있는 가능성이 얼마나 있는지 모르겠습니다. 저는 '절대이성'이라는 것이 있다면 과연 역사가 이렇게 전개될 수 있을까 하는 생각을 했습니다. '기계적 이성'이라는 것은 존재하는 것 같습니다. 자동차라든지 로켓과 같은 무기적인 대상에 접근하며 분석하는 이성은 가능합니다.

그러나 유기체에 대한 접근, 다시 말해서 움직이는 것을 분석적으로 규명해냄으로써 모든 조건을 충족시킬 수 있는 예측이 가능할 수 있겠는지에 대해서 저는 불가능하다는 입장입니다. 추상적이지만 '이성과 감성의 조화'가 중요하다는 생각을 해봅니다. 특히 이성의 측면에서, 과연 객관적인 진리가 존재하는지의 여부를 묻고 싶습니다. 개인적으로 '진리'라는 것은 상대적으로 존재하는 것이지 영원한 절대적인 진리가 존재하는 것은 아니라고 생각합니다. 만나서 흐르다가 흩어지면서 그때그때 핵심이 형성되는 공동지향적인 사고, 정념이 다수라면, 절대소통이라는 것은 불가능하며 어느 정도의 교감 속에서 일어나는 지향적인 사고, 행동작용이 '소통'이라는 생각을 해보았습니다.

황경식 : 근세 초기만 해도 철학자들은 '선험적 이성'에 굉장히 집착을 했습니다. 선험적 이성은 보편타당하고 절대적인 진리에 가깝게 갈 수 있는 것이라 생각을 했습니다. 그 뒤의 철학적 흐름은 대화적 이성으로 변화하고 있습니다. 대화적 이성이라는 것은 포퍼의 이야기처럼 우리는 모두 오류 가능한 존재라는 것입니다. 중세 때 교황은 신의 대리자로서 오류를 범할 수 없는 절대 존재에 있었습니다. 하지만 오늘날에는 '무류직권'(無謬職權)을 가지고 있는 사람이 없습니다. 오류가 가능하기 때문에 대화를 중시하게 되었습니다. 선생님의 입장은 포퍼의 입장과 아주 유사합니다. 포퍼는 대화적 이성을 통해 중지를 모으고, 진리로 접근할 수 있다고 봅니다. 절대적인 진리라는 것은 섣불리 이야기할 수 없는 것입니다. '박진주의'(迫進主義)라는 것이 있습니다. 이는 진리에 점차적으로 접근해나가는 것입니다. 선생님께서 말씀하시

는 것에는 '진리구성설'(眞理構成說)이 포함되는데, 진리라는 것은 발견되는 것이 아니라 구성된다는 입장입니다. 진리라는 것 역시 진화하는 것으로, 이대일 선생님의 말씀과 제 말은 다른 것이 아닙니다. 그런데 여기서 문제가 하나 발생할 수 있습니다. 절대적인 진리가 있다고 생각을 해야 절대적 진리로 접근할 수 있는 것이기 때문입니다. 절대적인 진리를 전제하지 않으면 진리에 가까이 가는지, 멀어지는 것인지 알 수 없습니다. 기본적으로 절대 진리, 선험적인 이성이라는 것은 철학자들이 상당히 포기하고 있는 것은 사실입니다.

이정모 : 말씀하신 개인적 경험은 어떻게 설명 가능한가요? 개인적 경험의 중요성을 이야기하셨는데요.

이대일 : 소통이라고 할 때 소통의 중심 요소, 주제들은 굉장히 많은 것 같습니다. 구체적인 일상, 세속적인 삶에 있어서의 소통의 주제와 학문에 있어서의 소통의 주제가 다양하기 때문에 학문에서는 이성이 중요해지고, 일상적인 삶에서는 이성보다는 개인적인 체험이 더욱 많은 부분을 차지한다는 이야기였습니다.

소통의 출발점

정 민 : 말씀하신 무지의 베일에 대해 설명해주시겠습니까? 판단중지를 한다는 것은 선입견을 갖지 말자는 것과 어떤 점이 다릅니까?

황경식 : 판단중지는 선입견을 갖지 말자는 것보다 훨씬 더 복잡한 이야기입니다. 롤스는 정의라는 것이 희망봉처럼 아득히 멀리 있고 우리가 그것을 발견하면 된다고 생각하지 않고, 사람들이 토론을 통해서 합의를 도출해내야 한다고 생각했습니다. 대화를 하는 사람들의 배경은 모두 다르기 때문에 첫째, 타고난 능력(nature ability), 둘째, 사회적 지위(social status)를 괄호 속에 넣어야 한다고 본 것입니다. 왜냐하면 이것들은 운(luck)이지, 그것에 대해서 책임을 갖는 것이 아니기 때문입니다. 셋째, 가치관 역시 괄호 속에 넣어야 한다고 봅니다. 왜냐하면 가치관은 다양하기 때문에 가치관이 앞서면 합의가 불가능하다고 봅니다. 단 어떤 가치관이든 그것에 도달할 수 있는 수단적인 가치에 대해서는 배분이 핵심이기 때문에 괄호 속에 넣지 않습니다. 또 세대(generation)도 괄호 속에 넣습니다. 이렇듯 불편부당성을 가져올 소지가 있는 요소들을 전부 못 보는 것으로 간주하는 것을 무지의 베일이라고 합니다.

정 민 : 연암 박지원의 『열하일기』에서, 장님이 임금 앞을 지나가는 장면이 있습니다. 이에 연암은 장님이야말로 가장 평등한 안목을 가진 사람이라고 말합니다. 연암은 장님의 상태로 돌아가야 할 필요가 있다는 것을 강조합니다. 조금 전 선생님께서 틈이 열려야 물이 흐른다고 말씀하셨는데요, 이러한 '사이'의 문제를 연암의 언어로 '제'(際)의 문제와 '간'(間)의 문제로 볼 수 있습니다. 소통의 부재는 중간이 없어서 생기는 문제로, 중간 지점을 찾는 것이 중요합니다. 이는 연암의 이야기에서도 살펴볼 수 있습니다. 어느 술꾼이 신발을 잘못 신어 한쪽은 가죽신, 한쪽은 나막신으로

신고 나왔습니다. 이에 하인이 "나으리 술이 취하신 것 같습니다. 신을 짝짝이로 신고 오셨습니다"라고 말하자, 그는 "내가 말을 타면 이쪽에서 본 사람은 내가 나막신을 신은 줄 알 것이고, 반대편에서 본 사람은 가죽신을 신은 것으로 볼 것인데 무엇이 문제냐?"라고 했다고 합니다. 문제는 정면에서 보면 짝짝이 신발이라는 것이 명확한데, 사람들은 자신이 가지고 있는 입장과 배경이 서로 다르기 때문에 항상 자기가 본 것만을 가지고 반대편도 그러려니 하고 생각한다는 것입니다. 이에 연암은 그러한 오류를 범하지 말라고 이야기합니다. 그런 오류를 범하지 않기 위해서 중간에서 보면 된다는 것입니다. 이때 그 지점이 어디인지, 그 지점을 찾자는 것이 연암의 이야기입니다. 이쪽에서는 지극히 상식적인 문제가 저쪽에서는 결코 이해할 수 없는 문제가 된다면, '사이'의 문제, '틈'의 문제, '제'의 문제에 대한 생각을 해서 '사이'에서 발생하는 의미를 주목해야 한다는 것입니다.

황경식 : 그 말은 곧 공정성을 담보할 수 있는 입장이 무엇이냐는 말입니다. 그래서 롤스 역시 정의를 보는 지점, 도덕적 관점에 대해서 강조합니다.

정 민 : 꼭 도덕적인 관점인 것은 아닙니다. 두 의견이 엇갈렸을 때, 옳고 그름을 가르기가 쉽지 않습니다. 또한 반드시 동의를 하지 않는다고 하더라도, 둘 다 납득할 수 있는 지점, 상대방의 입장을 알겠다는 것이 인정된다면 소통의 문제는 발생하지 않을 것입니다.

이정모 : 중간, 사이, 틈의 문제는 추상적이고 중립적일 수 있습니다. 이쪽에서 저쪽 입장을 완전히 이해하고 하나가 되는 소통과 중간의 입장에서의 소통을 같은 소통으로 볼 수 있는지 의문이 생깁니다.

정　민 : 그 부분은 조금 다를 수 있습니다. 소통이 되기 위해서는 괄호를 쳐서 집어넣어야 할 부분이 생기는데, 그 부분을 인정하지 않고, 일방적으로 한 부분으로 쏠리는 것은 이 자리에서의 소통의 개념은 아닌 것 같습니다. 연암의 비유 중에 여관방에서 코를 고는 사람과 귀에 물이 들어가 이명(耳鳴)이 된 아이의 예가 있습니다. 여관방에서 어떤 사람이 코를 너무 심하게 골아서 같은 방에 있던 사람이 코 고는 사람을 깨웠다고 합니다. 이에 코를 골던 사람이 "내가 언제 코를 골았단 말이오!"라며 화를 내었다고 합니다. 반면 이명에 걸린 아이는 자신의 귀에서 피리 소리가 나니 자신의 귀에 귀를 대보라고 친구에게 말했다고 합니다. 물론 그 친구는 이명에 걸린 아이의 귀에서 들리는 피리 소리를 들을 수 없었습니다. 이에 이명이 걸린 아이가 친구에게 "왜 듣지 못하느냐?"며 화를 냈다는 이야기가 있습니다. 여기에서 코를 고는 사람에게는 남은 듣는데 자신은 듣지 못함으로써 문제가 생기는 것이고, 이명에 걸린 아이는 자신은 듣는데 남이 듣지 못함으로써 문제가 되는 것입니다. 코골이의 소통 부재도 문제이고, 이명의 소통 부재도 문제입니다. 코를 고는 사람은 그것이 병이 아닌데도 남이 그것을 지적한다고 화를 내고, 이명은 그것이 병인데도 남이 알아주지 않는다고 해서 화를 내는 것이 문제가 된다는 것입니다.

이대일 : 정민 교수님께 한 가지 물어보고 싶습니다. 까마귀를 보고 본디 "까만색이 아니고, 햇빛에 비칠 때에 따라서 청록색도 나오고, 붉은색도 나오며 칠색이 나오는데, 사람들이 저마다 무슨 색이라고 한다, 까마귀는 본디 색깔이 없거늘"이라는 글을 읽은 적이 있습니다. 이는 편견에 따라서 보는 것과 경험에 따라서 보는 것이 있는데, 까마귀의 색은 대상은 있지만 핵심적인 중심이나 고정된 것은 존재하지 않는데도, 그러한 것을 본다고 하는 것이라고 읽었습니다. 예를 드신 것과 맥락이 다른 것 같습니다.

정 민 : 다르지 않고 같습니다. 연암은 형(形) 속에 태(態)가 있고, 색(色) 속에 광(光)이 있다고 말합니다. 색깔 속에 빛깔이 있고, 외형 속에 태가 있다는 말입니다. 이는 의미는 색에서 나오는 것이 아니라 빛깔에서 나온다는 말로, 외형에서 나오지 않고 태에 깃들어 있다는 것입니다. 까마귀를 보면 검은색인데, 검은색은 햇볕에 따라 달라집니다. 그렇기 때문에 햇빛의 각도에 따라 까마귀는 녹색이나 빨간색이 될 수 있습니다. 하지만 사람들은 모두 "까마귀는 까맣다, 까마귀는 더럽다, 까마귀는 나쁘다"라고 말을 합니다. 이것은 까마귀의 본질과 맞지 않습니다. 까마귀는 다양한 색을 가지고 있고, 그 빛깔은 효(孝)의 이미지를 가질 수도 있습니다. 즉 까마귀는 다양한 색깔을 가지고 있고, 다양한 의미를 가지고 있는데, '까마귀는 검다, 까마귀는 더럽다'는 생각은 선입견에 사로잡혀 진실을 보지 못하는 것입니다. 드러난 색깔만을 봄으로써 본질을 놓칠 것이 아니라, 본질을 제대로 보기 위해서는 선입견을 배제한 상태, 진심의 상태가 필요합니다. 연암은 비슷한 것을 추구하는 것은 가짜라고 이야기합니다. 비슷하게 해서

는 안 되고, 전혀 다르지만 참은 같다는 것으로, 같은 참은 겉으로는 다를 수 있다는 것입니다. 겉으로는 전혀 다르지만 속으로는 같은 것이 대체 무엇인지에 관해 연암의 이야기로 접근해볼 수 있습니다.

황경식 : 이 경우에 두 가지 지식의 구분이 필요하다고 생각합니다. 연암의 까마귀의 실체가 무엇이냐는 문제는 일종의 '사실적 지식'이고, 이것은 합의 가능성이 훨씬 높습니다. 하지만 가치와 관련한 지식은 훨씬 더 합의가 어렵습니다. '도덕적 지식'은 훨씬 더 합의 가능성이 떨어집니다. 이렇게 가치와 관련한 지식은 합의 가능성이 낮기 때문에 롤스와 같은 사람들은 많은 고심을 합니다. 최근에는 '맥락적 지식'이라는 말을 하는데, 맥락을 잘 맞추면 어떤 경우에는 사실에 관해서는 합의가 가능합니다. 하지만 선(善), 가치, 올바른 것이 무엇인지에 대해서는 합의가 쉽지 않습니다.

이대일 : 저는 지금 말씀을 들으면서, 먼저 말씀하신 제(濟), 간(間)의 개념과 비등하게 중요한 것은 격(隔)의 개념이 아닐까 생각합니다. 서로 떨어짐으로써 벌어지고 있는 '격'이 무엇인지, 그것에 대한 성찰이 필요하다고 생각합니다. 서로 떨어져서 격을 이루고 있을 때의 문제에 대해 생각해보아야 합니다.

김인묵 : 무지의 베일을 통해 소통하기 위해서는 자신의 것을 버려야 하는데, 거기서 다 버리고, 나는 무엇을 얻을 수 있는지에 대한 고민이 생길 수 있습니다. 이것은 소통에도 전략이 있어야 한다는 생

각과 연결해볼 수 있습니다. 소통을 위해서는 누군가가 중간 지대로 와야 합니다. 중간이 어딘지는 각자 생각이 다르지만, 중간이 되기 위해서는 문제가 될 만한 것은 다 버립니다. 그런데 중간 지점에서는 영원히 살 수 없기 때문에 중간 지점에서 자신의 것으로 넘어갈 때 과연 자신이 무엇을 얻을 수 있는지, 그리고 그것이 각자의 삶, 각자의 공간에서 어떤 가치를 가질 수 있는지에 대해서 생각해볼 필요가 있습니다. 그렇지 않다면 각자 형이상학적인 주장만 하게 될 것입니다. 그렇기 때문에 소통에도 메커니즘이 있어야 하고 그것에 대한 규명도 필요하며 합의를 위한 전략도 논의해야 합니다. 또 자본주의 사회에서의 경제적인 동물로서 소통을 통해 얻어갈 수 있는 것이 필요합니다. 내 것을 다 버릴 것이 아니라 얻어갈 수 있는 것이 있어야 소통이 이루어질 수 있습니다. 예를 들어 용어에 대해서 이야기할 때, 물리학과 화학에서 용어의 통합을 위해서는 자신의 용어를 버리게 될 것입니다. 이 경우에, 선택된 용어의 쪽에서는 자신의 용어를 선택받은 것에 대해서 환영할 것이고, 그렇지 않은 쪽에서는 정반대의 입장을 보일 것입니다. 이런 맥락에서 볼 때 중간이라는 것은 잘못하면 패색이 될 수 있습니다. 소통을 통해 얻어갈 수 있는 것이 필요합니다.

황경식 : 버리고 얻어가는 것, 그것에 대해 생각해봅시다. 재벌 2세와 거지가 만나서 재벌이라는 것을 괄호 안에 넣고, 거지라는 것을 괄호 안에 넣고, 무지의 베일을 쓰고 합의에 도달했다고 가정해봅시다. 그리고 그 합의를 통해서 새로운 사회를 만들었을 때, 재벌 2세는 빼앗기는 것이 많고 거지는 많은 것을 얻습니다. 그러나

재벌 2세는 왜 희생을 해야 되는지에 대한 합리적이고 도덕적으로 납득하게 됩니다. 그동안 자신이 많은 것을 가지고 있었고, 자신이 가지고 있는 것의 일부를 사회에 환원하는 것이 도덕적으로 정당하고, 합리적으로 당연한 것이라는 납득을 하게 됩니다. 거지도 자기가 사회에 소외되지 않는 멤버라는 것을 알게 됩니다. 그런 의미에서 다 버리는 것이 아니고, 일부는 가져가고, 일부는 버리고 갑니다. 가지고 갈 때, 그것을 가져가는 것이 정당한 몫이라는 이유를 가지게 되는 것입니다. 저는 이것이 소통이라고 생각합니다. 그 다음으로 '우리는 과연 소통하고 있는가?'라는 원천적인 물음을 제기하고 싶습니다. 우리는 당연히 소통이 될 것이라고 생각을 하는데, 철학자 중에 라이프니츠는 독특한 관점을 가지고 세상을 바라봅니다. 물리학에서의 원자에 대해서, 라이프니츠는 '모나드'(monad)라는 개념을 도입했습니다. 원자는 물리적인 개념이고, 모나드는 정신적인 개념입니다. 라이프니츠는 세상은 수많은 단자로 이루어져 있고, 단자들 간에 소통이 안 된다고 봅니다. 선생님과 저는 소통이 아니라 각자의 방식대로 알아듣습니다. 예를 들어 오케스트라에서 플룻과 바이올린은 소통이 되지 않는 것입니다. 하지만 마치 이것은 소통이 되는 것처럼 보입니다. 이렇게 소통이 되는 것처럼 보이는 것은 지휘자가 그 키를 가지고 있기 때문입니다. 라이프니츠는 이 단자들 사이에 서로를 볼 수 있는 문이 없다고 생각합니다. 그렇기 때문에 우리는 마치 서로가 소통이 되는 것처럼 생각하지만 모두가 다른 노래를 듣고, 다른 식으로 반응한다고 할 수 있습니다. 라이프니츠의 예정조화설 역시, 이미 따라갈 수밖에 없는 프로그램이 있기 때문에, 마치 소통이 되는 것처럼 살지만 실제로 나는 시나리오에 의해 배우로서 살고 있는 것이며, 이는 신에 의해서 예정조화 되어 있다는 것입니다. 그런 논리적 가능성도 있는 것입니다. 우리는 사실 대화를 하지만 대화가 안 됩니다. 내가 전하고자 하는 그대로 이해하는 것이 아니라, 내가 이해하고 싶은 대로 이해하는 것입니다. 우리의 사이에는 문이 없고 각자 자기 나름대로 사는 것으로 이해할 수도 있을 것 같습니다.

정 민 : 가장 소통되지 않는 관계는 동업자들끼리의 문제입니다.

황경식 : 동업자들끼리 소통이 되지 않는다는 것이 바로 라이프니츠의 가설을 정당화해주는 것입니다.

한경구 : 라이프니츠는 기대치가 높기 때문에 10~20%는 소통이 아니라고 말합니다. 그런데 10~20%의 소통을 소통이 아니라고 보기는 어렵습니다. 또 동업자들끼리의 소통이 어렵다는 것은, 동업자들끼리는 소통이라기보다도 양보의 정도와 이해 다툼이 더 큰 것 같습니다. 거기에 소통이라는 말을 붙이는 것이 적절한 것인지 의문이 생깁니다.

엄정식 : 저는 어느 정도는 우리가 소통을 하고 있다고 봅니다. 하지만 그 소통에 만족하느냐 그렇지 않느냐는 문제인 듯합니다. 소통보다는 공감대를 이루는 것, 내면적 · 사회적 가치에 대해서는 객관적으로 합일하기가 어렵습니다. '이것은 물이다'라고 말하는 것은 쉽지만, 내면적인 가치에 대해서는 그런 방법이 결여되어 있습니다. 비슷한 예 중의 하나로, 제가 제주도를 갔을 때, 택시 운

전사가 웃으면서 재미있는 이야기를 해주었습니다. 운전사의 말에 따르면 얼마 전까지만 해도 서귀포 쪽 사람들과 제주 쪽 사람들이 감정적으로 험악했다는군요. 문제가 되었던 것은 '한라산의 앞이 어디냐?'라는 것이었다고 합니다. 서귀포 쪽 사람들은 자신들이 보는 방향이 한라산의 앞이라고 생각하고, 제주 쪽의 사람들은 자신들이 보는 방향이 앞부분이라고 했다고 합니다. 이에 운전사는 "산에 앞뒤가 어디 있습니까?" 하고 웃더군요. 하지만 저는 심각해지더군요. 이는 이데올로기 싸움으로, 어떤 사물의 뒤통수에 태어나서 살다가 죽는다는 것은 확대 해석하면 기가 막히는 것입니다. 이것이 확대되면 자존심으로서의 정치적인 문제까지 확정되지요. 운전사는 하루에도 몇 번씩 한라산을 돌기 때문에 그 사람의 관점에서는 산의 앞뒤가 없겠지만, 이는 문화적 관점으로는 우스운 일이 아닙니다. 이것이 쟁점이 되고, 싸움이 되었다는 것은 '한라산은 앞과 뒤가 따로 있다'는 생각을 그곳 사람들이 공유했기 때문입니다. 앞과 뒤는 있는데, 서로 어떤 부분을 앞이라고 부를 수 있고 뒤라고 부를 수 있는지에 대한 동의가 이루어지지 않았기 때문에 문제가 되는 것입니다. 그러나 서로 한라산에 앞뒤가 따로 없다는 것에 동의하고, 서로 간에 자신들이 살고 있는 곳을 편의상 앞이라고 생각한다는 것을 서로 인식하면 싸움은 끝나는 것입니다. 이 예는 공감대를 넓힐 수 있을 때, 공유하는 가치가 점점 많아질 수 있을 때, 즉 사물을 넓고 깊게 본다면, 소통의 문제는 해결될 수 있다는 것입니다. 이는 황경식 선생님의 hot communication과 연결해서 생각해볼 수 있습니다. hot communication은 이미 감정적으로 공감대가 있기 때문에 싸움이 되지 않는 것입니다. 저는 그것을 넘어서서 범

지구적 시대에 들어서면서 그래도 이성에 호소해야 하는 것이 아닌가 싶습니다. 한라산의 예와 같이 공감대를 공유할 수 있는 것이 필요합니다. 모든 인간은 이성을 가지고 습니다. 따라서 모든 인간이 호소할 수 있는 공감대인 이성에 호소해야 한다고 생각합니다.

한경구 : 질문이 있습니다. hot · cold의 communication이 있는데, 이때 warm communication은 어디에 있습니까?

황경식 : 다양한 스펙트럼이 있을 수 있습니다.

이정모 : 20세기에서 인지과학이 과학적 근거를 통해서 발견한 것 중에서 가장 중요한 것은 이성은 감정에 기반되어 있다는 것입니다. 극단으로 이야기하면 감정이 개입되지 않은 이성은 없습니다.

황경식 : 감정도 마찬가지입니다. 감정도 이성이 개입되지 않을 수 없습니다. 예를 들어 상식이라고 할 때, 지적인 것이 기본적으로 깔리지 않는다면 감정은 존재하지 않습니다.

이정모 : 이는 80년대의 인지심리학에서 많은 논란이 있었던 부분입니다. 공유라는 것이 과연 어디에서 시작된 것인지에 대한 물음에 대해, 그 답은 개인적 체험을 통해서 나온 것이라고 볼 수 있습니다. 이것을 바탕으로, 개인적 체험은 무엇에서 나오는지에 대한 물음이 발생합니다. 물론 이성이라는 것이 들어가지만 개인적 체험은 몸과 환경의 상호작용을 통해 얻어진 것과 이성이 통합

되어 만들어진 것이라고 볼 수 있습니다. 그렇다면 되돌아가서 '소통한다', '융합한다', '통한다', 이것이 과연 어떻게 일어나는지에 대해 최소한 어느 정도까지의 과학적 분석이 이루어진 것 위에서 소통에 대한 논의가 이루어져야 합니다. 최근 인지언어학에서의 논의 중에 '개념적 혼성'(conceptual blending theory)이라는 것이 있습니다. 융합이라는 것이 어떻게 일어나는가에 대해 이야기했을 때 '개념적 공간 1'과 '개념적 공간 2'가 연결되어 '개념적 장소 C'가 나오는 과정을 설명하는 것입니다. 그렇다면 하나의 개념적 공간과 다른 개념적 공간은 내가 됐든, 개인 간이 됐든, 이것이 어떻게 연결되는가에 대한 탐구가 있은 후에 소통에 대해 이야기해야 한다고 생각이 됩니다. 인지과학에서 최근에 나온 예로는, 마음이라는 것이 머리 · 뇌 속에 있는 것이 아니라, 뇌 속에도 있고, 몸 · 환경 · 세계와 합쳐진 것 속에서 이루어진 것이라고 봅니다. 소통이라는 것에 대해 이야기할 때, 소통의 유형 중에 맥락 의존적이라는 것이 있다는 것은 맥락에 따른 다른 유형의 소통이 있을 수 있다는 것을 나타내고, 이는 유형에 따라서 다른 전략을 적용할 수 있다는 것을 보여줍니다. 그렇다면 이러한 유형 전체에 대한 학문적인 탐구가 이루어진 후에 그 위에서 소통에 관한 이야기가 되어야 하지, 지금과 같이 이야기를 하면 '소통은 해야 한다'는 말밖에 남지 않을 것 같습니다. 이것에 대해 철학 · 언어학 · 심리학 모두에서 진지한 탐구가 이루어져야 한다고 생각합니다.

한국인은 왜 말을 잘 안 듣는가?

황경식 : 그 문제는 다른 문제로 보아야 합니다. 왜냐하면 소통이라는 현상에서 하부에 있는 것이 무엇인가에 대해 밝히는 것도 하나의 프로젝트이고, 소통이 잘 되게 노력하자, 소통이 잘 되게 하는 논리적인 조건, 윤리적인 조건이 무엇인지 따지고 가능한 한 소통이 잘 되게 하는 것도 또 하나의 프로젝트입니다. 즉, 두 개의 프로젝트가 있고, 이는 첫 번째 프로젝트가 해결이 되어야 두 번째 프로젝트가 해결 되는 그러한 것이 아닙니다. 아까 '쌍방향'이 있다고 말씀하신 것과 같습니다. 그리고 선생님께서 이야기를 하실 때 제가 느낀 것은 우리 사회에 있어서의 소통에 대한 문제를 심층 분석하면서, 처방이나 전략을 찾는 것도 중요하다고 생각합니다. 저는 한국 사람들이 굉장히 정서적인 소통에 휩싸여 있다고 봅니다. 우리가 첫 만남에서 제일 먼저 묻는 것은 어디 출신이냐, 어느 학교 출신이냐 등을 따집니다. 그 중에서 몇 가지가 공유되면 아주 소통이 잘되지만, 그 중에 몇 가지가 충족되지 않으면 서로 서먹해집니다. 저는 소통이 언어와 관계되어 있다고 보는데, 상대방의 말을 이해하는 노력을 해야 하는데, 한국인들은 말을 잘 듣지 않습니다. 즉 '좋은 청중'(good listener)이 아닙니다. 서양의 경우는 환자들이 의사의 말을 귀담아 듣고, 그대로 행하고자 노력합니다. 하지만 한국인들은 의사의 말을 대충 흘려듣고, 집에 가서 다시 전화를 하여 묻습니다. 이것이 관행이 되어 많은 이들이 말을 제대로 듣지 않습니다. 그리고 나중에서야 잘 알지 못하기 때문에 다시 전화를 합니다. 알아도 처방전대로 행하지 않습니다. 그렇기 때문에 우리 사회의 사람들이 좋은 청중이 되어야 한다고 생각합니다. 또 결혼식의 주례 역시 마찬가지입니다. 하객들은 결혼식의 주례에 집중하지 않습니다. 학회

역시 마찬가지입니다. 저는 우리나라가 '소통공동체'가 아니라고 생각합니다. 저는 이것은 소통을 너무 정서적으로 고정했기 때문이라고 보고, 이것을 바꾸기 위해서는 지적인 훈련을 통해야 한다고 생각합니다. 남의 말을 듣고, 남의 말에 대한 정확한 반응을 할 줄 알아야 한다고 생각합니다. 이성적 · 지적인 소통이 필요합니다.

정 민 : 좋은 청중과 관련하여, 이는 사회적인 신뢰와 연결하여 생각해볼 수도 있을 것 같습니다. 예를 들어 얼마 전에 제가 몸이 안 좋아 병원에 가서 상태를 말했더니, 데스크에서 외과로 가라고 했습니다. 외과에서 초음파 사진을 찍었더니, 담낭에 결석이 생겨서 담낭을 제거해야 한다는 진단이 나왔습니다. 그런데 그 말을 신뢰하기 어려워서 그 다음 주에 내과에서 다시 한 번 검사를 했습니다. 내과에서는 담낭이 깨끗하고, 담낭을 떼어낼 필요가 없다고 말했습니다. 며칠 뒤에 다른 곳에서 한 번 더 검진을 받으니 결국 대상포진이라는 진단 결과를 받았습니다. 이 이야기에서 제가 드리고 싶은 말은, 좋은 청중이 되려면 말하는 사람의 신뢰나 그것이 진실하다는 것이 있어야 한다는 것과 그를 믿는다는 전제가 있어야 하는데, 우리 사회가 가지고 있는 불안정성, 사회 불신의 해결이 전제가 되지 않은 상태에서 좋은 청중이 되라는 요구는 부당한 것 같습니다.

이정모 : 방금 하신 말씀은 아주 중요한 이야기인 것 같습니다. 소통의 문제가 제기가 되는 것은 신뢰가 부재하기 때문이고, 결국은 신뢰를 쌓아야 합니다. 그 뒤에 소통의 개념이 요구되어야 합니다.

이대일 : 저는 우리나라 사람들이 역사적으로 객관적인 현실을 유심히, 조심스럽게 살펴보는 것이 결여되어 있다고 생각합니다. 제가 합리성과 이성 문제에서 절대이성이 있는지에 대해 의문을 제기한 이유도 소통에 있어서 이성이라는 것이 과연 우선적이고, 가장 중요한 것이 될 수 있는가에 대해 조금 더 말씀드리겠습니다. 저도 황 교수님이 말씀하신 것을 경험한 적이 여러 차례 있습니다. 분명히 학생들은 나를 보고 있는데, 다섯 차례 정도 다시 말을 해야 이야기가 끝납니다. 제가 캐나다에 있을 때의 한 하숙집 이야기를 해보겠습니다. 하숙집 아주머니의 말씀이 일본 학생들은 공항에서 전화로 한 번 묻고 한 번에 찾아온다고 합니다. 하지만 한국 학생들은 전화를 하고 또 전화를 한다고 합니다. 소통을 위해서는 남의 말을 정확히 알아들어야 합니다. 언어라는 것은 맥락에 따라 달라지는 것이기 때문에, 맥락을 유심히 듣지 않으면, 자기화가 되어버리고, 자기 경험 세계와 섞이면서 왜곡됩니다. 그렇기 때문에 이는 좋은 듣는 태도가 아닙니다. 소통에 있어서 가장 중요한 것은 언어를 통한 이해이기 때문에 맥락적 이해가 전제되지 않는다면, 오류를 거듭하면서 개념적인 공회전이 일어납니다. 개념적인 공감을 전제하지 않으면, 언어의 소통에서부터 불통이 됩니다. 일상생활에서 일어나는 소통의 문제에 있어서는 이성보다 감성의 문제, 경험적인 측면을 조사해보는 것이 필요합니다. 나라에 따라서 어떤 감성이 공감되어 소통이 일어나는지에 대한 조사가 필요하다고 생각합니다. 예를 들어 서양이나 일본 사람들은 공공성이 굉장히 강합니다. 그러나 한국의 경우는 강제된 억압의 형태가 아닌, 자의성(恣意性)이 대단히 크다고 생각합니다. 특히 한국화(韓國畵)와 민화(民畵)는 자의

성을 표현한 대표적인 것이라고 볼 수 있습니다. 또한 소통의 목적은 황 교수님이 말씀하신 것과 같이 저도 가치 판단, 의미 부여에 대한 갈등의 최소화와 중심 찾기라고 생각합니다. 우리에게 주어지는 모든 문제들은 어떤 가치를 부여하는지에 대한 문제이고 거기에서 갈등이 생기기 때문에 이는 일종의 자기반성이 따라야 합니다. 특히 미술을 통해 보았을 때, 우리나라 사람들에게는 자의성과 임의성이 대단히 크기 때문에 이는 현대 미술에서는 대단한 강점으로 여겨지고 있습니다. 이는 일본화 · 중국화와 같이 정확히 격식을 맞추어 그림을 그리는 것과 대조됩니다. 즉 한국 민화를 보면, 표현되는 것들은 원칙이 있음에도 불구하고, 기준을 대강 맞추지 절대로 철저하게 맞추지 않습니다. 하지만 이것이 뛰어난 작품성을 준다는 것을 통해 본다면, 소통의 문제와 관련하여 '보편적인 소통과 우리 국민에게 있어서의 소통의 문제', '학문에서의 소통의 문제'를 분리하여 무엇을 강조할 것인지 생각해보아야 합니다. 일상적인 삶에서의 소통이 객관적이라기보다는 정렬적이고, 주관적인 요소가 강하다고 할 때, 차라리 그것을 방치하는 것이 소통에 있어서 훨씬 유리한 것이 아닌가 생각합니다. 저는 소통의 목적이 가치 판단과 의미 부여에 있어서 공집합적인 측면을 최대화시키는 것이라고 생각하고, 그러기 위해서는 소통에 따른 조건들을 어떻게 이해하고 받아들이고 해소하고 극복할 수 있을지에 대한 공공적인 인식과 상호 교육이 전제되어야 한다는 말씀을 드리고 싶습니다.

우리 사회의 소통, 어떻게 풀 것인가?

이덕환 : 소통의 이야기를 하는 것은 결국 우리 사회의 문제 때문입니다. 우리 사회에서 소통의 부재가 심각하다는 것은 이미 많이 이야기됐던 부분이고, 오늘 토론에서는 정서적인 문제, 언어적인 문제, 불신의 문제라는 것 등이 이야기되었습니다. 여기에서 우리가 공유하는 것이 많아진다면 소통이 잘될 것이라고 흔히 생각하는데, 엉뚱하게 알게 된 것을 공유함으로써 소통이 잘 되지 않는 경우가 굉장히 많이 있습니다. 예를 들어 '낙지머리 사건'과 관련해서, 낙지 내장을 먹음으로써 병에 걸리느냐 걸리지 않느냐는 아무도 알 수 없는 이야기입니다. 이것은 전혀 공유할 필요가 없는 문제를 공유함으로써 문제가 생기게 된 것입니다. 낙지머리의 유해성과 관련해서 싸우게 된 것은 법적인 규제에 따라서 판단을 하거나, 법적인 규제가 없으면 법적인 규제가 필요한지에 대해 따져야 하는데, 그 점에 대한 문제는 제쳐놓고 엉뚱한 문제를 공유함으로써 싸우고 갈등을 불러일으키는 경우가 굉장히 많은 것 같습니다. 우리가 가지고 있는 정서적인 문제, 행태적인 문제뿐만 아니라 문제 파악 방식에 심각한 문제가 있는 것 같습니다. 이러한 접근 방식이 가지고 있는 문제는 개념의 명료화, 논변의 제시 방법에도 관계가 있는 것 같습니다. 하지만 정확하게 일치하지 않는 것 같습니다. 무엇을 가지고 소통해야 하는지에 대한 파악을 하지 못하고 엉뚱한 문제를 소통의 대상으로 돌려놓고 논쟁을 벌이는 것이 과연 어떠한 소통의 문제로 볼 수 있는지에 대해 생각해보아야 할 것 같습니다.

이정모 : 기본적으로 '내가 믿고 있는 것과 틀리다'의 문제입니다.

이덕환 : 한라산의 문제는 그 문제를 가지고 논쟁이나 논란을 할 필요가 전혀 없음에도 불구하고 소통의 문제를 삼은 것입니다. 낙지머리의 문제 역시, 낙지머리에 대한 규제를 정부가 해야 하는지에 대한 논의를 해야 하는데, 지금은 그것을 먹어도 되느냐 그렇지 않느냐에 대한 싸움으로 이루어지고 있습니다. 이는 다른 문제입니다.

이정모 : 지금의 문제는 사람들이 이성적 · 합리적으로 생각하느냐라는 전제가 그렇지 않다는 말씀이십니까?

이덕환 : 문제 파악의 단계에서, 소통의 주제를 파악하는 단계에서부터 비이성적이라는 것입니다.

엄정식 : 저는 이것에 이성까지 끌어들일 것이 아니라, 개인적으로 나 스스로와의 소통이 가장 큰 문제라고 생각을 합니다. 나 스스로의 소통이 되지 않은 채 남을 먼저 설득시키려는 경우가 많이 있다고 봅니다. 이를 확대 해석하면, 소크라테스의 '너 자신을 알라'라는 메시지를 적용할 수 있습니다. 소통의 문제가 발생되었을 때, '당신과 충분히 소통된 채로 나왔는가'라고 물을 수 있습니다. 이 문제는 객관적으로 설득할 수 있는 메커니즘이 있는 것입니다. 사실은 누가 이긴 것이 아니라 논쟁, 논리가 이기는 것입니다. 타당한 논쟁을 택했으면, 그것은 논쟁, 이성이 이긴 것입니다. 그런 의미로 소통을 하기 위해서는 이성적이고 합리적이어야 한다고 생각합니다.

이대일 : 지금 말씀하신 것의 핵심 중에 하나인 '자기소통의 문제'에 대해서 질문이 있습니다. 엄정식 교수님이 말씀하시는 자기소통이 정확히 무엇을 의미하는지 알기 어렵습니다. 이것이 '자기반성'(self reflection), 혹은 자문자답 형식을 말씀하시는 것인가요?

엄정식 : '자기기만'(self deception)의 문제가 있습니다. 이것은 자기도 모르게 할 수도 있고, 의도적으로 할 수도 있습니다. 자기를 기만한 뒤에 정당화 · 합리화하는 것은 아주 심각한 문제입니다.

이대일 : 그러면 엄정식 교수님이 말씀하시는 자기소통은 정확히 무엇을 의미하는 것인가요?

엄정식 : 이것은 제가 만든 말인데, 'self-communication', '자기 대화' 입니다. 나한테도 감성적인 부분이 있기 때문에 감성적인 나와 이성적인 나의 처절한 투쟁이 있는 것입니다. 정리된 자기를 가지고 나와야지, 정리가 되지 않은 채로 주장하는 것은 자기주장이 아닙니다. 그렇기 때문에 책임질 수도 없는 것입니다.

김인묵 : 특정한 목적을 가지고 나오는 경우가 많다는 것인가요?

엄정식 : 그런 경우가 많다는 것입니다.

이정모 : 얼마나 많은 사람들이 역사적으로 선생님이 말씀하시는 것을 만족시킬까요?

엄정식 : 소크라테스는 "반성되지 않는 삶은 살 가치가 없다"고 말했습니다. 즉 자기에게 자꾸 묻는 버릇이 있어야 합니다. 적어도 자기 자신에게 떳떳할 수 있어야 합니다.

한경구 : 만일 "소통합시다"라는 말이 나왔을 때, '내가 틀렸을지도 모르지만, 이번에는 내가 저것을 우기고 발전시켜야 한다'는 확신을 가지고 있을 경우, 이것은 커뮤니케이션을 하고자 하는 의사가 전혀 없는 것입니다. 이것은 소통을 해야 한다는 것과 조금 다른 것 같습니다.

엄정식 : 이 주제가 오늘 토론의 주제가 된 이유는 우리나라의 이슈들이 과학적임을 빙자하여 나오는데, 어디까지가 과학적이고, 과학적인 것이 무엇인지도 잘 모릅니다. 또 과학적이라고 했을 때 방법론을 공유하고 과학적 발견의 성과를 존중해야 하는데 그것을 무시하고 주장할 때 문제가 생기고 더 어렵게 됩니다.

김인묵 : 과학이 과학을 떠나니까 과학이 아니구나 싶습니다. 낙지머리의 문제 역시 과학이 아닙니다. 과학은 과학자가 하는 것인데, 과학자가 아닌 언론사에서 과학을 이야기하니 문제가 생기는 것입니다.

이정모 : 마치 논리적으로 증명하고 이야기하는 것 같지만 그것에는 논리가 아니라 이야기가 들어간 것입니다.

김인묵 : 온갖 사람들이 그것을 논리, 과학이라고 생각하고 옳다고 생각

하는데 이것은 잘못된 것입니다.

황경식 : 한국 사람들은 지성적인 소통이 강조되어야 합니다. 이를 위해서 어떤 프로그램을 만들고 시행할 수 있는지 생각해보아야 합니다.

한경구 : 지식이 부족해서 일까요? 혹은 알면서 사용하지 않는 것일까요?

이정모 : 인지과학 쪽으로 접근을 하자면, 정보 처리의 부담을 줄이기 위해서 명료한 사고의 전략을 사용합니다. 따라서 남의 말을 듣지 않는 것은 편합니다. 그 이상 생각할 것이 없기 때문에 적응하고 살아가기가 쉽습니다. 이런 식으로 하는 것이 역사적으로 습성화된 것 같습니다. 하지만 이것을 바꾸고자 하는 노력이 필요한데, 이는 철학이 주도한 거국적인 문화 운동이 일어나야 합니다.

황경식 : 저는 우리의 지적인 수준이 부족하기도 하고 정보 처리 비용이 들기 때문에도 조급하게 생각한다고 봅니다. 자세한 과정에 대해서 이야기할 때 "결론만 이야기하라!"고 말하게 되는데, 자세한 과정을 살펴서 결과를 보고 그 이후에 과정을 따라 자신도 응용할 수 있게 되는데 결론만 보려고 합니다. 이는 조급함에서 비롯된 문제인 것 같습니다.

한경구 : 이전의 좋은 청중의 문제에서, 무슨 이야기인 줄 알아듣는 좋은 청중과 실천하는 좋은 청중은 서로 다른 것 같습니다. 지성이 꼭 부족하다기보다, 조급한 방식을 좀 더 선호하는 것이 아닌가 싶

습니다. 결론을 이야기하라고 해서, 그 결론을 다 믿는 것도 아닙니다. 다른 곳에서 또 결론을 묻습니다.

황경식 : 사회적인 환경이 신뢰할 만하지 않습니다.

정 민 : 불신의 사회가 조장하는 측면도 있습니다.

한경구 : 왜 그런 식으로 사람들이 생각하는지에 대해, 그것이 아득한 옛날부터 한국 사람이 그랬는지 아니면 민족 수준의 레벨에서 뚜렷하게 차이를 갖는 것인지, 아니면 우리가 경험하고 있는 최근의 정치적 환경 때문에 우리가 이런 식으로 접근을 하게 되는 것인지 궁금합니다. 저는 지능이라는 것에는 차이가 있는 것 같지 않습니다.

황경식 : 역사적인 것의 산물이라고 생각합니다. 조선시대부터 우리는 문인 문화였기 때문에, 일본의 사무라이 문화와 다릅니다. 또 조선시대의 정치가 안정적이지 않았고, 일제강점기를 거치면서 불안정한 시대를 살았기 때문에 일본 사람처럼 안정된 시스템에서 살았던 적이 없습니다. 그렇기 때문에 조급함과 불신은 천부적인 국민성과 상관없이, 우리 문화에 섞였다고 봅니다.

정 민 : 소설가 이청준 선생의 어렸을 적 이야기입니다. 밤에 잠을 자고 있는데 빨치산들이 들어와서 눈에 손전등을 쏘아가며 자신들이 국방군인지 인민군인지 물었다고 합니다. 손전등 때문에 자신의 가슴을 밟고 묻고 있는 사람이 국방군인지 인민군인지 파악하기

어려운 상황에서 어떻게 대답을 해야 하는지 판단하는 것은 굉장히 어렵습니다. 살아남을 확률은 50%입니다. 이럴 경우에 자기 정보를 확실히 넘기지 않으면서 저쪽을 파악할 수 있는지, 즉 결정된 이야기를 하지 않고 유예를 하면서 넘어가는 요령을 가져야 합니다. 이와 관련해 가치 판단의 문제와 관련하여 환경적인 요소 역시 중요한 요소라는 생각이 듭니다.

엄정식 : 포퍼가 요새 다시 언급되는데, 우리가 주목할 것은 '비판적 이성'(critical rertion)입니다. 사물을 개념화하고 정당화하는 것을 '독단적 합리주의'(dogmatic rationalism)라고 하는데, 반성하고 비판하고, 그 비판이 자기에게까지 미치는 것은 독단적 합리주의와 전혀 다른 것입니다. 포퍼는 '비판적 합리주의'(critical rationalism)에 근접해갈 수 있다고 생각합니다. 이것은 남의 이야기를 듣는 것과 연결될 수 있습니다. '어쩌면 서귀포에서 바라보는 한라산이 앞쪽이 아닐 수도 있겠다, 어쩌면 제주 쪽에서 바라보는 한라산이 앞쪽이 아닐 수도 있겠다'고 생각하는 자세가 필요합니다. 즉 양쪽이 같이 열린 마음이 되어야 합니다. 일반적으로 그런 태도, 즉 개방성을 가질 때 비판적인 사고로 서로 접근할 수 있고, 서로 잘못된 것이 무엇인지를 알게 됩니다.

한경구 : 한쪽은 개방성을 가지고 있는데 다른 쪽은 개방성을 갖지 않을 때, 진다는 생각이 들지 않을까요?

황경식 : 그것은 '전략'(strategy)에 대해서 이야기하는 것인데, 전략은 그 상황에서 여러 가지 방법으로 결정됩니다.

한경구 : 4대강이 됐든 무엇이 됐든, 내가 그것에 대해 솔직하게 나의 입장을 밝힐 경우는 불리한 상황에 빠진다는 것을 알게 됩니다. 예를 들어 산에는 앞뒤가 없다라는 것을 서로 이해한다면 문제가 생기지 않습니다. 문제는 한쪽은 산에 앞뒤가 있다고 보고, 한쪽은 산에 앞뒤가 없다고 생각한다면 한쪽이 진다는 생각이 들게 됩니다. 이는 앞서 전략의 문제이지 원리의 문제가 아니라고 하셨지만, 그런 원리를 가지고 상대의 마음을 열게 하는 전략이 존재할 수 있을까요? 내가 압도적으로 강하기 때문에 상대방이 무엇을 주장하든지 간에 안전하게 마음 놓고 이야기하자는 것은 가능할 수 있지만, 반대로 내가 약자의 입장에서 비판이 걸려 있는 상태에서 과연 마음을 열고 대화를 할 가능성이 있는지, 서로 묻을 수 있을 것 같습니다.

황경식 : 그런 수준에서 이야기하는 것이 아닙니다. 이전에 전략의 문제라고 한 것은 우리가 인생을 살아가면서 살아남기 위해 어떻게 해야 하는지에 대한 이야기를 하는 것이 아니고, 훨씬 더 일반적인 성격에서 이야기되는 것입니다. 구체적인 전략은 우리가 또 논의를 해야 합니다.

엄정식 : 예를 들면 '효도'하기는 어렵습니다. 정확하게 부모님의 상태를 파악해서 원하는 것을 해드리는 것은 어렵습니다. 하지만 대체로 불효하지 않기는 좀 쉽습니다. 싫어하는 일을 하지 않으면 되기 때문입니다. 이와 같은 생각으로 접근해볼 수 있을 것 같습니다. 최선을 향해 치닫는 것이 아니라 무엇이 덜 나쁜지, 즉 차선을 향해서 나아가는 것입니다. '소극적 공리주의'(negative utilitarian)도 이와 같습니다. 최대 다수의 최대 행복이 아니라 악을 될 수 있으면 제거하려고 애쓰려면 이상적으로 갈 수 있다고 보는 것입니다. 소통의 문제도 이와 같은 식으로 접근할 수 있습니다. 소통하려고 애쓰는 것이 아니라 불통하는 요소들을 조금씩 제거해간다면, 상당히 많은 공감대를 만들어갈 수 있을 것 같습니다.

한경구 : 싸움을 안 할 때는 모두가 동의하기 쉽지만, 싸움이 벌어지는 상황에서 상대가 그러한 자세를 취할 때, 원리가 있다고 하더라도 이것을 전략적으로 사용할 수가 없다면 원리가 있다고 할지라도 문제가 될 것 같습니다.

황경식 : 원리는 우리가 나아가야 할 전체적인 '목표'입니다. 어떤 길을 따라서 가야 하는 것은 또 다른 해결 상황이 있어야 합니다.

한경구 : 원리를 가지고 있는 사람이 이를 어떻게 현실화시키는가가 문제가 될 것입니다.

황경식 : 철학은 너무 일반적인 원리를 제공합니다. 그렇기 때문에 실제로 무용할 수도 있지만 우리가 지향해야 할 '별'을 제공합니다. 어떤 전략을 택하든지 마지막으로 가야 하는 지점을 찾는 것은 아주 중요합니다.

엄정식 : 시간이 벌써 다 된 것 같습니다. 매번 느끼지만, 시간이 너무 짧게 느껴집니다. 이 문제는 처음부터 결론에 도달하기 위한 것이

아닙니다. 그러나 저는 우리가 이야기를 나눴다는 사실 자체가 것이 큰 성과인 것 같습니다. 못 다한 이야기는 우리에게 또 시간이 주어지면 그때 이야기하도록 하고 일단은 여기서 마무리 짓겠습니다. 수고하셨습니다.

문 진 포 럼 3

과학기술과 소통

토론자 (가나다순)

고인석 (인하대 철학)

김용학 (연세대 사회학)

도정일 (경희대 영문학)

엄정식 (서강대 철학)

이덕환 (서강대 화학)

이상오 (연세대 교육철학)

이승종 (서울대 화공생명공학)

이정모 (성균관대 심리학)

최재천 (이화여대 에코과학)

최종덕 (상지대 물리학)

허정아 (연세대 프랑스문학)

때 / 곳

2009년 11월 5일

문진연구센터 회의실

이덕환 : 그동안 과학기술은 경제 발전에 기여하는 것이 유일한 목표였고, 또한 어느 정도 성과를 이룩했습니다. 그러나 80년대 이후 또 다른 요구가 사회적으로 요청되고 있습니다. 과학기술과 관련된 소통이 필요하다는 것이 바로 그것인데요, 이것은 과학기술 영역에 주어진 새로운 사회적 과제의 입장에서 생각되고 있습니다. 90년대 후반부터 기억나는 과학기술과 관련된 심각한 문제는 '동강댐'이었습니다. 그 이후 한 해도 거르지 않고 과학기술 영역은 사회적 문제로 나타나고 있습니다. 마치 과거에는 독재가 문제의 중심에 있었다면, 이제는 과학기술이 문제의 중심에 서 있습니다. 이를 해소하기 위한 방법이 소통이라고 생각합니다. 이런 이유로 지금까지 사회와의 소통 과정에서 과학기술 영역이 느꼈던 어려움을 여섯 개 정도로 구분해보았습니다.

[1] 과학과 기술의 구분

우리말의 특성상 과학기술이라고 통칭하지만 원칙적으로는 '과학'과 '기술'의 합성어입니다. 재정경제(부), 보건복지(부)는 한 단어로 인식이 안 되는데 과학기술은 한 단어로 인식합니다. 물론 서양에서도 science를 폭넓게 사용하고 있는 것이 사실이기는 합니다. 하지만 과학과 기술의 기본적 차이가 인식되지 않고 한 틀에 묶여, 기술 때문에 생기는 사회적 문제로 인해 과학 영역까지 비판의 대상이 되고 있습니다. 이러한 논의를 할 때, 가장 많이 나오는 이야기는 '생명과학'과 '생명공학'이 구분되지 않는다는 것입니다. 그런데 구분이 힘든 분야가 있다고 해서 과학과 기술이 근본적으로 같아지는 것은 아닌 것 같습니다. 특히 과학기술 영역의 입장에서 과학적 정보를 제시하면 기술의 문제점 때문에 과학적 정보 자체가 오해를 받는 경우도 있습니다.

[2] 기술에 대한 평가

기술의 긍정적인 면과 부정적인 면이 합리적으로 평가되지 않고, 긍정적인 면은 무시되고 부정적인 면만 과도하게 부각되면서 소통을 위해 접근할 때 느껴지는 어려움 중 하나가 과거에 대해, 인류 역사에 대해 다분히 미화된 부분이 많다는 것입니다. 과거에는 행복했고 잘살다가, 지금은 과학기술 때문에 불행하다는 비판을 많이 받는데, 특히 사회로 확장될수록 의외로 이런 인식이 강해지는 것 같습니다.

[3] 과학에 대한 평가

과학 영역은 과학을 만능으로 보지 않으며, 모든 문제를 해결했다고 생각하지도 않습니다. 과학이 종말에 가까워 왔다는 이야기는 꽤 오래전부터 회자되었지만 아직도 과학이 풀어야 할 부분 역시 많습니다. 그런데 과학으로 풀지 못했다는 이유로 과학이 풀어놓은 결과까지도 경시당하는 경향이 상당히 많이 있습니다. 그런 측면에서 과학적으로 해결해놓은 부분은 인정해야 되지 않을까 하는 문제도 있습니다.

[4] 방법론적 문제

과학이 사용하는 연구방법론, 특히 서양에서 들어온 환원주의적 시각이 지나치게 비판받는 것 같습니다. 세상에 대한 관점은 다양합니다. 과학기술 영역 중에 문제 해결에 있어서 환원주의적 시각은 성공적이었지만, 과학기술 영역이 모든 문제에 대해 환원론을 적용해야 한다고 주장하지 않습니다. 그런데도 불구하고 사람들은 과학기술 영역이 환원주의를 만능이라고 주장하는 것처럼 인식하는 경향이 있습니다. 이에 대한 대안으로 동양적 전일주의(全一主義)를 제시하는데 과학계는 답답할 뿐입니다. 거기서부터 어떻게 소통해야 할지 고민에 빠질 수밖에 없다고 하겠습니다.

[5] 과학적 사실에 대한 인식

과학적 사실에 대해 복잡하게 인식하고 있습니다. 이를 설명하기 위해 유사 과학적 사실이라는 말을 억지로 만들어봤는데, 사실 표현에 문제가 있는 것 같습니다. 하지만 강조하고 싶었던 점은 다음과 같습니다. 소위 과학적 원리에 의해 확고부동하게 해석 가능한 과학적 사실이 있고, 여기에서 한걸음 나아가 통계, 사회적 합의 등에 의해 한 단계 걸러진 과학적 사실이 있는 것입니다. 사실, 사회와 소통할 때는 후자가 중심적인 개념입니다. '유사 과학적 사실' 개념이 의도했던 바는 교과서에서 배우는 자연법칙을 사회 문제에 적용하기 위해 한걸음 나아갔을 때, 여기에는 과학적 사실 이외에 사회적 요소가 많이 포함되어 있다는 것입니다. 이 부분에 대해 인식과 전파가 잘 되지 않는 것 같습니다. 대표적으로 유해성 · 안전성 · 위험성 등을 들 수 있습니다. 이에 대해 완벽한 자연법칙이냐, 아니냐에 관해 비판을 많이 받는 것 같습니다. 또한 과학이 어려워서 듣기 싫다는 이야기들을 합니다. 이 부분은 어떻게 해결해야 할지 모르겠습니다. 과학이 어려운 것은 현대 과학의 문제가 아니라 세상이 복잡하기 때문입니다. 그런데 과학의 어려움이 과학자 때문인 양 비판을 받고 있는 부분에 대해서 어떻게 해야 할지 암담합니다.

[6] 과학 영역의 언어

과학 영역에서 사용되는 언어가 임의적인 것처럼 느껴집니다. 과학 영역에서는 언어에 대해 무관심합니다. 언어적 표현에 대해 신경 쓰지 않고, 수학적 언어를 많이 사용하기 때문에 인문학과 같이 언어에 대해 심각하게 고민하지는 않습니다. 과학 영역에서도 잘못 정의된 과학적 언어가 많습니다. 잘못 정의된 용어이지만 과학 영역 내부에서는 문제없이 사용 가능합니다. 그러나 사회와 소통하는 과정에서 느끼는 점은 과학 영역에서 무심하게 정의한 언어들이 과학 영역에서 사용되거나 정의되지 않은 의미로 사용되고 또 유포되고 있습니다. 이 부분에 대해 당황스러움을 느끼는데, 일례로 나노에 대한 정의를 들 수 있겠습니다. 사실, 나노가 무엇인지의 정의를 내리기가 난처합니다. 사회에서는 나노가 명백히 정의되어 있는 것으로 인식하고 있지만, 그 역시 엉성한 정의일 뿐입니다. 이러한 논의는 이미 100년을 넘었고, 사회적인 규제도 만들어져 있습니다. 그럼에도 지금에 와서 마치 새로운 이슈처럼 치장되어 심각하게 다뤄지고 있습니다. 여기에 나노에 대한 왜곡된 사실들이 붙여져서 듣고 있기 난처합니다. 나노에 대한 논의 자체가 이야기된 것 이상으로 포장되어, 과연 이런 논의가 무엇을 위해 필요한 것인지 알 수 없는 상황으로 치닫고 있습니다.

이상의 여섯 가지를 과학기술 영역에서 사회와 소통을 시도하다가 발생한 문제로 생각해주셨으면 합니다. 소통을 위한 이야기는 자주 나누었지만, 이러한 문제를 주제로 경험했던 문제들을 털어놓고 솔직하게 이야기했던 기회는 없었던 것 같습니다. 이상 문제제기를 마치고 토론을 시작하겠습니다.

과학, 무엇이 문제인가?

고인석 : 소통에 관한 실질적 각론과 실천이 필요하다는 인식은 많이 공유되었으나 아직 현실화되지 않고 있는 상황에서, 이덕환 선생님께서 과학자 입장에서 어려움을 토로해주신 것 같습니다. 저는 조금 강하게 시작해보겠습니다. 말씀하신 것 중에서 이해와 공감이 가면서도 실체가 없는 것이 있다는 생각이 듭니다. 과학기술자 진영 대 나머지로 나누는 구도가 가능한가요? 설령 가능하다고 해도 과연 그것이 현명한 것인지 잘 모르겠습니다. 한걸음 더 나아가서 만일 과학기술자 진영과 나머지 진영으로 구분한다고 할지라도, 우선 과학기술자들이 진지하게 커뮤니케이션을 시도하지 않았다고 생각합니다. 지금 논의된 것은 충분히 의미가 있는 것들인데, 현재 진행되고 있는 소통에서 생긴 오해들이나 가슴 아픈 왜곡들은 소통에 방해가 되기 때문에 올바르게 해소되어야 한다는 점입니다. 결론부터 먼저 말하자면 '능동적 시도'를 해야 한다고 생각합니다. 그러기 위해서는 몇 단계로 나뉘어야 합니다. 예를 들어 '융합 연구'입니다. 융합 연구는 실제로 어떤 과제나 문제를 풀기 위해서 여러 전문성을 적극적으로 합치는 것입니다. 문제를 놓고 이를 풀기 위해서는 어떤 전문성이 합쳐져야 하는가를 계획하고 실행하는 방식이 필요합니다. 또

하나는 과학자나 인문학자 모두 열려 있어야 합니다. 즉, 자연과학자도 인문학이나 사회과학에 관심을 가지고 열려 있어야만 한다는 것이 두 번째입니다. 제가 강조하려는 것은 세 번째인데요, '허드레 만남'입니다. 평소에 자연스러운 만남, 편한 만남을 통해 하고 싶은 말을 거리낌 없이 하면서 담이 낮아질 수 있는 기본 문화가 필요합니다. 예를 들어 대학에서 학생식당이나 교직원식당에서 이루어지는 풀뿌리 문화와 같은 '하부문화'가 필요합니다. 이 단계는 구체적인 문제를 풀기 위한 것이 아닌 기본적인 준비 단계입니다. 이 세 가지가 우선적으로 소통을 위해 각기 진행되어야 할 것 같습니다.

최종덕 : 저는 나노 윤리에 대한 논의로 시작해보겠습니다. TV에서 볼 수 있는 악성 댓글 금지 에 대한 공익 캠페인을 보면 글씨가 나노분자로 흩어지는 화면으로 구성되어 있습니다. 이 화면 구성의 원류는 영화배우 이병헌이 출연한 영화 「지.아이.조」입니다. 그 영화의 줄거리는 악당들이 나노 기술을 약탈해 모든 것을 가루로 만들어 무너뜨린다는 것입니다. 그런데 은유로 제작된 이 광고는 일반 사람들에게 의미가 확장되어 나노의 가공할 만한 위험성만 인식되어 나노 기술과 그에 대한 윤리성이 관계를 맺게 되었습니다. 물론 이 영화는 일정 부분 사실에 근거해 있을 것이지만, 영화가 만든 가공적 사실이 일반 대중에게는 실재적 사실로 작용되기 때문에 윤리가 해결해야만 하는 문제로 변모해버렸습니다. 이것은 일반 대중이나 대중매체에만 책임 지울 수는 없습니다. 나노의 위험성에 대해 사실에 입각해서 대중들에게 이해하기 쉽도록 이야기해주어야 할 과학자 역시 마찬가지의 책임을

가지고 있는 것입니다. 따라서 소통의 출발점이 일상적인 상황 속에서 일어났으면 하는 바람입니다.

김용학 : 소통은 쌍방적인 과정입니다. 쌍방적인 과정을 하려면 공통의 언어가 필요한데, 과학과 사회의 소통을 위한 공통언어는 일상 언어라고 생각합니다. 문제의 시작은 일상 언어의 제한성에서 출발하는 것 같습니다. 이덕환 교수님의 의견을 통해 제게 든 생각은 쌍방적인 프로세스 중에서 이덕환 교수님은 과학자의 입장을 대변하셨습니다. 그렇다면 소통을 하면서 인문학자는 과학자에 대해 어떻게 느꼈을까요? 인문학자는 이덕환 교수님이 제기한 문제와 전혀 다른 것을 느꼈을 것 같습니다. 우선 개인적인 생각 중 하나는 '과학자들의 오만성', 즉 사실(fact)에 대한 진리의 담지입니다. 'fact'와 'manufacture'는 그 어원이 같은데요, 극단적으로 보았을 때, 사실(fact)은 가공(manufacture)된 것이라고 인문학자는 주장하기도 합니다. 물론 과학의 모든 부분을 부정하는 것은 아니고 논의의 균형을 위해 제시하는 이야기입니다. 둘째, 인문학자들은 자연과학자들로부터 다음과 같은 공격을 받는 경우가 있습니다. 극단적으로 "당신이 추구하는 지식은 의미없다", "그것을 무엇에 쓸 것인가? 조작될 수도 있고, 허황된 것이고 현실 기반이 아닐 수도 있다." 이러한 것이 인문학자가 자연과학자들에게 공격받는 부분이라고 저는 생각합니다. 우선 간단히 두 가지만 말씀드리겠습니다.

도정일 : 저도 두 가지만 이야기하겠습니다. 과학자들은 과학적 사실의 엄정성 · 객관성 · 엄밀성 · 신뢰성에 대해 말하는데, 그것을 누

구도 부정하지는 않습니다. 인문학자들은 과학에 불신을 가지고 있는데요, 그 불신은 과학적 사실의 객관성 · 엄밀성 · 신뢰성에 있는 것이 아닙니다. 그것은 과학적 사실을 구성하기 위해서 실험실에서 과학자들이 거쳐 가는 과정들이 많은 경우에 사회적으로 구성될 수 있다는 것입니다. 주장된 과학적 사실의 진위를 판단할 수 있는 장치는 인문학자들에게 없습니다. 다만 인문학자들이 개입할 수 있는 방법은 과학적 사실이 확립될 때까지 어떤 과정을 거쳤는지를 관찰하는 것입니다. 그래서 사회학 · 과학철학 · 역사학 등이 개입하는 것입니다. 따라서 사실의 사회적 구성이라고 했을 때, 그 사회적 구성이라는 것은 단순히 언론에서 과학적 사실을 오도하거나 대중적 목적으로 왜곡하는 측면이 있지만, 학문적으로는 과학적 사실 자체의 '사회적 구축'이라는 것을 과학자들은 인정해야 한다는 것입니다. 그러나 대부분의 과학자들이 인정하려 하지 않습니다. 왜냐하면 과학을 통해 찾아낸 사실에 대해 확신하고 싶어 하기 때문입니다. 그런 면에서 사실의 엄밀성은 단지 과학의 영역에만 국한되는 것이 아닙니다. 인문학이나 과학이나 진리에 대한 확립, 비판을 추구한다는 점에서 동일하다고 할 수 있습니다. 사실로 주장된 것에 대한 신뢰의 존재 여부, 그것이 과학인지 아닌지를 결정합니다. 김용학 교수님이 말씀하신 바와 같이 과학자들은 지나친 자기 확신을 경계하면서, 사실을 확립하기까지의 절차와 방법 자체가 자신이 소속된 공동체의 압력 · 담론 · 문화 · 가치 · 목표 등에 영향을 받을 수 있다는 것을 반성해보아야 합니다. 마지막으로 과학에 대한 인문학의 불신입니다. 과학자들은 과학기술이 중립적이라고 주장합니다. 그런데 역사적으로 보면 과학과 기술이 권력에 저항한 부분도 있지만 정치권력에 종속된다는 것입니다. 스탈린, 히틀러, 미국의 예에서 볼 수 있듯이 독재 및 일반 정치수단으로 활용되었다는 점을 말씀드립니다.

이상오 : 저는 우리에게 과연 역사적으로 제대로 된 소통이라는 것이 있었는지를 물어보고 싶습니다. 도정일 선생님 말씀처럼 과학과 기술은 역사적으로 다른 영역이었습니다. 신분으로 보면 기술은 하층민들의 것이었고 중세 때까지도 과학과 소통이 없었습니다. 결국 만난 것이 산업혁명이었는데, 강제적인 만남이었습니다. 과학과 기술이 구분이 안 된다는 것은 이렇게 신분 간의 영역이 정확히 달랐기 때문입니다. 그래서 프롤레타리아 혁명을 통해 산업혁명과 함께 계급이 섞이면서 과학과 기술은 만나게 됩니다. 거기에 돈이나 권력 등이 섞이게 되는데, 이는 만난 것처럼 보이지만 인위적인 만남입니다. 중세로 돌아가면 재미있는 사실이 아리스토텔레스 논쟁을 통해 드러납니다. 아리스토텔레스가 자연학을 했을 당시에는 소크라테스로부터 시작해서 플라톤에 이르기까지, 지행합일(知行合一)을 통해 알 수 있듯이, 지식 자체가 윤리적 가치를 기저에 놓고 있습니다. 이것이 아리스토텔레스까지 이어지다가 헤브라이즘이 들어오면서 아리스토텔레스의 사상은 배제하고 신플라톤주의를 대표하는 교부철학이 성쇠한 이후, 다시 아리스토텔레스주의가 들어오는 것입니다. 이때 논쟁은 교황권과 왕권이 싸우는 과정에서 이루어졌습니다. 실제로 아리스토텔레스주의는 지식 자체가 윤리를 바탕으로 한 체계인데, 여기에서 과학이 분리되면서 종교권과 대립을 하게 됩니다. 이 문제는 말하자면 '이론과 실천', '인식과 가치'의 문제입

니다. 과학에서 실천의 문제는 생각할 수 없습니다. '실천'(phronēsis)은 과학의 영역이 아닙니다. 과학은 철저하게 인식론적으로 전개되기 때문에 근거를 못 대는 것은 개입될 여지가 없습니다. 그런데 오늘날 '나노윤리'라는 윤리 문제가 제기됩니다. 이미 토막으로 분절된 두 분야를 인위적으로 윤리에 끼워 넣는 것은 잘못된 것입니다. 저는 '사실 자체'를 인정하지 않습니다. 가다머(H. G. Gademer)에 의하면 '사실은 언제나 맥락(context) 내에서의 사실이었고, 존재는 혼자 있는 것이 아니라 세계 내 존재'입니다. 처음에 과학에서 존재의 문제를 해결하지 못했기 때문에 물질의 문제가 해결되지 않은 것입니다. 두 번째로 아리스토텔레스, 갈릴레오에 와서도 운동 자체가 해결 안 되었습니다. 물리학에서 존재 자체에 대해 이야기하고자 하면 운동법칙으로 이야기합니다. 그러나 아직까지 운동법칙이 해결되지 않았다는 것입니다. 예를 들어 뉴턴이 중력법칙에서 '어째서 끌어당기느냐?'라는 질문에 "모른다"고 답하고는, 죽을 때 "아마도 하느님이 그럴 것이다"라고 말하고 죽었습니다. 그렇다면 제1원리 자체가 아직까지 해결되지 않은 것입니다. '사실은 맥락 위에서 성립된다'는 것이 같이 성립되었을 때 '실천'이 과학에 개입될 수 있습니다. 이러한 문제들 때문에 윤리의 문제, 과학의 문제를 말하게 된 것입니다. 그나마 다행히 우리는 소통을 이야기하고 있습니다. 그런데 역사상 제가 보기에 제대로 된 소통이 있었던 적은 없었습니다. 그렇기 때문에 역사적으로나 지금이나 소통이 어려운 것 같습니다.

과학적 사실, 발견인가 구성인가?

김용학 : 그런데, 과학자는 '사실은 구성물이다'라는 주장을 인정 못하지 않습니까? 우선적으로 소통되어야 할 문제는 사실이 사회적 구성물이라는 것을 어째서 인정하지 않는지를 알아야 될 것 같습니다.

이덕환 : '사실이 구성된다'라는 개념이 과학자에게는 낯선 개념임은 부정할 수 없습니다. 그 개념이 거부감을 주는 것은 사실입니다. 과학적 사실에 대해서 이상오 선생님이 말씀하신 것보다는 훨씬 더 긍정적인 생각을 가지고 있습니다. 과학에서는 보편성을 주장합니다. 도정일 선생님이 과학적 지식이 사회적으로 구성되는 과정에 대해 지적하셨는데, 사실 과학의 영역은 사회적으로 구성되는 과정에 대해서는 신경 쓰지 않습니다. 예를 들어 설명하자면, 뉴턴역학에서 뉴턴이 어떤 과정을 거쳐 과학적 사실을 구성했는지에 대한 과정은 전혀 알려지지 않습니다. 그럼에도 불구하고 과학의 영역에서 뉴턴역학에 긍정적 시각을 가지고 있는 것은 뉴턴역학이 굉장히 다양한 방법으로 검증 가능하다는 것입니다. 어떻게 구성되었는지는 고려하지 않고 전혀 별개의 상황에 적용한다고 해도 과학적 사실은 확인이 됩니다. 또 하나의 예로, 아인슈타인의 상대성이론 역시 한 가지 실험을 통해 검증되는 경우는 없습니다. 여러 다른 상황에서, 수학에서 말하는 독립적인, 공통점이 전혀 없는 상황에서 관찰을 통해 사실을 확인하게 되고, 그러한 사실확인이 축적되면 신뢰를 얻게 되는 것입니다. 따라서 과학의 영역은 만들어지는 과정보다는 다양하게 독

립적으로 확인할 수 있는 부분을 강조합니다. 만들어지는 과정은 잊혀지는 것입니다. '유사 과학적 사실'이라는 것은 '유도된 과학적 사실'(derived fact)를 표현하고 싶었던 것입니다. 앞부분의 과학적 사실의 구성은 고등학교 교육 과정을 구성하면서도 아주 난감하게 느끼고 있습니다. 고등교육 과정을 만드는 교육학자들은 과학사를 강조하는데, 도정일 선생님이 말씀하신 것처럼 과학적 지식이 어떻게 구성되었는지를 학생들에게 체험시키고 보여줘야 한다고 주장합니다. 그러나 과학의 입장에서는 그 필요성을 거의 느끼지 못합니다. 오히려 과학적 사실이 '맞다'는 것을 다양하게 체험할 수 있는 방법을 강조해달라고 하면 이해가 됩니다.

이상오 : 그렇다면 과학적 사실이 진리인가요? 과학적 사실을 체험하면 진리를 체험하는 것인가요?

이덕환 : 그 부분에 대해서는 제가 조금 다른 시각으로 답변하겠습니다. 과학은 철학에서 이야기하는 '절대적 진리'에는 관심이 없습니다. 과학적 사실을 이야기할 때는 항상 전제조건이 있는데, '전제조건 없는 만능의 과학 법칙은 없다'는 것입니다.

이상오 : 칼 포퍼의 반증 원리나 인문 · 사회과학 계통에서 오랫동안 지속되고 있는 지식의 상대성 이론에는 '구성'과 '구성주의'라는 이야기가 나옵니다. 지식이라는 것이 절대성을 가진다면 체험 가능하고 인식할 수 있습니다. 예를 들어 커피가 몸에 해롭다고 해서 커피를 안 마셨는데, 어느 날 병원에가 상담을 받아보니 커피

가 몸에 좋다고 말합니다. 그렇다면 저는 도대체 어떤 '사실'을 인지해야 하나요?

이덕환 : 그것이 조금 전 말한 것과 같은 '유도된 과학적 사실'입니다. 그런 것들을 자꾸 거론하면서, 과학적 사실을 자꾸 부정하고 이견을 제시하니 과학자들이 난감한 것입니다. 과학자들이 오만하다고 비판한다면, 저는 그냥 '오만하다'고 받아들이겠습니다. 왜냐하면 과학자들의 자신감은 인문학적 지식이나 사회과학적 지식과의 차이에서 오기 때문입니다. 인문학적 지식이나 사회과학적 지식은 구성원들이 합의할 수 있는데, 그 부분에는 구성을 강조할 수도 있고, 시각을 강조할 수도 있습니다. 그러나 과학은 주어진 대상이 있을 뿐입니다. 임의적으로 만든 지식 체계나 사실이 아니라 누군가 갖다놓은 대상을 해석하는 것일 뿐입니다. 이 기준에 맞지 않으면 과학자는 포기합니다.

이정모 : 지금 논의하고 있는 것은 '과학적 해석' 그 자체가 '구성'이라는 것입니다.

이덕환 : 아닙니다. 그 구성이라는 것 자체가 과학에서는 수학적으로 '독립적'(independent)이라는 용어를 사용합니다.

이정모 : 따지고 들어가면 수학 자체가 구성 아닌가요?

이덕환 : 그렇게 이야기하시면 할 말이 없습니다. 과학이 자신감을 주장할 수 있는 것은 과학자들이 만들어낸 자연에 대한 해석이 아닌,

그대로 존재하는 자연에 대한 해석입니다. 오히려 자연과 전혀 다른 현상들을 하나의 지식 체계를 통해 이것저것을 설명해낼 수 있기 때문입니다.

이정모 : 그러니까 지금 이야기하시는 것은 자연적인 대상에 의미를 부여하는 작업입니다. 그런데 의미라는 것은 아무런 곳에서나 나오는 것이 아니라 사회적 구성에 의해 의미가 획득되는 것입니다.

이덕환 : 그 부분까지 넘어가면 과학은 아무런 할 말이 없습니다.

이상오 : 이덕환 선생님이 말씀하실 때 과학적 사실은 '보편성'이라고 하셨는데, 철학에서도 보편타당, 보편성과 같은 말을 사용합니다. 결국 철학도 보편성을 찾는 것입니다. 철학에서도 방법론은 크게 보면 변증법·해석학·현상학이라는 큰 부류가 있습니다. 어차피 현상학에서 자연과학의 방법도 나온 것이기 때문에 실질적으로 뿌리가 같습니다. 지식이라는 것이 진리까지 갈 필요는 없다고 말씀하셨는데, 실제로 처음 학문이 시작될 때, 지식이 진리였고 지혜였는데, 시간이 가면서 갈라졌습니다. 과학이 지식을 탐구하는 데 있어 최첨단으로 가장 정교한 방법을 쓰기 시작했다고 할지라도, 자연과학에서 '관찰'이라는 것은 사람마다 다릅니다. 무중력 상태에서 실험을 한다고 할 때, 깃털을 떨어뜨리고 돌멩이를 떨어뜨리는데 어떻게 같다는 답이 나올까요? 수(數)라고 하는 가상의 것을 사용하기 때문입니다. 현실적으로 유용한지의 여부는 중요하지 않습니다. 과학은 그것에 관심이 없으니까요. 그러나 문제는 과학이라는 것이 결국 조건의 학문이라는

것입니다. A라는 조건에서만 가능한 결과가 나오는 것이지요. 그렇다면 A라는 조건은 얼마든지 변화할 수 있고, 더구나 오늘날 '복잡계 이론'(Complex system)이나 '혼돈이론'(Chaos)에 의하면 초기 조건 하나의 변화에 의해서 모든 것이 확대되고 재생산됩니다. 더욱이 모든 만물이 운동하고 지구는 살아 있다는 '가이아이론'(Gaia)이 나옴으로써 모든 무생물까지도 움직이고 화학적으로 반응한다고 하는데, 그 중 하나의 사실을 고정시켜서 그것에 대한 인식을 통해 사실이라고 말하는 것은 큰 문제가 있는 것입니다.

이덕환 : 그 문제가 제가 여섯 번째 말한 문제입니다. 복잡계 과학에서의 '초기 조건의 민감성'이라는 것은 이상오 선생님께서 말씀하신 의미가 전혀 아닙니다. 복잡계 과학의 해석에 있어 '복잡계가 있고, 복잡계는 초기 조건에 민감하다고 하는데, 그렇다면 다른 것도 그런 것이 아니냐?'고 하는 해석하는 것에 대해 과학자들은 굉장히 불편하게 느낍니다.

이상오 : 제가 말씀드리려는 것은 '정지'할 수 없다는 것입니다. 대상을 인식론적으로 볼 때 그것이 불가능하다는 것입니다. 그것이 양자역학이나 다른 곳에서 설명하는 것 아닌가요? 몇 개의 사실을 가지고 진리라고 하는 것은 상당히 부당하다는 것입니다.

이덕환 : 아니지요. 그 부분이 바로 '임의적 해석'이라는 것입니다. 복잡계 이론이 적용되는 상황이 있고, 양자역학의 '불확정성의 원리'가 적용되는 상황은 전혀 다릅니다. 또 뉴턴역학이 무너졌다

는 이야기를 하는데 그렇지 않습니다. 뉴턴역학은 인공위성과 달의 움직임을 설명합니다. 그런 것들을 구체적으로 왜 구별해서 주장하는지에 대한 이해가 없이 이야기를 한다는 것은 상황을 매우 힘들게 만듭니다.

과학적 사실과 사회적 사실

허정아 : 제가 이 자리에서의 토론을 들으며 떠오르는 생각은 '왜 소통을 논하고 있고 원하는가?' 그 문제부터 이야기하면 좋겠다는 것입니다. 전 세계적으로 소통을 이야기하고 있습니다. 왜 소통을 하기를 원하는가? 이미 우리는 과학과 기술에 의해 엄청나게 발전된 지점에 살고 있기 때문입니다. 피할 수도 없습니다. 우리가 자꾸 소통을 하려는 것도 과학기술이 우리에게 많은 것을 가져다주고, 미래에 대한 청사진, 시나리오를 보여주기 때문입니다. 제가 나노과학자들을 보고 느끼는 것은 그렇게 많은 것을 하는데 결국은 중앙에 차지하고 있는 것은 인간의 욕망이라는 것입니다. 욕망적의 차원에서 본다면 과학기술과 인문학은 같습니다.

최재천 : 자연과학은 인문학과 가까운 학문이어야 되는데 이상하게 기술의 형용사가 되어서 그쪽에 붙어 있습니다. 이것을 바탕으로 질문을 하고 싶습니다. 이덕환 선생님께서 강조하시는 것은 과학의 객관성이고 검증 가능성입니다. 이덕환 선생님은 평소에 '과학처럼 민주적인 프로세스는 없다'고 자주 말씀하십니다. 만약에 인문학과 과학이 한곳에서 나온 학문이고 가깝다고 한다면,

인문학도 결국은 비슷한 일을 하는 것입니다. 인문학자도 계속 해서 진리를 찾아들어가고 있습니다. 그런데 우리가 보는 인문학과 자연과학은 분명히 무언가 달리 하고 있는 것이 사실입니다. 이덕환 선생님이나 제가 이야기하는 것처럼 과학은 실험을 통해서 검증 가능한 작업을 한다고 할 때, 인문학에서는 어떻게 한다고 이야기할 수 있을까요? 인문학에서 진리를 찾아가는 과정을 어떤 방식으로 모두가 받아들이게 끔 할 수 있을까요?

엄정식 : 제 생각은 이렇습니다. 너무 단순화해서는 안 되지만 과학자도 정치적 세력이나 사회적 현상, 개인적 취향이나 가족 상황 때문에 흔들립니다. 자기가 의도한 과학적 사실을 찾아가는 과정에서 오염되는 경우도 많습니다. 즉, 과학자도 인간이라는 것입니다. 그러나 과학적 탐구의 특징이라면 그것을 배제하려고 몸부림치는 것입니다. 배제하는 것이 잘하는 것인지 못하는 것인지 그것은 별개의 문제입니다. 그런 과정을 거쳐 도달한 지점을 이른바 '과학적 사실'이라고 합니다. 그런데 인문학은 제가 알기로는 복잡한 학문이기는 하지만 절대로 그런 요소를 배제하지 않습니다. 배제하지 않을 뿐만 아니라 주관이 들어 있다는 것을 오히려 극대화합니다. 제가 과학자이면서 인문학자라고 한다면, 과학자로서 본 사실은 '내가 본 것'까지 보는 것입니다. 그것이 인문학과 과학의 차이입니다. 인문학에는 주체성이라는 것이 '아르키메데스의 점'처럼 가운데 자리 잡고 있습니다. 그것을 극소화하려고 하면 인문학자가 아니라 선부른 과학자입니다. 그런 것을 표현할 때 사실과 자기 사이에 언어가 끼어 있다는 것을 알고 언어가 얼마나 장난치고 있는지를 탐구하는 것, 그것도 역시

자아 탐구의 방법인 것입니다. 그래서 심리학자나 대뇌생리학자가 아무리 도구를 통해서 자아를 연구했다고 할지라도 이 점이 빠져 있으면 과학자가 되는 것입니다. 그것이 핵심적인 것 같습니다. 이덕환 선생님의 주제와 너무 멀어지지 않기 위해서 이야기해보겠습니다. 저는 'scientific'이라는 형용사보다 'fact'라는 표현에 관심이 있습니다. fact라는 말 앞에 다른 형용사가 붙었을 때 scientific fact와 어떻게 비교 가능한지요? 이를 통해 과학적 사실을 더 잘 이해할 수 있지 않을까요? 코플스톤 신부는 현대 가톨릭 지성을 대변하는 사람입니다. 그런데 코플스톤 신부와 논리실증주의 대변인 같은 A. J. 에이어가 BBC 방송 토론 프로그램에서 '리얼리티' 혹은 '사실'에 대해 논쟁을 벌인 적이 있습니다. 에이어는 과학적 사실, 그것만이 사실이라고 말하고 방법으로는 검증이라는 방법을 들었습니다. 반면, 코플스톤 신부는 하느님의 존재도 사실이라고 주장했습니다. '그런 것은 검증의 방법이 없다'는 반론에 '그것은 검증할 필요도 없는 확실한 사실'이라고 코플스톤은 답했습니다. 이것을 우습게 여기면 안 됩니다. 과학적 사실도 좋지만 유일한 사실이라고 생각하면 안 된다는 것이 철학의 입장입니다. 우리는 다른 형용사를 붙여 'religious fact'라고 말할 수 있습니다. 어쨌거나 아무리 과학자들이 외롭게 울부짖어도 그 뜻으로 커뮤니케이션되고 있습니다. 그것이 바로 '사회적 사실'(social fact)이라는 것입니다. 그것을 우리가 있어서는 안 되는 사악한 것으로 보면 안 됩니다. 현상으로 받아들이고 거기서부터 출발해야 합니다. 논의를 위해 제가 본 기사 내용을 말해보겠습니다. 어떤 기자가 네이팜탄을 만든 사람에게 그것이 베트남전쟁에서 잔인하게 사용되는 것을 보고

'일단의 책임이 당신에게도 있다'고 말하자, 그 과학자는 자신이 연구실에서 폭탄을 만들 때 '나는 베트남전쟁에 쓰려고 만든 것이 아니다'라고 하였습니다. 그런데 사회적으로 그런 일이 벌어졌습니다. 그것을 책임지라는 것은 아니지만 최소한 무엇이 일어나고 있는지는 알고 있어야 합니다. 더 극단으로 가면 40년 전인 제 학부 때 이야기인데요. 아나톨 프랑스(A. France)의 「퓌투아」(putois)라는 단편소설이 있습니다. 무슨 뜻인지 모르시죠? 뜻이 없습니다. 단편소설의 시작은 70~80세 노인 둘이 벽난로 앞에서 더듬거리는 말로 "너 그거 생각나니?" 이렇게 시작하는데, 그 둘은 오누이입니다. "퓌투아 말이야." "어떻게 내가 퓌투아를 잊어버릴 수 있겠어요"라고 말한 후 이야기는 시작됩니다. 이들이 일곱 여덟 살 때 집 정원사가 도망을 갔어요. 그래서 엄마한테 정원사를 새로 데려오라고 했습니다. 그런데 정원사가 급하지도 않고 해서 엄마는 데려오지 않았어요. 그래서 아이들이 엄마에게 이름이라도 알려달라고 조르니까 귀찮은 나머지 "퓌투아"라고 엄마가 말했어요. 그 이름은 프랑스어로 아무 의미도 없고 그냥 내뱉는 말이었습니다. 그런데 그 동네에서 은수저 도난사건이 있었는데, 어디서 나왔는지는 모르겠지만, "퓌투아가 그랬을 거야, 나쁜 놈이니까"라고 말했답니다. 그 후, 하녀가 강간을 당하는 사건이 일어납니다. 그런데 그때도 사람들이 "퓌투아가 그랬을 거야, 나쁜 놈이니까"라고 말을 했다고 합니다. 그러다보니 '퓌투아'가 리얼리티를 가지기 시작했어요. 결국은 퓌투아를 알 수 있는 유일한 사람은 엄마밖에 없었어요. 기자회견을 하고 경찰서에서 취조 받을 때 엄마는 "퓌투아는 아무도 아닙니다"라고 있는 그대로 이야기를 했습니다. 그런데 어떤 사람은 붉은 머리에 매부리코라는 구체적 묘사를 하는 등, 퓌투아에 대한 묘사가 너무 실재적이고 많아서 이제는 아무도 부정하지 못하는 지경에 이르렀습니다. 즉, 70~80세 노인이 되어서도 다른 친구들, 친척들의 이름은 다 잊어버렸어도 퓌투아는 못 잊는 것입니다. 이것이 문자 그대로 '사실', '사회적 사실'입니다. 우리가 사실을 이렇게 넓게 보고 학제간적으로 접근하면 논의가 조금 선명해지지 않을까요?

최재천 : 인문학도 사실을 다루는군요.

엄정식 : 그렇습니다. 그렇지만 과학적 사실은 아닙니다.

과학과 기술의 구분

허정아 : 바로 그 점에서 다시 한 번 '왜 우리가 소통을 논하는가?'를 물어야 합니다. 그 이유는 과학기술이 너무나 영향력이 커지고 피할 수 없는 사실로 되어버렸기 때문입니다. 그런데 이것은 필연적으로 철학적 변환을 원한다는 것입니다. 이것이 굉장히 중요한 의미입니다.

고인석 : 철학적 변환이라는 것이 무엇인가요?

허정아 : 일단 과학기술이나 나노과학이 이렇게 많은 발전을 하고 사회적 변화를 야기시키는 것이 과학의 영역에만 머무르지 않는다는 것

입니다. 의식과 생활과 존재의 양태까지 변했기 때문에 논해야 하고 소통해야 한다는 것이지요. 아무리 과학적 사실이라고 해도 철학적 변환이 필연적으로 있어야 합니다. 그것을 간과할 수 없으므로 반드시 소통을 해야 한다는 것입니다. 이것을 여쭈어 보고 싶네요. 제가 아는 분 중에 UCLA 나노과학자가 있습니다. 그는 새로운 과학을 구성하고 있는데 나노로 내려가면 사실과 가상(fiction)의 구분이 없다고 말합니다. 제게는 굉장히 와 닿아요. 또 그는 나노가 '물리주의의 종착점'이라고 말합니다. 나노로 들어가면 비물질과 물질이 의식의 차원에서 그대로 만난다는 것입니다. 이렇게 되면 나노가 의식에 영향을 미치고 사회적으로 파급력이 커지게 되겠지요. 이것은 과학자뿐만 아니라 우리 모두의 문제가 됩니다.

이승종 : 저는 공학을 전공한 사람입니다. 정확하게 공학자 또는 과학기술자입니다. 제가 왜 이런 말씀을 드리는가 하면, 과학과 기술의 구분이 반드시 필요하다고 생각하기 때문입니다. 경계가 희미해져가는 것은 사실입니다. 과학이라는 것은 과학적 사실, 자연의 진리를 추구합니다. 그런데 기술은 그렇지 않습니다. 추구된 그것을 바탕으로 해서 현실의 문제를 푸는 것이 기술입니다. 그렇기 때문에 산업혁명 이전까지는 기술은 기술로서 별도로 있었습니다. 경험에 의해 발전해오다가 산업혁명 후에 산업화로 가는 과정에서 학문적으로 기술을 뒷받침하기 위해 나타난 것이 '공학'(engineering)입니다. 공학자이기 때문에 공학이라는 분야가 과학과 구별되어야 한다고 생각합니다. 지금 현재 자연대, 인문대, 사회대에 계시는 분들이 서로 소통도 잘 되고 이해도 잘 되는

것 같아 상당히 놀랐습니다. 오히려 선생님들의 말씀을 들으니까 저는 거부감이 없어졌습니다. 왜냐하면 공학이라는 것은 현실의 주어진 문제에 대한 해결이기 때문입니다. 현실의 문제가 주어지면 그것에 대한 해결을 내놓는데, 이미 알려진 과학적 지식을 바탕으로 현실의 문제를 풀어야 합니다. 당연히 구성원의 문제를 풀어야 하기 때문에 구성원의 특성을 모르면 풀리지가 않게 됩니다. 과학과 공학을 비교해서 강의할 때 이야기하는 것이 '과학은 항상 주어진 문제에 대한 정답을 찾는다. 그렇지만 공학적인 문제는 정답이 없다'는 것입니다. 여러 대안이 있고 주어진 환경에서 최적의 해결이 무엇인지를 찾기 때문입니다. 최적화(optimization)는 어떤 공학에서도 중요한 분야로 생각됩니다. 그 이유는 현실에 주어진 문제에 대한 최적의 해법을 어떻게 찾을 것인가를 가르쳐야 하기 때문입니다. 그렇기 때문에 공학은 현실을 떠날 수가 없는데, 그런 점에서 보면 인문학을 하시는 분들 말씀이 오히려 공학에 가까운 것이 아닌가 싶습니다. 공학은 인간을 떠나서 생각할 수 없는데 그것은 인간 안에서 모든 것이 이루어지기 때문입니다. 조금 전 과학이 '기술의 형용사'라고 하셨는데 저는 그것보다 '기술'은 과학의 접미사로 붙어 다녔다고 생각합니다. 지금 이야기를 들어보니 저는 오늘 과학보다는 인문학 쪽에 더 가깝지 않나 하고 느꼈습니다. 그렇다고 제가 과학에서 멀어지겠다는 것은 아닙니다.

김용학 : 최근에 저는 '끈이론'(string theory)에 관심 있어서 끈이론에 대한 소개책 등을 보는데, 끈이론이 여러 개가 등장하다 보니 끈이론에 대한 통합 이론으로 '초끈이론'(super string theory)이 등장

했더군요. 초끈이론은 물질의 근본 단위가 'charm'이나 'quark'와 같은 방향으로 진행되다가 이제는 만물을 이루는 물질이 굉장히 짧은 시간에 파동으로서 존재한다는 주장으로 진행되었습니다. 저는 이러한 주장에 대해 과학자들에게 검증이나 반증 가능한 것인지 물어보았는데, 초끈이론은 검증이나 반증이 불가능하다는 답변을 들었습니다. 하지만 초끈이론은 과학의 영역에서 최신 물리학 이론으로 불리고 있습니다. 그렇다면 과학도 새로운 형태로 변해가는 것이 아닌가요? 어찌 보면 초끈이론은 종교에서 이야기하는 것과 흡사하다는 느낌이 듭니다. 이에 대해 이야기했으면 좋겠습니다.

최재천 : 과학이 탄생하는 초기에는 상상력입니다. 과학적 상상력이고 그 당시에는 아직 검증 가능하지 않을 수 있습니다. 그러나 과학은 끊임없이 누군가 이야기해놓았을 때, 그것의 검증 방법을 끊임없이 찾아가고 어느 순간에 그것을 찾아내어 검증에 들어갑니다. 아직 초끈이론은 검증 방법을 찾지 못한 단계입니다. 다윈이 진화론을 구축해가는 과정을 보면 '사회구성론'이라는 느낌이 듭니다. 다윈은 대놓고 자기 이론을 확립시키기 위해 진정으로 노력한 사람인데요, 처음에 그런 생각을 해내는 과정은 제 생각에 어느 학문에 있는 사람이나 크게 다르지 않다고 생각합니다. 다만 이덕환 선생님이나 저와 같이 현대과학의 훈련을 받은 사람은 생각을 할 때부터 검증 가능성을 염두에 두고 나름대로 체계적으로 생각하려고 애를 쓰지만, 글쎄요, 저는 밤중에 이것저것을 상상할 때는 그냥 아무 상상이나 막 해봅니다. 그런 상상을 바탕으로 과학 하는 사람을 만나서 이야기하고, 그분들이 말도

안 된다고 하면 그냥 속에 담아두었다가 그것들을 어느 순간에는 과학적으로 질문합니다. 처음 질문을 만들어낼 때는 그것이 꼭 검증 가능해야 하는 것은 아닙니다. 인문학과 자연과학이 만날 수 있는 부분은 바로 그런 곳에서 만날 수 있다고 생각합니다. 그러나 그 지점부터 분리되어 나갈 때는 엄정식 선생님의 말씀처럼 인문학은 주관을 무기로 사용해야 하지만, 자연과학은 절대로 객관성을 가지고 사용해야 합니다. 객관성, 검증 가능성이라는 잣대에 맞춰 이야기할 수밖에 없는 것이 과학입니다.

허정아 : 자연과학 쪽에서 객관적인 사실을 다루고, 비록 그것이 상상력에서 출발하지만 인문학에서도 사실을 다룬다는 것에 대해 저도 인문학도로서 많이 공감했습니다. 그런 예로 *Proust Was a Neuroscientist*라는 책이 있는데, Prust의 문체는 굉장히 주관적이고 개인적입니다. 그런데 Prust가 굉장히 상세하게 어린 시절의 맛을 보고 기억을 해내는 회로가 지금 신경과학(Neuro science)에서 하는 것과 똑같습니다. 저는 전문 지식이 없어서 정말 똑같은지는 모르겠습니다. 그러나 그 책은 전문 지식을 가진 기자가 쓴 책입니다. 프루스트를 비롯해서 화가, 맛을 요리하는 요리사가 나오는데 그들이 하는 것이 뉴로 사이언스에서 하는 것과 다르지 않다는 것입니다. 그렇다면 우리는 문학이나 인문학 쪽에서 말하는 사실을 인문학적 상상력이며 지극히 개인적이고 주관적이며 객관적이지 않다고 생각해온 것 아닐까요? 알고 보면 과학적으로 밝혀낸 사실과 그렇게 다르지 않습니다. 저는 신경과학자들이 해내는 것과 똑같은 것을 해내는 것에 놀랐습니다.

이정모 : 철학적 전환이라고 이야기하셨는데, 그보다 더 나아가 사물의 본질을 이해하기 위해서 소통하고 있는 것입니다. 그래서 우리가 해야 할 일은 그에 대한 목표를 세우고, 그렇다면 '어떻게' 소통할 것인지에 대해 고민해야 한다는 것입니다.

이덕환 : 조금 전 이야기한 '퓌투아'는 과학적 사실은 아니지요. 제가 오늘 말씀드리고 싶었던 것은 과학적 사실에는 독특한 면이 있기 때문에 더 존중받아야 한다는 것을 주장하고 싶었습니다. 이승종 선생님이 말씀하신 바와 같이 과학과 기술의 구분은 저는 현실적으로 중요한 이유 때문에 구분되어야 한다고 생각합니다. 그런데 그 구분이 가까워지는 것이 아니라 구분이 애매해지는 영역이 생긴 것입니다. 저는 애매한 영역 때문에 구분이 안 된다는 이야기는 납득이 가지 않습니다. 최근에 들은 예로, 남아프리카공화국에서 양성인간이 태어났는데, 그 때문에 남녀를 구별할 수 없다는 것처럼 논리적이지 않습니다.

이승종 : 저는 그런 생각을 가지고 있습니다. 과학과 기술의 영역이 희미해졌다기보다는 그것을 하는 사람이 예전에는 과학자와 기술자로 명확히 구분되었는데 요즘은 양쪽을 모두 연구하는 사람이 많아진 것입니다. 그것을 우리가 자칫 과학과 기술의 영역이 희미해졌다고 이야기하는 것 아닌가 하는 생각을 해봅니다.

이덕환 : 그 이야기는 주로 '생명과학'(Biological Technology)을 이야기하는 것 같습니다. 어느 날 생명과학 지식이 나오면 곧바로 다음날 아침에 회사가 만들어지는 것과 같은 이야기입니다.

이승종 : 심지어 대표적인 것이 '유전공학'(Genetic Engineering)이라는 표현을 쓰는데 그것은 사실은 과학입니다. 유전공학의 내용은 과학인데 단지 유전자를 조작하기 때문에 '공학'이라는 단어를 사용합니다. 그래서 우리는 유전공학이라고 번역을 합니다.

이덕환 : 저는 한 사람이 두 역할을 하더라도 역할 구분은 하고 있어야 한다고 생각합니다.

엄정식 : 또 하나의 측면은 이런 것이 있습니다. 시작할 때 과학은 순전히 지적 호기심을 충족시키기 위한 인식론적 영역이며 탐구의 결과물을 현실 생활에 응용하는 것이 기술이라고 했습니다. 그런데 철학 쪽에서 관심 있는 부분은 인식의 주관으로 기술이 들어온다는 것입니다. 쉽게 이야기해서 마이크로스코프나 텔레스코프가 들어와서 인식의 능력이 확장되는 것을 말합니다. 더 많은 존재가 보이고, 그런 점에서 개념적으로는 구분이 가능합니다. 그런데 실제로는 주관, 인식주관이 인문학의 문제라고 했을 때, 주관에 테크놀로지가 이미 들어와 있어서 그 렌즈를 통하지 않으면 보이지 않게 된다는 것입니다. 그런 점들이 앞으로 우리가 살펴보아야 할 부분입니다.

김용학 : 검증의 방법으로 기술이 자꾸 들어온다는 것으로 이해할 수 있지 않을까요?

이덕환 : 그것도 좋지만, 과학의 영역은 넓습니다. 과학적 사실이 객관적이고 보편성이라고 하는 것은 과학자가 뛰어나다는 의미가 아닙

니다. 인간이 읽어낸 사실을 강조하는 것이지요. 이러한 주장에 대해 일각에서는 언어적으로 읽어낸 것이고, 언어적 구성이 있는 것이 아니냐고 비판을 하기도 합니다. 예를 들면, 갈릴레오의 실험은 말 그대로 '과학적 가상'입니다. 갈릴레오 시절에는 두 물체의 낙하 시간을 비교 측정할 수 있는 수단이 없었으니까요. 따라서 갈릴레오의 실험은 순수한 사고 실험이지 실제 실험이 아닙니다. 그런데 과학에는 실제 관찰이 필요 없이 사실로 받아들일 수밖에 없는 부분이 존재합니다. 상당히 많은 부분이 물리학에 집중되어 있고 그 반대편에 생물학이 존재합니다. 이처럼 과학의 스펙트럼은 굉장히 넓습니다. 그리고 과학적 지식이 만들어질 때 처음부터 검증이나 반증되어 나오는 것은 아닙니다. 일례로 아인슈타인의 일반상대성이론은 만들어진 뒤에 과학적 사실이 되기까지 오랜 시간이 걸렸습니다. 또한 초끈이론의 경우처럼 지금은 검증 및 반증 가능성이 없는 경우도 있습니다. 만일 초끈이론이 과학적 사실이 되기 위해서는 방법적 검증 과정을 거쳐야만 합니다. 그렇지 않고서는 그것은 하나의 가설일 뿐, 과학적 사실로 인정받을 수 없습니다. 또 하나 강조하고 싶은 것은 수학적 의미의 독립적인 검증에 대한 것입니다. 예를 들어 지구의 자전과 돌멩이의 낙하는 아무 관계가 없는 독립적인 현상입니다. 그런데 과학에서는 똑같이 수학적인 표현식으로 설명합니다. 그때, 과학자는 확신을 합니다. 저는 이러한 측면이 잘 전달되지 않는 것이 안타깝습니다. 그런데 생물학으로 갈수록 독립적 검증이나 반증이 자꾸 흐려지게 됩니다. 제가 물리학이 좋아서 그러는 것이 아닙니다. 과학에서 물리학은 시스템을 극단적으로 단순화시킬 수 있습니다. 극단적 환원주의가 잘 적용되고 가상적 시스템을 만들어 좋은 결과값을 얻을 수 있습니다. 복잡계 같은 경우는 물리학에서 사용하는 시스템의 크기를 확장시킨 것입니다. 그야말로 복잡하게 만든 것이지요. 따라서 우리가 못 보던 현상을 복잡계에서는 관찰할 수 있습니다. 하지만 복잡계에서 나타나는 특징을 과학적 사실의 영역에 편입시킨다고 해서 과거의 뉴턴 식의 사실이 사라지는가? 그것은 아닙니다. 복잡계의 사실 때문에 뉴턴의 사실이 바뀌거나 사라지는 것이 아니라 그대로 존재합니다. 그러나 생물학은 시스템 자체가 복잡합니다. 따라서 아직 물리학적으로 단순한 시스템에 적용하던 독립적인 검증 방법을 생물학에 적용하기도 힘들고, 실천에 옮기기도 힘듭니다. '하드코어 물리학'과 같이 아직 애매한 부분이 있기는 하지만 과학의 스펙트럼은 매우 넓습니다. 그런데 이것을 한꺼번에 이야기하려니 과학자 입장에서는 난감한 것입니다. 그래서 과학자가 과학적 지식의 특성이라고 이야기할 때는 보통 물리학적 사실의 특성을 강조하는 것입니다. 바라는 것은 생물학도 물리학 수준으로 내려오는 것입니다. 지금 굉장히 많이 내려왔습니다. 1950년대 이후에 화학이 도입되면서 유전과 같은 개념은 모두 DNA 수준으로 낮추어졌습니다. 처음에 나노 이야기를 한 것과 같이, 과학과 기술의 구분이 필요하다는 것이 바로 이러한 맥락입니다. 과학에서는 사실과 가상은 비교할 수 없을 만큼 다릅니다. 그러나 기술개발에서는 사실과 가상의 구분이 잘 안 되고 혼재하게 됩니다. 아까 말씀하신 나노과학자들은 사실 나노기술자들입니다. 과학적 사실을 찾는 사람이 아니라 알고 있는 과학적 지식을 통해 유용한 무엇인가를 제작하려는 사람들입니다. 이 부분에 있어서 사실과 가상이 혼란스러울 수도 있고, 과학적 사실이 아닌 사회적 사실이 중요할 수도 있습니다. 따라서 과학과 기술을 구분을 해야 한다는 것이 제 생각입니다. 기술의 문제를 과학으로 가져와서 이야기하려니까 난감해지는 것입니다

소통, 무엇이 목적인가?

엄정식 : 이야기가 조금 좁혀진 것 같습니다. 조금 전 사물의 본질에 가까워지기 위해서 인문 · 과학 · 기술이 소통을 하는 것이라고 했는데, 저는 그렇게 생각하지는 않았습니다. 굉장히 놀라운 사실인데, 그렇다면 공통된 본질이 있다는 것을 전제로 해야 담론의 의미가 있습니다. 광맥을 찾아갈 때 노력하면 근처로 갈 수 있다는 전제가 있어야 하는 것과 마찬가지인데요, 그런데 저는 그 전제는 그렇게 쉬운 전제가 아니라고 생각합니다. 이 추세로 나가게 되면 결국 '자연과학적 환원주의'로 갈 수밖에 없습니다. 넘나들 수 없는 다른 '사실의 영역'이 있는 것입니다. 그것은 전혀 커뮤니케이션할 대상이 아닙니다. 넘나들 수 없는 어떤 '금지된 왕국'의 영역과 같은 것을 인식하는 것도 소통의 소중한 성과라는 이야기입니다.

이정모 : 그런데 대부분의 경우에 인문학과 소위 과학 사이의 고정관념을 통해 이분법적으로 나누는 구분은 불필요합니다. 엄정식 선생님이 말씀하신 부분이 극히 일부 있을지 모르지만, 과학의 목적은 현상에 대한 설명입니다. 생명과학을 물리학 쪽으로 내려 보냈

다고 이야기하셨는데, 인지과학에서는 인지과학을 철학적 수준으로 올려놓았습니다. 철학적 수준에서 설명하지 않으면 현상을 설명할 수 없기 때문입니다. 저는 '연목구어'(緣木求魚)라는 말을 쓰는데, 이는 인문학 · 사회과학 · 자연과학 · 공학이 소통할 수 있는 현장이 인지과학이라는 것입니다. 인지과학에서는 신경과학에서부터 철학까지 다 들어와서 현상에 대해 설명하는 것이 가능합니다. 대표적인 예로 '마음이 뇌 속에 있다'는 것은 상식적인 개념인데, '그렇지 않다'는 것을 문학과 철학에서 과거에 논의했습니다. 지금에 와서 신경과학자 · 철학자 · 인지과학자들이 '그렇지 않다'는 쪽으로 가고 있습니다.

김용학 : 그렇다면 마음은 어디에 있습니까?

이정모 : 뇌와 환경 전체가 상호작용(interaction)하는 상황에 있는 것입니다. 이는 과거 철학에서 주장하던 개념입니다.

허정아 : 마음과 의식을 구별을 해주시기 바랍니다.

이정모 : 마음의 하위체가 의식입니다. 지금까지 신경공학적 접근을 통해 마음을 설명하려다보니 한계가 있었습니다. 이것을 뛰어넘어야 하는데 그것을 이루기 위한 기술약진이 공학의 인공지능, 로보틱스를 통해 이루어졌습니다. 이러한 과정을 통해 소위 인문과학 · 사회과학 · 자연과학 · 공학이 인지과학에서 자연스럽게 연결되었습니다. 이것은 현상의 본질에 대한 보다 좋은 이해를 낳기 위해 나가는 것입니다. 인지과학에서 보면 본질에 대한 더 좋

은 이해를 위해 인문과학 · 사회과학 · 자연과학의 통합을 시도하는 것입니다.

고인석 : 저는 이야기를 듣다보니 다음과 같은 생각이 듭니다. 가까운 목표와 먼 목표가 있습니다. 이 둘 모두를 합쳐서 세계에 대한 진상, 나아가서 그 안의 인간에 대한, 자신의 진상까지 수렴될 수도 있다는 희망 자체를 부인할 필요는 없다는 것입니다. 그러나 과연 그것이 현재 시점에서 현실적인 목표인지 따질 수는 있을 것입니다. 허정아 선생님이 제시한 '소통을 어떻게 할 것인가?'에 대한 답은 '소통을 어디에 사용해야 하는가'라는 물음에서 출발해야 좋은 답이 나올 것 같습니다. 그래야 어떤 소통이 필요한지 답이 나오는데, 그 대답 중 하나가 사물에 대한 진상을 알기 위해서입니다. 조금 전에 엄정식 선생님께서 철학의 특성을 이야기하시면서 핵심을 찌르셨다고 생각합니다. 과학은 내 저편에 있는 세계, 혹은 자연에 대해서 알고자 하지만, 철학은 외부를 대상으로 할 때도 주체가 같이 문제가 되는, 그래서 외부를 묻는 탐구를 스스로 보는 것입니다. '이런 식으로 탐구를 하는 것을 보니 인간은 이런 존재구나' 하는 것을 묻는 작업을 합니다. 즉, 철학은 과학을 보면서 세계에 대해서 관심도 갖지만 인간이 어떤 존재임을 생각합니다. 김용학 선생님과 최재천 선생님이 말씀하신 초끈이론은 흥미로운 사례라고 생각합니다. 이제까지 검증 방법이 없다는 것과 원칙적으로 검증 방법이 없다는 것은 중요한 차이가 있습니다. 과학자들과 같이 현재의 기술로는 원칙적으로 검증 가능하지 않음에도 매달리고 있는 사람들이 있는 반면, 이것은 가짜라고 하는 사람도 있습니다. *Not Even Wrong*이라는

책에서 초끈이론은 "아무것도 없어서 틀리지도 않았다. 아무것도 없기 때문에"라고 말합니다. 그럼에도 매달리고 있는 사람들이 있는 것이 중요합니다.

최종덕 : 그렇지만 어쨌든 탐구 방법론은 교회에서 신의 실재를 믿는 것과 다르기 때문에 과학의 중요한 통로입니다. 아까 이야기한 초끈이론, 나노, 빅뱅, 웜홀 등 이 모두의 이야기는 증명의 수준에서 벗어나 있는 것 아닙니까? '물질과 비물질이 연결되는 부위가 있으니 사실과 가상이 연결될 수도 있다'는 주장을 하는 사람들의 '사실과 가상'은 이덕환 교수님이 말씀하신 '사실과 가상'의 수준과 많이 다를 것입니다. 그런 영역이지만 과학에서 배제되지 는 않습니다. 왜냐하면 탐구 방법론 자체가 여전히 증명을, 그리고 무엇인가 있다는 것을 전제하고 있기 때문입니다. 이를 철학에서는 보통 리얼리티를 찾아간다고 합니다. 오늘 처음 이야기 나온 것 중에 중요한 화두가 '소통은 차이를 확인하는 자리'라는 것입니다. 서로 자기 입장을 조금도 무너뜨리지 않으려고 하면 소통은 끝난 것과 다름없습니다. 서로의 차이를 인정해야 합니다. 이러한 점에서 철학에서는 리얼리티 혹은 해석된 것, 구성된 것, 사실 세계 등의 생각이 있지만 그 중 어느 하나를 정해 놓고 논의하는 것은 어렵다고 생각합니다. 즉 과학과 인문학을 자꾸 대립적으로 보는 것이 못마땅하다는 것입니다. 예를 들어 20세기, 21세기는 전문화되다보니 과학자는 인문학적 상상력을 가질 수 있지만 인문학자는 과학에 접근하기 너무 힘듭니다. 오히려 이것이 중요한 만남의 계기라고 생각합니다. 현재는 인문학자들이 과학에 대해 불신을 많이 가지고 있는데, 그 이유는 인

문학이 과학을 하기에 너무 어렵기 때문입니다. 반대로 과학자는 똑같은 사람으로서 인문학적 사유를 하는 것이 너무 당연한 것이고 당위적인 것입니다.

과학의 방법론과 한계

이상오 : 조금은 편견이 아닐까요? 저는 그렇게 생각하지 않습니다. 왜 검증이 되어야 하나요? 검증되지 않는 것이 너무나 많습니다. 예를 들어 아리스토텔레스의 '인간은 사회적 동물이다', 누가 검증했습니까? 검증되지 않았지만 우리는 이야기합니다. 제 생각에는 우리는 제2의 과학혁명 시대에 살고 있습니다. 소위 말해서 이런 시대에 살고 있다는 것은 검증 자체가 중요하지 않다는 것을 우리가 인정한 것입니다. 실제로 우리 삶에서 검증 안 되는 것도 너무나 많습니다. 과학이 만일 뉴턴 메커니즘으로 간다면, 과학은 실생활과 상관없다고 선언한 것과 마찬가지입니다. 그러나 과학은 그래야 합니다. 대학의 사명이 과학이고 과학의 요람은 대학인데 대학의 본질은 지식을 창출하는 기관입니다. 외압이 있어서는 안 되기에 '상아탑 논리'가 있었던 것입니다. 그렇다면 연구는 왜 고독해야 하고 자유로워야 하는가? 상아탑에 있어야 그 지식은 최고의 지식이 되기 때문입니다. 그렇기 때문에 과학에 대해서 연구의 자유와 고독을 준 것입니다.

최종덕 : 저 역시 이상오 선생님 생각에 동의합니다. 그래서 존재의 문제는 검증의 대상이 될 수 없습니다. 검증이 되지 않기 때문에 존재

를 부정하는 것은 적절치 않다고 봅니다. 그런데 오늘 이덕환 선생님이 제안하신 세 번째 문제인 과학의 한계와 방법론에 대한 인식은 과학이 다루고자 하는 존재가 아니라 과학의 인식론입니다. 과학이 어떻게 인식하느냐, 과학의 절차와 방법론을 어떻게 하느냐는 인식의 측면에서 본다면, 분명 검증이라는 전통적 방법론이 중요하다는 것입니다. 이상오 선생님이 제시한 것처럼 과학은 절대로 존재에 대한 검증 여부를 건드리지 않아야 합니다. 존재에 대한 검증 여부를 건드릴 경우에 이는 과학의 오만이 됩니다. 그 한계를 조금만 구분하면 충분히 철학적 존재론자와 과학적 인식론자는 대화할 수 있을 것이라고 생각합니다.

이대일 : 기본적으로 인문학적 접근 방식과 과학적 접근 방식이 있습니다. 우선 과학과 기술은 분명히 구분된다고 생각합니다. 과학은 과학정신이라는 측면으로, 기술은 기술문명이라는 측면으로 분명히 구분됩니다. 과학정신은 사실 인문학적 정신과 차이가 없고, 같은 의미를 갖습니다. 다만 과학이 추구하는 것은 객관적 증명을 통한 보편세계이고 인문학의 경우는 사실 지향이라기보다 가치와 의미를 추구하는 세계로서, 주관성을 통한 보편성의 추구라고 생각합니다. 사람이 무엇인가를 추구하고 만든다는 근본적 측면에서 차이는 없습니다. 그런데 왜 소통이 필요한 것이며 이를 논의해야 할까요? 저는 서로 장(場)이 다르다고 생각합니다. 과학적 방법론의 카테고리 안에서 보편성을 추구하는 방법과 인문학에서 일반 언어 또는 개념어를 통해 보편성을 추구하는 방법과 영역의 차이가 존재하기 때문에 서로가 진리성을 가지면서도 상호 공존하면서 만날 수 없다고 생각을 합니다. 또한

도정일 교수님 말씀에도 공감을 합니다. 기술문명이라고 했을 때, 기술문명은 과학정신에서 비롯된 것이 많습니다. 누구나 공감하는 바와 같이 현대는 역사적으로 특수한 물질적 사회이기 때문에 이러한 물질적 사회를 가능케 하는 것은 과학정신에서 비롯된 기술문명과 연결시켜보아야 합니다. 사실 기술문명은 자본주의와 결탁되면서 철저히 하나의 수단이 되다 보니, 도 교수님의 말씀처럼 과학정신보다는 기술문명의 폐해나 문제들만 현실적으로 드러나는 것 같습니다.

도정일 : 결국 과학은 객관을 추구하면서 주관으로부터의 독립성을 유지해야 합니다. 사회와 인문학은 과학이 그럴 수 있도록 지원할 것이고 지지할 것입니다. 동시에 알아야 할 것은 인간의 삶과 사고 자체가 언어적인 세계에 놓여 있다는 것입니다. 그런데 이 언어는 오염되어 있습니다. 그렇기 때문에 우리가 사는 사회가 의미를 왜곡시키고 비틀기도 한다는 것을 알았으면 좋겠습니다. 하지만 이보다 더 중요한 것은 비록 오염된 길이라고 할지라도, 과학의 관점에서는 인문학은 입증할 수 없는 주관성이라고 비판할 수도 있습니다. 주관성은 과학의 입장에서는 오염된 것일 뿐이라고 생각할 수도 있습니다. 그러나 인문학자 · 예술가는 주관성을 통해 지식과 진실에 도달해야 합니다. 이에 대해 객관성을 요구한다면 이는 예의가 아닙니다. 인문학자 · 예술가들이 사용하는 과학적이지 않은 방법, 즉 주관성, 고도의 개인성, 고유성은 존중해주어야만 합니다. 비록 예술가들이 기술을 동원하기는 해도 그가 최종적으로 의존하는 것은 자기 개인의 관찰, 개인의 시각입니다. 그래서 과학의 입장에서 주관성은 오염일 테지만, 역

설적으로 이야기하자면 예술은 오염된 방식을 통해 지식에 도달합니다. 이를 인정하자는 것입니다.

과학, 알아야 소통할 수 있다

최재천 : 소통이 필요할 수밖에 없다는 뜻에서 이야기하겠습니다. 제가 헌법재판소에서 강의를 했는데, 살인사건을 담당하는 검사가 범인의 판결에 있어서 교회의 기도를 통해 제시되는 것은 인정되지 않지만 DNA 검사를 통해서 제시되는 것은 받아들입니다. 즉, DNA가 하느님보다 센 세상이 되었고, 이를테면 법도 생물학을 알아야 하듯이 여러 분야를 막론하고 DNA에 대해서 알아야 하는 시대가 왔습니다. 제일 도움이 안 되는 것 중에 하나가 열정적으로 과학을 하시던 분이 연세가 드신 후 '낭만적 은유'(romantic analogy) 수준으로 이야기하는 것입니다. "이것도 해보고 저것도 해보고 살아보니까 다 비슷한 것 같아", 이런 이야기를 근거 없이 한다든지, "다 지내보니 하나님밖에 믿을 게 없다"든지, 무책임한 은유 수준의 이야기를 던지는 것도 과학자로서 할 도리가 아닙니다. 과학자도 사람이기 때문에 죽기 전에 이야기할 수도 있지만, 사회가 그런 이야기 하나에 큰 의미를 부여하는 것 같습니다. 그러나 그것은 어디까지나 은유 수준의 이야기입니다. 거기서 커다란 의미를 찾지 말아야 합니다. 과학자는 과학자답게 과학적 방법론에 의해 끊임없이 설명을 시도해야 합니다. 그것을 어떠한 형식으로든 서로가 이해할 수 있는 수준으로, 설명 가능한 수준으로 끌어내리는 노력을 해야만 합니다. 그러나 과학

자는 스스로 과학적 방법론을 버리는 짓은 결코 하면 안 됩니다.

김용학 : 저는 사회적 측면에서 말씀드리겠습니다. 과학적 사실에 대한 해석의 임의성을 비판하셨는데, 해석의 유연성은 언제나 사회적으로 주어집니다. 예를 들어, '줄기세포는 무엇을 의미하는가?' 이는 사회적으로 해석될 수밖에 없습니다. 과학자가 연구한 결과를 해석하는 방식들은 사회가 담당하며, 사회적으로 옳은 해석에 대해 과학자가 제한할 수는 없다는 것이 저의 입장입니다. 조금 전 이덕환 교수님께서 '과학의 스펙트럼은 넓은데 인문학자의 공격은 아무거나 잡고 과학 전체를 공격하지 않는가'라고 말씀하셨습니다. 이를 다르게 해석하면 다음과 같습니다. 과학을 방어하는 입장에서 '가장 엄격한, 가장 강력하고 검증이 잘된 과학이론을 통해 이것이 모든 과학이다'라고 내세우는 것은 오류가 있습니다. 과학적 사실에 위계가 있다고 이야기할 때, 과학의 통계적 규칙성은 사회과학에서도 다루고 있습니다. 예를 들면, 결혼정보 회사에서 누구와 누가 결혼하는지를 분석하는데, 결혼정보 회사의 소득 자료는 매우 정확합니다. 국세청에는 소득을 낮추려는 경향이 있는 반면 결혼정보 회사에는 소득을 높이려는 경향이 있기 때문입니다. 이를 서류를 통해 검증받습니다. 따라서 사회과학이 얻을 수 있는 가장 정확한 소득 자료는 결혼정보 회사에 있습니다. 또 주관성이 포함되긴 하지만 커플매니저가 입회자들에 대한 인터뷰를 하고, 두세 명의 합의를 통해 등급을 매깁니다. 저는 이 자료를 통해 여성 외모 등급 상승과 남성 연봉 상승의 관계를 분석했는데, 여성의 외모가 한 등급 상승할 때 남성의 연봉은 362만 원 정도 상승합니다. 그렇다면 이러

한 연구가 과학의 넓은 스펙트럼에서 인정될 수 있다면, 이 결과는 반증될 수도 있습니다. 그런데 넓은 과학의 스펙트럼에서 가장 엄밀한 의미의, 가장 성공적으로 믿어지는 것을 가지고 '이것이 과학이다'라고 이야기하게 되면 많은 사람들로 하여금 "어, 우리가 보기에는 그렇지 않은데, '초끈이론'도 있는데", 이런 반응이 있을 수 있습니다. 그러다보면 거리감이 생기게 되는 것입니다. 저는 이 역시 사회적인 측면이라고 생각합니다.

도정일 : 한 사회가 사유 집단, 사상 집단, 의견 집단으로 나뉠 때, 각 집단은 굉장한 압력을 행사할 수 있는 크기로 성장합니다. 그때 과학자들은 집단의 압력으로부터 자유로운 연구 결과를 낼 수 있는가에 대해 인문학자들은 관심을 갖습니다. 과학사를 보면 그렇지 못한 경우가 많았습니다. 특히 미국에서는 인디언을 멸종시키기 위해 과학을 빌미로 내세웠던 정책적 폭력은 말할 수 없습니다. 예를 들면, '북미에 질병을 끌고 온 것은 누구냐?'라고 했을 때 에스키모들이라고 주장했습니다. 왜냐하면 베링해엽을 건널 때, 돼지가죽과 쥐를 가지고 왔기 때문입니다. 또 한때는 알래스카에 매머드가 있을 때, 에스키모가 매머드를 죽였다는 하나의 정보를 백인 사회에 퍼뜨렸습니다. 이렇게 되면 과학의 이름으로 자행되는 주장들은 단지 사실에 대한 관찰과 입증 이외에 문명의 이해관계라는 요인의 영향을 받게 되는 것입니다. 조심스럽게 이야기하자면 이러한 것이 과학의 오염인 것입니다.

이덕환 : 과학적 사실은 단순히 과학적 사실을 유도한 대상의 복잡성 때문에 스펙트럼이 있는 것이 아니라 검증 및 반증 과정을 얼마나 거

쳤는가에 의해서도 분류할 수 있습니다. 아마도 초끈이론이 대표적인 예로 들 수 있겠습니다. 뉴턴역학은 더 이상의 검증이 필요 없는, 이미 확고하게 확립된 과학적 사실이며 확립되어가는 과정에 있는 것도 과학적 지식이라고 할 수 있습니다. 아마도 초끈이론은 이 범주에 들어갈 것이라고 생각합니다. 그런데 이를 어떻게 가려내는가, 역시 골치 아픈 문제입니다. 사실 과학적 사실라고 해도 내부에는 상당히 다양한 스펙트럼이 여러 방향으로 존재합니다. 그래서 김용학 교수님의 말씀을 인정합니다. 제가 극단 사례를 통해 이것이 과학의 기준이니 인정해달라는 식의 논리에 대해 인정합니다. 특히 과학적 사실의 위계 부분에 이러한 문제가 많이 있는 것 같습니다. 뉴턴역학처럼 과학의 영역에서는 확실하게 검증된 경우가 있고 그 스펙트럼은 더 넓습니다. 하지만 여기에 위험성 · 안전성까지 논의 대상에 포함되면 이는 과학적 사실에서 한 단계 더 나아간 것입니다. 뿐만 아니라 사회적 해석까지도 포함되어 있기 때문에, '무엇에 대해 위험한 것인가?'도 전제되어야 위험성에 대해 논의할 수 있습니다. 하지만 무엇을 보고 위험하다고 하는 것은 과학적 질문의 대상이 아닌 순전히 자신의 판단입니다. 왜냐하면 위험에 대한 주장은 개인의 가치관에 따라 결정되기 때문입니다. 그렇게 되면 과학의 스펙트럼은 굉장히 커지게 됩니다. 따라서 과학적 사실과 그 이상의 주장을 구분해서 논의해야 됩니다. 과학에서의 언어 문제 역시 스펙트럼이 넓습니다. 하드코어한 물리학자들의 세미나는 특이한데, 원고를 읽는 사람은 없고, PPT도 그다지 신경 쓰는 편이 아닙니다. 또한 언어 선택 역시 제멋대로이고 멋대로 떠드는데도 사람들은 알아듣습니다. 따라서 전부 그런 것은 아니지만 과학 영역의 커뮤니케이션에서는 외부에서 보는 것보다 언어의 중요성이 떨어지는 측면이 있습니다. 자연에 대한 해석이라고 했을 때, 언어나 구성이 포함된다는 지적이 불편한 것은 바로 이러한 측면에서 야기되는 것이기도 합니다. 지금 시점에서 우리 사회가 인문학과 자연과학의 소통을 요구하는 목적은 다양할 수 있습니다. 지금 우리 사회에서, 특히 과학자에 대해 소통을 요구하는 것은 과학기술적 사회 문제 때문입니다. 환경에서부터 광우병 · 식음료 등등, 우리가 경험한 일련의 사태 해결에 과학적 정보가 해결의 핵심이라고 인식하기 때문에 과학자를 연구실 밖으로 끌어내려는 것 같습니다. 근원적 소통의 필요성을 거부하는 것은 아닙니다. 과학기술적 사회 문제를 해결하기 위해 소통을 요구할 때에는 과학적 사실에 대한 인식이 전제되어야 소통의 의미가 있지, 그렇지 않고 과학자들에게 어떤 말을 듣는다고 해서 도움이 되지는 않습니다. 그런 의미에서 과학적 사실의 스펙트럼이 크기 때문에 다양한 의미 부여가 가능할 것이라고 생각합니다. 특히 현실적인 문제를 소통의 목표라고 보면, 그때는 과학적 사실에 대한 인식이 조금 더 구체화되어야 한다고 생각합니다.

허정아 : 질문 하나가 있습니다. '나노윤리'에 관한 것인데요, 조금 전 제가 말씀드린 나노과학자는 나노에는 반드시 '협업'(協業)이 이루어져야 한다고 합니다. 그는 나노기술에 예술 · 인문학이 들어가야 한다는 것을 강조하는데, 철학적 · 예술적 이해와 활용이 없으면 나노기술과 과학자들은 그쪽으로만 가게 되기 때문입니다. 그래서 협업이 이루어져만 되는 것인데요, 과연 누가 소통을 할

것인가요? 과학적 지식이 없는 인문학자가 할 것인가요, 아니면 자기 연구에만 전념하는 과학자가 할 것인가요? 나노과학자가 설사 틀린 이론이라고 할지라도, 그들이 주장함으로써 인문학이나 예술에 분명 기여하는 부분은 있을 것이라고 생각합니다. 누가 이것을 먼저 앞장서서 할 것인가, 숙제로 남는 것 같습니다.

이덕환 : 짧게 답변하겠습니다. 나노윤리에 대해 초반에 말씀드린 것은, 나노윤리가 필요하지 않을 수도 있기 때문입니다. 개인적으로는 나노란 화학의 새로운 이름 같습니다. 사람들은 나노가 굉장히 작은 것이라고 생각하지만 화학은 100전부터 더 작은 것을 연구했으며 그 대상을 키워가고 있는 것입니다. 그런데 화학에서 보면 집채만한 것을 연구하면서 무척 조그맣다고 하니, 저는 혼란스럽습니다. 나노윤리에서 다뤄야 할 문제는 이미 사회적 요구에 의해 화학의 영역에서 충분히 만들어놓았습니다. 그런데 마치 새로운 것인 양 새로운 논쟁을 시작하는 것입니다. 소통을 누가 하느냐? 제 생각에는 아마도 사회의 다변화를 반영하는 소통에 대한 전문 인력이 생겨야 합니다. 그런 면에서 과학 지식의 대중화를 위한 전문가를 양성해야 합니다.

엄정식 : 자연스럽게 결론이 나온 것 같습니다. 과학자들이 고독하게 연구실에서 탐구하는 내용이나 업적이 이상하게 와전되고 오해되어 전혀 다른 방면으로 나가서 죄악을 저지르는 데 간접적으로 기여할 때, 한 인간으로서 괴롭지 않을까라는 생각을 해봅니다. 그것을 우리가 가까이에서 지켜보고 관심을 쏟을 필요가 있다는 것이 이덕환 선생님께서 강조하고 싶었던 부분인 것 같습니다.

과학자들이 사회로 나와서 인문학자와 이야기를 나누고 싶어 하는 의도도 거기에 있지 않나 하는 생각이 듭니다. 조금이라도 새로운 경험이었다는 느낌이 있었으면 오늘 토론회는 성공적이라고 생각합니다. 오늘 모두 수고하셨습니다. 감사합니다.

문 진 포 럼 4

위험과 소통

토론자 (가나다순)

강지원 (변호사)
김남두 (서울대 철학)
김욱동 (서강대 영문학)
송해룡 (성균관대 언론학)
이강현 (자원봉사협의회)
이덕환 (서강대 화학)
천선영 (경북대 사회학)
한종훈 (서울대 화학공학)

때 / 곳

2008년 10월 24일
문진연구센터 회의실

이덕환 : 최근 한 20년 사이에 우리나라는 그 이전 기간에서는 상상할 수 없을 정도로 급속히 변화했습니다. 특히 경제적인 측면에서의 변화가 가장 두드러집니다. 그러나 이로 인해 여러 부작용들이 나타나고 있는데, 그 중 하나가 '위험의 문제'입니다. 광우병이나 멜라민의 문제와 같은 사회적 논란이 계속되고 있고, 위험사회라는 말까지 나오고 있는 실정입니다. 또 인위적인 위험뿐만 아니라 자연재해의 위험에 대해서도 인식이 많이 달라졌습니다. 자연재해 자체도 과학기술을 통해 너무 환경을 파괴해서 생기는 인공 재앙인 것처럼 인식하기도 하고, 생태 문제도 강조되면서 이와 관련된 다양한 문제들이 양산되고 있습니다. 이렇게 위험이라는 것이 우리 사회에서 심각한 문제로 대두되고 있는데, 여러 분야에서 다양한 시각으로 바라보면서 우리 사회를 냉철하게 진단하고 이를 통해 건설적인 해결책을 우리 사회에 제시하려는 의도로 이번 문진포럼을 개최했습니다. 국민적 차원에서 위험을 어떻게 인식하고 반응하며, 그것을 순화시키려면 어떤 방안이나 자세가 필요할지 다양하게 말씀해주셨으면 좋겠습니다. 사회가 경험하게 되는 위험을 가장 빨리 진단하는 것은 철학이나 문학 또는 예술 분야가 아닌가 생각합니다. 우선 철학을 전공하신 김남두 교수님께서 말씀을 열어주시면 감사하겠습니다.

위험의 대형화

김남두 : 우리가 살고 있는 시대에 위험이 가지는 몇 가지 특징을 이야기하며 시작하는 것이 좋을 것 같습니다. 우선 우리 시대의 위험이

대형화되었다는 점입니다. 환경 문제, 사스(SARS)와 같은 전염병 그리고 최근 금융위기의 경우를 가까운 예로 들 수 있겠습니다. 특정 지역에서 시작된 것이 그 지역 내에 머물지 않고 전세계에 파급되어 영향을 미치는 것이 상례화되어 있으며 그 피해도 대규모입니다. 위험의 이런 대규모화는 오늘날 우리 삶이 지니는 방식과 밀접히 연결된 것으로 생각됩니다. 전세계가 하나의 단위로 지구화 · 세계화되어 있으며, 세계가 하나의 단위로 소통하고 교류하면서 이런 삶의 방식에 따르는 위험도 세계적 규모로 확대되었습니다. 이런 점에서 우리가 경험하는 위험은 세계화의 체계와 결합되어 구조화되어 있으며, 이렇게 위험이 상호 연결되어 구조화되어 있다는 것이 이 시대 위험의 두 번째 특징이라고 말할 수 있습니다. 오늘날 삶의 체제는 자본주의입니다. 따라서 그 기본적 틀은 시장이 되겠고, 과학과 기술은 이 시장 체제의 바탕이 되어 있습니다. 시장과 과학은 모두 양적인 단위로 셈한다는 점에서 공통점을 가집니다. 이 양적인 단위를 전세계가 공유하게 되는데 이런 특징이 대량화 · 세계화를 가능하게 하는 토대가 된다고 할 수 있습니다. 질적인 것들이야 문화와 역사에 따라 다르고 다양하지만 양적인 것들은 이런 차이를 넘어 공유하기 쉽습니다. 이런 양적 단위의 공유가 세계를 하나가 되는 데 일정한 역할을 했다고 할 수 있고 이것이 위험의 대형화를 만들었다고 할 수 있겠습니다.

김욱동 : 저는 문학가나 예술가들은 이런 문제를 어떻게 파악하고 있는가에 대해 말씀드리겠습니다. 과학자들은 논리나 분석에 의존하지만 예술가들은 직관에 의존하는 경우가 많습니다. 그래서 과학

자들보다 어떤 면에서는 위험을 포착하는 능력이 앞선다는 주장도 있습니다. 콘래드 피들러(K. Fiedler)는 "예술가는 다른 세계에 살고 있다. 비루한 세계에서 일탈한다. 예술적 재능이라는 것은 곧 직관적 능력이다. 예술가에게 있어서 직관이라는 것은 자유로운 직관이다"라고 말한 적이 있습니다. 예술가에게 직관적 능력이 있다는 생각은 일찍이 임마누엘 칸트(I. Kant)나 아르투르 쇼펜하우어(A. Schopenhauer)도 하고 있었습니다. 이런 특징 때문에 문학가들이나 예술가들이 누구보다도 위험을 포착하는 능력이 뛰어나다고 봅니다. 베이징올림픽을 앞두고 중국 쓰촨성(四川省)에 강도 7.8의 지진이 일어났을 때, 두꺼비 10만 마리가 한꺼번에 길거리에 뛰어나온 사건이 있었습니다. 사람들에게 밟히고 차에 치어서도 그 행렬이 계속되었다고 합니다. 이 두꺼비들은 지진이 일어날 것을 미리 알고 있었던 것입니다. 또 1975년에 있은 만주지진 때 겨울잠을 자던 뱀들이 갑자기 기어 나왔던 기록, 나비가 고치를 뚫고 나온 기록들은 모두 지진이 일어날 것을 예측한 경우라고 볼 수 있습니다. 이와 마찬가지로 예술가의 상상력도 두꺼비나 뱀 또는 나비처럼 위험이 일어날 것을 미리 포착하는 경우가 많습니다. 예를 들어, 구약성서 예언서를 보면 오늘날 우리가 겪고 있는 환경오염, 생태계 위기를 이미 오래전에 예언하고 있습니다. 가령 이사야 선지자는 이렇게 이야기합니다.

> 땅이 메마르며 시든다.
> 세상이 생기가 없고 시든다.
> 땅에서 높은 자리를 차지한 자들도

생기가 없다.
땅이 사람 때문에 더럽혀진다.
사람이 율법을 어기고
법령을 거슬러 영원한 언약을 깨뜨렸기 때문이다.
그러므로 땅은 저주를 받고,
거기 사는 사람이 형벌을 받는다.
그러므로 땅의 주민들이 불에 타서
살아남는 자가 얼마 되지 않을 것이다.

이렇게 이사야 선지자는 구약성서에서 오늘날 우리가 느끼고 있는 환경 위기나 생태계 위기를 경고하고 있습니다. 또 요엘 선지자도 「요엘서」 1장에서 이렇게 예언하고 있습니다.

씨앗이 흙더미 속에서 모두 말라죽고,
광마다 텅텅 비고,
가물어 거두어들일 곡식이 없어서
창고는 폐허가 된다.
풀밭이 없어
가축들이 울부짖고,
소떼가 정신없이 헤매며
양떼도 괴로워한다.

구약성서의 예언을 보더라도 신들이나 선지자들은 위험요소를 미리 감지하고 심각성을 우리에게 일깨워주고 있습니다. 구약시대가 아니라 비교적 최근의 예를 보더라도 쥘 베른(J. Verne)

같은 공상과학자들은 새로운 과학 발명뿐만이 아니라 그것이 여러 위험요소들을 안고 있다고 간파했습니다. 예를 들어 1874년에 나온 작품인 『신비의 섬』에서는 이미 '수소경제'(hydrogen economy) 개념을 도입했습니다. 그래서 주인공 중 한 사람이 다른 작중인물에게 이런 말을 합니다. "석탄이 모두 고갈되면 인간은 무엇에 의존해서 살지?" 그렇게 묻자, 상대방이 대답하기를 "바로 물이지 뭐야. 물이야말로 미래의 석탄이거든." 이렇게 수소경제 개념이 일찍이 1874년에 출간된 작품에서 처음 나옵니다. 또 조지 오웰(G. Orwell) 같은 작가는 앞으로 매스미디어가 정치가의 하나의 수단으로 사용될 것이며, 인간은 매스미디어에 종속되어 멸망할 것이라고 예언하지 않았습니까? 그래서 1984년을 지구가 멸망하는 해로 예언했지요. 물론 1984년은 아무 일 없이 그냥 지나가고 갔습니다만, 지금까지도 어느 정도 유효하다고 봅니다. 이렇게 예술가들은 과학자들 못지않게, 아니 어떤 의미로는 그들보다 훨씬 더 위험을 포착할 뿐만 아니라 그것을 설득력 있게 예술로 형상화하는 능력을 가지고 있다고 생각합니다. 또 예술가에게 있어서 위험은 축복이며 예술을 창조할 수 있는 원동력이 됩니다. 오히려 편안함과 안주(安住)는 예술가에게는 적이 됩니다. 예술가들은 그래서 일상성에 끊임없이 도전해왔습니다. 평범한 시민들은 예술가가 될 수 없고, 예술가들 중에 일상에서 일탈한 괴짜가 많은 것도 바로 그 때문이라고 하겠습니다. 미술 분야의 경우를 보면, 미켈란젤로도 당시에는 천박하다는 이유로 무시당했지만 오늘날 성화를 그린 화가로 존경받고 있습니다. 이렇게 예술가들은 일상성에 도전함으로써, 그리고 위험을 도구로 삼음으로써 예술을 창작해왔습니다.

이덕환 : 선생님께서는 예술가들이 일상성에서 일탈하는 것, 그것을 위험의 인식이라고 보시는 겁니까?

김욱동 : 물론 예술가들이 일상성에서 일탈하는 것과 위험을 인식하는 것은 서로 다를지 모릅니다. 다만 일상성에 쉽게 매몰되지 않고 꾸준히 새로운 영역을 탐색하는 예술가들이야말로 어느 누구보다도 위험을 포착하는 능력이 뛰어나다는 것입니다. 이 점에서 예술가들이란 '영혼을 탐색하는 콜럼부스'라고 할까요. 다시 한 번 말씀드리자면, 문학가들이나 예술가들은 위험을 간파하고 포착하는 안테나 같은 직관력을 지니고 있습니다.

이덕환 : 김남두 선생님이 대형화를 위험의 특징으로 말씀해주셨는데 제가 이런 식의 이야기를 던져보겠습니다. 예를 들어 이삼백 년 전으로 돌아가 산업혁명 전에 그 당시 사람들에게도 위험이 작게 느껴졌을까요? 13~14세기의 페스트(Pest)와 같은 것을 예로 들 수 있겠습니다. 물론 이건 자연재해에 가까운 것인데요. 당시 전 세계 인구가 4~5억 명 정도밖에 안 되었을 테니까요.

김남두 : 위험으로서의 페스트의 성격에 대해 질문을 던지셨는데, 일단 물음을 다음과 같이 바꿔 던질 수 있을 것 같습니다. 즉 13~14세기의 페스트가 자연적인 것이냐, 아니면 사람이 만든 문명에 의한 것이냐? 틀림없이 자연적인 것입니다. 그런데 다른 한편으로는 자연적인 성격만을 가진 것은 아닙니다. 13~14세기에 시작된 도시화라는 인간의 생존방식에 의해 피해가 증폭된 측면이 있기 때문입니다. 사스(SARS)나 쓰촨성의 지진 같은 것이 이런

점에서 페스트와 연결되겠습니다. 지진은 자연현상이지만 도시에 사람들이 모여 살기 때문에 피해가 커진다고 할 수 있지 않겠습니까. 옛날처럼 사람들이 서로 떨어져 산다고 하면 지진이 일어난다고 해도 그 피해 규모가 덜할 것입니다. 물론 그것을 당하는 사람이 느끼는 공포감의 강도라는 것은 다수 · 소수에 상관없이 큰 것이겠지요. 하지만 우리가 이야기할 것은 피해가 대규모화가 된다는 점에서 체계적으로 연결되어 있다는 것입니다. 그렇기 때문에 오늘날 위기의 성격이 예전과는 다르다고 볼 수 있습니다. 쓰촨성의 지진과 같은 것도 자연재해인데, 그것이 사하라사막에서의 지진과는 피해 정도가 너무나 다르지 않습니까? 자연현상으로서의 지진은 인구가 밀집한 중국의 도시에서나 무인의 사막에서나 마찬가지입니다. 그러나 수천만 인구가 있는 지역의 지진은 황무지의 지진보다 훨씬 위험합니다. 사스도 마찬가지입니다. 자연재해도 발생지역에 따라 관리체제의 문제가 될 수 있다는 점에서 재해의 성격을 변화시킵니다. 위험이 문제가 되는 것은 오늘날 우리의 생존 방식 체제와 깊은 연관이 있습니다. 페스트도 역사적으로 그것이 문제화되는 것은 도시화와 관련해서 대규모의 인력이 죽었기 때문에 더 크게 문제가 된 측면이 있는 것입니다. 그런 측면에서는 자연재해도 인간의 삶의 방식과 연관되는 것이라고 할 수 있겠습니다.

이강현 : 김남두 선생님은 자연적인 재해와 관련된 위험을 말씀하셨는데, 일단 위험의 원천이 자연적인 것인가 인공적인 것인가, 그것을 나눠서 순차적으로 이야기를 나눠보면 좋겠습니다.

김남두 : 제가 딱히 자연재해에 대한 말씀을 드리려고 했다기보다는 재앙이 인간의 삶의 체제와 깊이 연관되어 있다는 말씀을 드린 것입니다.

이강현 : 성격을 말씀하셔도 좋을 것 같습니다. 성격을 이야기하다보면 위험의 원천에 따라 그것이 규정되지 않겠습니까? 그래서 저는 인공적인 것과 자연적인 것을 나눠서 한 부분을 먼저 논의한 후, 그 다음에 다른 것으로 넘어가는 것이 좋지 않을까 싶습니다.

이덕환 : 네, 그렇다면 어느 쪽도 상관없습니다.

한종훈 : 현대 사회의 위험이 과거에 비해 상대적으로 부각되는 중요한 원인 중의 하나는 과학기술의 발전이 원인이 아닐까요? 가령 저는 원시시대에는 자연적인 재해나 인공적인 재해는 동일하다고 생각합니다. 지진이나 전염병이 일어나봐야 인구 밀집도가 낮고 지역 간의 교류가 제한적이니 소수만이 어려움을 겪었을 것입니다. 그러나 인류가 발전하여 중세시대에 들어 도로가 생기고, 이를 통해 도시 사이의 교류가 활발해지다보니 페스트와 같은 질병이 발생할 때 파급효과가 원시시대보다 대규모가 되는 것입니다. 그렇지만 중세시대의 도시화도 현대와 비교하면 도시화가 유럽에 국한되어 있어서 훨씬 파급효과가 작다고 볼 수 있습니다. 과학기술이 점점 발달해서 현대에 오면 자동차 · 철도 · 항공기 등의 교통수단의 발달과 인터넷 등 정보전달 수단의 발달로 중세보다 규모도 훨씬 큰 명실상부한 네트워크 사회가 되었습니다. 그러다보니 조류독감이니 사스니 이런 것들이 원시시대였으

면 한 마을을 전멸시켰겠지만, 대형 네트워크를 통해 굉장히 빠른 속도로 전 세계로 퍼질 수 있는 가능성이 발생한 것입니다. 이러한 우려로 위험 가능성이 증가하게 되고 우리가 과거에 비해 훨씬 큰 위험을 느끼는 것 아닐까요? 금융위기도 유사한 사례라고 생각됩니다. 금융시스템이 한 나라에만 제한되어 있다면 금융위험도 제한적일 것인데, 지금은 인터넷을 통해 자금이 전세계를 자유롭게 왕래할 수 있고 국가 간의 자금 흐름이 정확히 파악하기 어려울 정도로 서로 복잡하게 연결되어 있다 보니 전체적인 통제가 어려우며 국지적으로 금융위험 상황이 발생할 때도 이를 해결할 통합 시스템이 없기 때문에 전세계가 순간적으로 금융 패닉상태로 들어가는 것입니다. 이러한 점에서 볼 때 현대사회는 복잡한 네트워크 사회이고 이 네트워크를 통제할 수 없는 경우에 네트워크 전체가 패닉상태에 빠질 수 있는 구조를 가지고 있는 것입니다. 다음으로는 과학기술의 발전으로 발생하는 새로운 위험을 들 수 있습니다. 건축 기술이 발달하다보니 초고층 주상복합건물들이 들어서고 있는데, 화재가 발생하면 진화하기가 너무 어렵습니다. 소방차로 화재를 진압할 수 있는 높이는 32층밖에 안 되기 때문입니다. 그 위층은 화재가 일어나도 대책이 없습니다. 그래서 정부에서도 고민하고 있는데, 이것도 결국에는 초고층 빌딩을 짓는 기술이 발전하면서 발생한 위험인 것입니다. 저는 현대 사회로 오면서 과학기술들이 점점 가속화되어 급격히 발전하다보니 현재 우리가 보게 되는 위험들이 굉장히 개념화되어 있고 네트워크화되어 있으며 복잡화되어 있다고 생각합니다. 요즘 사람들 성인병에 잘 걸리지 않습니까? 동맥경화 · 당뇨 등의 성인병이 오는 이유가 저는 인간의 유전자가 과학의 발전으로 인한 급변하는 사회에 적응을 못해서 그렇다고 생각합니다. 과학기술의 발달로 위험은 인간이 다룰 수 있는 규모와 속도를 넘어서게 되고, 그러다보니 인간이 예상치 못한 상황이 발생할 때, 전세계 모든 사람들이 패닉상태에 빠지게 되는 것입니다. 즉, 인간들이 지난 2000년 동안 발전시켜온 위기관리 능력보다 위기 파급의 규모와 속도가 크고 빠르기 때문에 전 세계적으로 패닉현상이 발생하는 것이라고 생각합니다.

현대 사회의 위험, 원인은 무엇인가?

이덕환 : 조금 구체적으로 들어가기 전에, 제가 이런 주제를 던져보고자 합니다. 네트워크화를 통해 확산이 빨리 되고 규모가 커지는 것은 이해가 되는데, 사회가 달라진 것이 하나 있습니다. 의사결정이 상당히 민주화되었다는 것입니다. 예전에 사람들의 70%는 세상이 돌아가는 것에 관여할 방법이 없었습니다. 시키는 대로만 하면 되는 것이었지요. 그러나 지금은 은행의 경우만도 4,000만 국민 모두가 은행이 어떻게 경영되는지에 관심을 가져야 하는 세상이 되어버렸습니다. 이 사회의 민주화에는 책임이 따라가는 것인데, 그런 책임이 국민들에게 넘어오면서 국민들이 어떤 경우에는 필요 이상으로 과민하게 반응합니다. 기본적으로 예전보다 걱정할 일이 많아진 것입니다. 이에 대한 의견은 없으신지요.

한종훈 : 제가 조금 더 말씀드리겠습니다. 대규모 네트워크화를 통해 우

리는 굉장히 많은 정보들을 접하게 되었는데, 과거에 사용하던 정보능력으로 위기를 대처하는 것은 불가능하다는 것입니다. 국가에서 안전에 대한 법규도 제정되어 있고, 이에 따라 기업들도 새로운 기술로 제품을 만들 때 나름대로 검증을 한 후, 제품 뒷면에 안전코드를 지켜야 할 것을 써놓고 있습니다. 그러다보니 많은 제품을 사용하는 개개인은 이 규범을 모두 처리할 수 있는 능력이 없습니다. 제품 사용을 전혀 못 하고 있는 상황에서 남을 보고 있다가 소수 전문가의 의견에 의존하지 않습니까? 전문가들 한두 명이 '위기다'라고 하면 위기인가 하고, 네다섯 명이 말하면 불안해지고 백 명이 이야기하면 패닉상태가 되는 게 아닌가 싶습니다. 그래서 소통을 통해 현대인들이 새롭게 발생하는 위기의 본질을 파악하고 그것에 대처하는 방안이 있어야 하는데 그것이 없는 것 같습니다.

이강현 : 위험이 대형화되고 기계문명 · 과학문명의 발달이 정말 중요한 역할을 한 것은 인정합니다. 그러나 위험의 모든 원천이 과학기술의 발달이라고 볼 수는 없습니다. 기술적 과학문명의 발달만 가지고는 위험의 원천을 진단할 수 없는 부분이 있습니다. 공동체의 문제 또는 청소년의 향락산업 진출과 같은 문제는 과학문명과 어느 정도 관련은 있지만 그것이 가장 큰 요소로 작용했다고 보기에는 어려운 측면이 있습니다.

김남두 : 체르노빌 원전의 경우처럼 과학기술이 직접 원인을 제공하는 경우도 있겠습니다만 지금 제가 이야기하는 것은 위험이 거대화되는 것에는 과학문명이 큰 영향을 주었다는 것입니다.

송해룡 : 왜 우리는 위험에 대해 이야기해야 할까요? 제 생각에는 위험에 대한 사회적 인식을 잘못 가지고 있을 때, 사회적 비용이 많이 발생하기 때문입니다. 이 점에서 올바른 커뮤니케이션이 필요합니다. 광우병 사건, 쓰레기만두 사건, 태안반도 기름유출 사건 등, 이와 같은 사건들을 거쳤을 때 위험에 대한 인식이 무엇을 통해 형성이 되었는지를 생각해봅시다. 페스트를 말씀하셨지만 그것이 그 당시 사람들에겐 크게 다가오지 않았을 것입니다. 왜냐하면 당시에는 미디어가 발달되지 않았기 때문에 정보가 급속도로 확산되지 않았을 것이기 때문입니다. 그러나 지금은 그와 같은 것들이 미디어를 통해서 더 큰 방향으로 확산됩니다. 따라서 어떻게 하면 올바른 인식을 잘 만들어 사회적인 비용을 줄일까 하는 것이 이 토론의 목적이며, 이것이 위험과 소통의 관계를 이야기할 수 있는 방향이 된다고 생각합니다. 잘못된 위험 인식이 잘못된 소통을 가져와서 엄청난 사회적 비용을 우리로 하여금 지불하게 했다면, 이 문제를 해결하기 위해 우리가 어떻게 해야 할지를 논의하는 것이 문진포럼의 핵심적 목표라고 생각합니다.

김남두 : 다수의 사람들이 사태를 잘못 알고 심리적으로 공황상태에 빠져 위기가 커진다는 방향으로 얘기가 흘러가고 있는데, 그런 경우가 많기는 합니다. 그러나 어떤 경우에 실제로 위험요소가 없는데도 사람들이 잘못 알고 그런 상태에 빠지게 되는 것인지는 일단 따져보아야 할 것 같습니다. 예컨대 이번 국제금융위기의 경우에 위험에 관한 정보의 추적과 차단이 어렵도록 투자회사들의 파생상품이 만들어졌습니다. 따라서 사람들의 앎을 차단하는 그런 성격을 가지고 있었습니다. 투자 상품이 손해 볼 것이라고 하

면 투자자는 당연히 반응할 수밖에 없는데, 상품의 위험도를 추적할 방도가 차단되어 있을 경우에 혼란이 일어납니다. 이 경우에 우리가 많은 사람들이 잘 모르기 때문에 패닉이 일어났다는 방식으로만 이야기하면 논의가 지나치게 단순화될 위험이 있습니다. 조금 전, 현대 사회는 네트워킹으로 엮여 있고 복잡화되었다는 이야기를 했는데, 이는 원인 관계를 찾아내기 쉽지 않게 되었다는 말입니다. 사태 자체가 그런 성격을 가지고 있고, 알 수 있는 상태라고 하더라도 일반인들은 알기 어렵습니다. 그런 조건이 일반화되어 있는 것이 오늘날 위기와 관련해서, 또 위기의 소통과 관련해서 우리가 주목해야 할 사안일 것입니다.

송해룡 : 저는 논의를 기술적 위험과 사회적 위험에 한정시켜서 한다고 봅니다. "인간 활동에 따른 위험이 증가하고 있는데 국가가 사회적 비용을 줄이면 어떻게 될까," 이런 부분에 초점을 맞춰서 논의하는 것이 좋다고 생각합니다. 넓게 이야기하다보면 이런 문제와는 아주 별개의 모습이 됩니다. 문진포럼에서는 미디어의 부정적인 면보다는, 이러한 사회적인 위험과 기술적인 위험을 어떻게 하면 미디어를 통해 사람들이 합리적으로 인식할 수 있는지를 논해야 합니다. 과학적 진실과 사회적 사실은 다릅니다. 광우병 사건에서 본 바와 같이 과학적 진실과 사회적 사실은 크게 충돌했습니다. 그런 것을 가지고 논의를 하면 논의가 훨씬 생산적으로 진행될 것 같습니다.

이강현 : 지금 사회적 · 기술적인 위험을 먼저 다루자고 말씀하셨는데, 제 생각에는 자연적인 것을 먼저 다루는 것이 훨씬 더 가시적이고

피부에 와 닿으며 쉽지 않을까 생각합니다. 그것을 먼저 다룰 때 사회적인 문제가 나오는 것이고 문화에 따라 인지되는 것이 다르기 때문에 논의를 이끌어나가기 쉽지 않을까 싶습니다. 저는 'disaster'라는 말을 두 가지 우리말로 번역을 했었습니다. '재난'과 '재해.' 이렇게 했을 경우에 정의를 어떻게 내릴 수 있을까요? 재해는 자연적인 것, 재난은 인공적인 것입니다. 이를테면 '대구 지하철 참사', '아현동 가스 폭발', '삼풍백화점 붕괴' 이런 것이 재난이 되는 것입니다. 그러나 최근에 다시 '재난'으로 통일했습니다. 이런 식으로 볼 경우, 그 원천을 사회적 · 자연적 · 인공적인 것으로 나눌 수 있습니다. 그런데 그것이 위험으로 우리에게 감지되기까지는 여러 단계가 있을 것입니다. 예를 들어 자연과학에서 암이 발생할 때에도 몇 가지가 결합되어 위험으로 나타납니다. 이와 마찬가지로 우리가 현대 사회의 위험을 진단할 때에도 자연적인 것을 먼저 다룰 경우에 복합적이고 네트워크화되어 있는 원천이 어디서 기원하는지를 알 수 있습니다. 이를 통해 어떤 요소가 자연적 재해에 첨가될 때 그것이 확장되는지, 또한 어떤 처방을 내려야 막을 수 있는지를 논의하는 것이 좋다고 생각합니다.

이덕환 : 현대 사회가 경험하는 위험의 특징으로 김남두 선생님이 대형화, 사회의 네트워크화 등을 말씀하셨는데요.

이강현 : 제가 재난재해를 자연적 재난으로 확대해서 이야기해보겠습니다. 재난재해는 보통 4단계로 봅니다. 그런데 그 나라의 문화, 시스템에 따라서 재해가 어느 단계에서 더 증폭되기도 합니다. 이

틀테면 일본 같은 경우에는 다른 나라의 피해에 비해서 몇 십 분의 일, 몇 백 분의 일로 그 피해가 아주 적습니다. 시스템을 갖추고 있고 사람들이 준비가 되어 있으며 문화적인 지지가 있는 곳과 그렇지 않은 곳에 대해 생각해봐야 합니다. 그래서 말씀하신 위험의 대형화는 우리 인간의 준비 과정, 예를 들어 생명의 소중함에 관한 인식이 낮아졌기 때문에 웬만한 재난이 와도 단순하게 잊고 지나가버리는 현상과 관련된 것이 아닌지를 생각해보아야 합니다.

위험에 대한 인식

이덕환 : 우리가 계속 경험하고 있는 것은 새로운 위험이 사회적으로 대두되고 해결이 된 것도, 해결 안 된 것도 있으며 그것이 지나가면 새로운 것이 등장한다는 것입니다. 따라서 '위험을 어떻게 진단하고 예방하여 치유책을 만들어낼 것이며, 실제로 그것을 어떻게 실행에 옮길 수 있는지, 또는 우리 사회는 그것을 위해 어떻게 작동하고 있는가'와 같은 현실 진단에 대해 이야기를 조금 하는 것이 좋을 것 같습니다. 우리 사회가 최근에 겪었던 '광우병'이나 '멜라민 파동' 또는 중국 쓰촨성의 '지진'이나 '지구온난화'와 같은 것을 우리 사회가 언제부터 문제라고 지적을 하기 시작했는지, 어떤 메커니즘을 통해 그렇게 지적하기 시작했는지 토론해보기로 하겠습니다. 먼저 송해룡 선생님이 말씀해주시면 감사하겠습니다.

송해룡 : 저는 우리 사회가 선진 사회로 가기 위해서는 어떠한 사회적 위험을 줄여야 하느냐에 초점을 맞춰야 한다고 생각합니다. 그것은 국가적 차원인 동시에 개인적 차원이며 집단적 차원이기도 합니다. 인간이 생존을 위해 활동하는 것이 위험으로 전환되는 그 예가 바로 '지구온난화'입니다. 일터로 가기 위해 교통수단을 이용해야 하는데, 그 활동에서 문제가 발생하고 있습니다. 이런 문제를 우리 사회가 반드시 해결해야 합니다. 그러나 그것들에 대한 문제제기가 현실적으로 제기가 됐음에도 불구하고, 그런 것을 해결하기 위해 어떠한 정책적인 지원이 있어도 우리 국민들의 반응이 적습니다. 왜 적을까요? 여기엔 문화적인 관점도 있고 커뮤니케이션의 문제도 있습니다. 한국이 가지고 있는 커뮤니케이션 양식, 문화적 양식, 여기에 대한 지각 연구를 해야만 이를 해결할 수 있습니다. 경제적 차원에서 해결이 가능하다고 말씀하시는 것을 많이 듣습니다. 하지만 그것은 절대 불가능한 방법입니다. 내 생존을 위해 자동차를 타고 어디로 가야 하는데 아무리 석유 값이 비싸다고 해도 차를 타고 갈 수밖에 없기 때문입니다. 그러면 결국 이런 다양한 부분들에 대해 우리가 정책적으로 어떻게 사회적 비용을 낮출 수 있는지의 문제인데, 지각 이론과 정치하는 분들이 사회적인 흔들림에 대한 인식이 너무 적다고 생각합니다. 정책 입안자의 문제점, 그리고 우리의 미디어 문화에 대한 연구가 너무 적기 때문에 형식적인 차원에서만 너무 많이 이루어지고 있습니다.

이덕환 : 치유에 관련된 문제를 지적해주신 것 같은데요.

송해룡 : 치유보다는 이런 문제가 연결되어 있다고 말씀드리는 것입니다. 우선 앞부분을 해야 다음 부분을 할 수 있는 것이지요.

강지원 : 제가 말씀드리고 싶은 것은 위험을 인식하는 문제입니다. 무엇을 알아야 대처를 할 수 있습니다. 그러나 아직도 인간은 너무 무지합니다. 그렇다고 포기할 수는 없습니다. 그렇다면 우리가 위험을 극복하기 위해서 좀 유식해져야 됩니다. 그렇다고 한다면 과학기술은 더 발전해야만 하는 것입니다. 조금 전 금융위기를 이야기하셨는데, 그것에 대해서도 우리가 유식해져야 한다고 생각합니다. 사실 우리나라가 다른 나라에 비해 상대적으로 피해를 덜 본 나라라는 생각이 듭니다. 왜냐하면 파생상품이 너무 복잡하고 어려워서 그에 대해 우리가 무지했기 때문에 관여가 덜 된 것 아닌가요? 그러나 이런 경우에만 적절하게 무지한 것이 도움이 되겠습니다. 유식하게 알고서 대처를 해나가는 것이 중요하지 우리가 일부러 무식해질 수는 없기 때문입니다. 금융에 관해서는 우리가 너무 무식했다는 것입니다. 그래서 저는 과학기술이나 인문 · 사회과학, 정신의학, 정신분석학 등, 우리가 모르는 것이 너무 많으니 알려고 노력을 해야 한다고 생각합니다. 그러니 우리가 위험을 인식하기 위해 어떤 공부를 해야 할지, 더 공부를 한다면 어떻게 해야 할지를 여기 모인 분들께서 진지하게 고민해서 우리 사회에 알려주셔야 합니다.

이덕환 : 좋은 말씀입니다. 김욱동 선생님이 예술을 통해 위험을 인지하는 것에 대해 말씀하셨는데, 지금 강 변호사님 말씀을 듣고 첨언을 좀 해주시면 감사하겠습니다.

김욱동 : 글쎄요, 어떤 말씀을 보태야 할까요.

이덕환 : 강 변호사님께서 말씀하신 위험의 인식과 처음에 김욱동 선생님께서 말씀하신 예술가들의 인식이 유사한 것 같은데요.

천선영 : 궁금한 것이 있었는데, 예를 드신 것이 주로 오래된 것이었는데 지금 동시대를 살고 있는 작가들의 현실진단을 말씀해주시면 좋겠습니다.

김욱동 : 위험의 인식에 대해 강 변호사님이 말씀하셨는데 사회과학자들 · 과학자들 · 예술가들이 인식하는 것이 서로 다 다를 것입니다. 처음에 말씀드렸듯이 과학자들이 현상을 논리적이고 분석적으로 인식한다면, 예술가들은 직관을 통해 인식합니다. 울리히 벡(U. Beck)은 현대 사회에서 무엇보다도 가장 큰 위험이 '환경 파괴'라고 말합니다. 오늘날 지구온난화 현상은 초미의 관심사입니다. 이제는 환경위기나 생태계 파괴를 관념이 아닌 피부로 느끼는 시대에 이르렀습니다. 봄만 되면 편서풍을 타고 어김없이 불청객처럼 찾아오는 황사현상만 봐도 잘 알 수 있을 것입니다. 이런 환경 위기를 극복하기 위해서는 과학자들과 정책 입안자들, 그리고 예술가들이 함께 힘을 모아야 합니다. 그런데 그 접근 방법이나 입장은 저마다 다릅니다. 그런 접근 방법이나 입장을 두고 흔히 '담론'이라고 하는데, 과학자들은 과학적 담론, 정책 입안자들은 규제적 담론, 예술가들은 예술적 담론을 사용합니다. 과학적 담론은 로고스(logos)에 의존하고, 규제적 담론은 에토스(ethos)에 의존하며, 예술적 담론은 파토스(pathos)에 의존

합니다. 이 세 가지 환경 담론은 마치 삼각형의 세 모서리처럼 각각 강조하는 것이 다를 뿐, 지향하는 목표는 똑같습니다. 대서양에 침몰한 타이타닉호와 같이 지금 침몰하고 있는 지구를 건져내는 목표 말입니다. 삼각형의 세 모서리가 함께 있어야 삼각형이 될 수 있듯이 환경 위기를 진단하고 그것에 대해 치료를 하는 데 있어서도 각기 다른 세 분야에 종사하는 사람들이 함께 힘을 모아야 바람직하다고 봅니다. 이렇게 힘을 합칠 때, 환경 위기와 같은 위험을 올바르게 인식하고 치유할 수 있는 방법이 생기지 않을까 싶습니다. 울리히 벡은 이 세상에서 공해만큼 민주적인 것도 없다고 말했습니다. 그야말로 정곡을 찌른 말이지요. 가난한 사람이든 부자든 모든 사람들이 다 똑같은 공기를 마시고 똑같은 물을 마시고 있기 때문이지요. 그러니 이런 위험을 인식하고 치유할 수 있는 방법은 모든 사람들이 함께 다른 방향에서 일을 하고 있지만 올바르게 위험을 깨닫고 함께 치유해야 한다고 생각합니다.

천선영 : 제가 「노망과 치매 사이」라는 논문을 쓴 적이 있는데, 어느 순간 사람들은 노망이라는 말을 치매로 바꿔 쓰고 있습니다. 90년대 전후였던 것으로 기억하는데요. 이것은 사람들이 유식해지고 과학적 지식을 더 많이 가지게 되어 노망이라는 개념을 폐기하자고 했던 것입니다. 제가 직접 의사들에게 "노망과 치매가 결국 같은 현상을 지칭하는 것 아닌가, 만일 그렇다면 그것을 다르게 표현할 필요가 있느냐?"고 물었습니다. 그 분야의 전문가들이 저를 설득시키려고 하는 말이 '노망과 치매는 다르다'는 것이었습니다. 노망은 인간의 노화(老化)를 지칭하는 자연스러운 뜻을

가지고 있기 때문에 불필요한 오해를 확대 양산할 가능성을 가지고 있다는 것입니다. 즉 노망은 질병임에도 불구하고 질병이 아니라는 인식을 사람들에게 확산시킬 수 있다는 것입니다. 제가 집요하게 질문했던 것은 결국 "증상은 같은 것 아니냐, 나이 들어가는 분들이 보이는 특정한 육체적 · 정신적 상태를 지칭한다는 점에서 같은 말이 아니냐?"는 것이었습니다. 저는 우리가 '치매라고 부르지 않았지만, 오늘날 노망에 걸린 노인을 치매에 걸린 것 아니냐?'고 딴지를 부려본 것입니다. 제가 지적하고 싶은 점은 단지 지식의 발전으로만 설명할 수 없는 부분이 있다는 것입니다. 개념의 전환이 요청되었던 부분이 있다는 것입니다. 결국 90년대 이전에 노망으로 판단되었던 대상들이 동일한 인물들이었다고 한다면, 대상을 바라보는 시선의 전환이 사회적으로 요청되었다는 것이 제 논문의 주장이었습니다. 특정한 육체적 · 정신적 상태를 가진 사람들을 가정 내에서 관리하는 것이 불가능해지면서 그것을 질병으로 구분해내야 할 필요성이 제기되었다는 맥락에서 글을 작성했습니다. 제가 그러한 생각을 가지게 된 것은 1996년에 우연히 「한겨레」에 실린 「박완서 칼럼」을 읽게 되면서였는데요, 그 칼럼의 내용을 읽었을 때 저는 박완서 씨가 소위 '노망'이라고 불리는 노인을 계속 모시고 살았다고 느꼈습니다. 당시에 저는 나이 들면 노인은 노망에 들게 되고 노망 들은 노인을 모시고 살아야 하는 것을 당연하다고 생각했습니다. 그런데 요즘은 누구 집의 노인이 치매를 겪고 있다고 하면, 사람들은 가슴이 내려앉는다고 합니다. 이것은 얼마나 많은 사람들이 고통을 당할 것이며 그것을 통해 어떤 일들이 일어날 것인지에 관한 사회적 인식이 증가되었음을 보여주는 것입니다. 저는 이러한 변화가 사회학적으로 논의가 가능하다고 생각합니다. 작가가 쓴 글을 보면서 저는 제가 생각했던 무언가를 작가가 집어냈다는 생각이 들었어요. 그런 식으로 작가들은 지금 오늘의 위험을 자신의 목소리로 내는 방법이 분명히 있는 것 같습니다.

김욱동 : 그렇습니다. 똑같은 상황이라도 문학가들이나 예술가들은 드라마틱하게, 극적으로 이미지를 통해 표현합니다. 다시 말해서 차가운 머리에 호소하는 것이 아니라 뜨거운 마음에 호소를 합니다. 제가 아까 예술적 담론이 파토스적이라고 말씀드린 까닭이 바로 여기에 있지요. 짧은 한 편의 시(詩)가 과학 논문이나 과학 이론서보다, 정책 입안자의 환경 보고서보다도 호소력이나 파급력에서 훨씬 클 수 있습니다. 여기에서 잠깐 한 예를 들어보겠습니다. 정현종 시인은 「들판이 적막하다」라는 작품에서 환경 위기의 심각성을 이렇게 노래합니다.

> 가을 햇볕에 공기에
> 익는 벼에
> 눈부신 것 천지인데,
> 그런데,
> 아, 들판이 적막하다—
> 메뚜기가 없다!
>
> 오 이 불길한 고요—
> 생명의 황금 고리가 끊어졌느니……

지구 환경이 DDT와 파라티온(parathion) 같은 온갖 제초제와 살충제를 남용한 탓에 돌이킬 수 없을 정도로 오염되어 있다는 것은 어제오늘의 이야기가 아닙니다. 제초제와 살충제에 의한 이런 오염은 언뜻 겉에 드러나 있지 않은 것 같지만 실제로는 그 위협이 핵전쟁 못지않게 심각합니다. 레이철 카슨(R. Carson) 같은 과학자들에 따르면 이런 유해 화학물질은 인간뿐만 아니라 땅속과 유기체의 조직에 축적되어, 태어나는 순간부터 죽을 때까지 지속적으로 유기체에 막대한 영향을 준다고 합니다. 그렇다면 역설적으로 잡초나 해충을 없애버리려고 만들어낸 물질이 오히려 인간의 생존 자체를 크게 위협하고 있는 셈이지요. 소설 분야에서는 조세희가 『난장이가 쏘아올린 작은 공』에서, 김원일이 『도요새에 관한 명상』에서, 또 한승원이 『연꽃바다』 등에서 환경 위기의 심각성을 새삼 일깨우고 있습니다. 수필 분야도 예외가 아니어서 교수직을 헌신짝처럼 버리고 변산반도에서 농사를 짓고 있는 '괴짜 철학 교수' 윤구병, 그리고 법정(法頂)스님 등이 이 분야에서 눈부신 활약을 하고 있습니다. 저는 최근 문학가들도 환경 문제에 관심을 기울여야 된다고 생각하여 '문학생태학'이라는 분야를 소개하고 연구해왔습니다.

이강현 : 제가 느끼는 사례는 요즘 영화로 나온 「아내가 결혼했다」입니다. 요즘 이혼이 굉장히 많이 발생하지 않습니까? 그러나 저희 세대에서는 이혼이 결코 달가운 것이 아닙니다. 나 자신은 물론, 내 자식만은 이혼하면 안 된다고 가정을 하고 난 후, 이야기를 들으면 '그럴 수도 있겠구나' 하고 이해하는 것입니다. 저는 요즘 사회가 이혼이 많고 예전에 비해 성윤리나 결혼관이 많이 달라졌

기 때문에 다가올 사회에 대한 하나의 경종으로서 작가가 이와 같이 표현한 것이 아닌가 생각합니다.

강지원 : 작가의 기법, 이런 건 기술적이라고 생각합니다. 하지만 작가가 다 똑같다고 생각하지는 않습니다. 시각의 문제입니다. 인식이라는 것은 시각의 문제입니다. 노망과 치매에는 자신의 시각이 들어가 있습니다. 예를 들면 성매매와 윤락의 경우, 윤락은 '빙빙 돌아다닌다는 여자'라는 뜻으로서 그런 여자들을 낮춰 부르는 말입니다. 그래서 '성매매'라는 말로 바꿨습니다. 제가 바꾼 것입니다. 또한 장애인을 예전엔 '병신'이라고 했는데 요즘은 그렇게 많이 쓰이지는 않습니다. 여기에 시각의 차이가 담겨 있는 것입니다. 작가들이 같은 현상을 보더라도 시각이 다를 수 있습니다. 시각이 다르다는 말은 이념의 차이입니다. 보수와 진보 이념의 차이가 바로 시각의 차이입니다. 바로 그것 때문에 어떤 현상을 인식하는 데 엄청난 차이가 나는 것입니다. 우리가 위험이라는 것을 인식하기는 하지만, 잘 해야 합니다. 이 점을 이야기하면 아까 말씀드린 '유식'과 '무식' 이야기입니다. 유식 · 무식 이야기로 접근하기 위해서는 반드시 시각이라는 말이 등장해야만 합니다. 어차피 이념적인 문제가 사람들 사이에서 떠날 수 없는 문제이기 때문입니다. 그러나 사람들 사이에 절대적인 정답이 있다고 보아서는 안 됩니다. 어떻게든 소통을 통해서 시각을 나눠야 합니다. 그렇기 때문에 보수나 진보가 절대신념은 아닌 것입니다. 그래서 우리가 시각 이야기를 할 때 진보나 보수 어느 편을 들 수 없는 것이며 그것은 개인마다 다른 것입니다. 다만 그 시각의 공존, 그리고 배려와 존중, 이런 것들에 관한 인식을 갖추

었으면 좋겠습니다.

천선영 : 선생님은 다양성의 공존이라고 하셨지만 저는 그것을 조금 더 강하게 표현하고 싶습니다. 위험의 문제와 관련해서도 인간들이 소위 문명화 과정 또는 사회화 과정, 아니면 무엇이라고 표현하든 간에 점점 더 본능적인 부분들을 상실해간다는 것입니다. 위기 자체를 인지하는 능력 자체를 상실한 상태에서, 우리는 몰라서가 아니라 모를 수밖에 없는 상황에서 살고 있는 것입니다. 그런 상황에서 일반인들이 전문가에게 의존할 수밖에 없는 상황입니다. 그런데 그 전문가도 상황을 다 알고 있지는 않은 것입니다.

현대 사회의 위험, 무엇이 다른가?

김남두 : 우리가 오늘 '위험'을 논의한다고 할 때, 무엇을 이야기하기 위해 이 주제를 꺼낸 것인지를 다시 한 번 생각해볼 필요가 있을 것 같습니다. 우리는 특정한 위험에 대해 이야기하자는 게 아니라 위험 일반을 주제로 잡았습니다. 이것은 여기서 어떤 특정한 위험에 대해 해법을 마련하자는 의도에서 제시된 주제는 아닐 것입니다. 오늘날 위험이 우리를 둘러싸고 있는 방식, 우리에게 주어지는 방식이 지금까지와는 다르다면, 그 특징과 원인이 무엇인지에 관한 물음이 문제제기의 핵심이라고 생각합니다. 오늘날 우리가 경험하고 당면하는 위험의 성격이 이전과는 다른 특징이 있고, 그래서 특정한 개별 위험이 아니라 '위험 사회'라는 말이

시사하듯이, 위험이라고 하는 일반적인 개념이 논의의 대상이 되는 것 같습니다. 아직 오지 않은 미래를 향해 어떤 선택을 하고 결정을 한다는 것은 어떤 의미로는 불확정성에로 우리를 던지는 것이고, 그런 점에서 인간의 삶이란 예측할 수 없는 위험에 항시 노출되어 있다고 할 수 있을 것입니다. 그런데 앞에서 위험의 대형화나 구조화와 같은 이야기를 잠시 했습니다만, 이와 같은 대형화나 구조화는 틀림없이 분명 오늘 우리의 삶의 방식에 밀접히 연관되어 있지 않나 생각합니다. 기후 변화 현상이나 글로벌 금융위기의 경우처럼 위험이 특정 국가나 지역에 국한되지 않고 광범위하게 지구적 수준에서 연결되어 파급되는 현상도 그렇고, 특정 지역에서 일어나는 사건과 그 결과도 그 규모가 이전과 비교할 수 없을 정도로 커지는 현상은 과학기술과 시장체제에 근거한 오늘날 우리의 삶의 방식과 관계된다고 할 수 있을 것입니다. 과학기술과 시장체제에 근거한 오늘날 우리의 삶의 방식이 가질 수밖에 없는 위험의 성격이 무엇인지를 통찰하는 일이 필요합니다. 지식의 중요 기능 가운데 하나는 우리 삶의 예측가능성을 확보해주고 증대시키는 일입니다. 그리고 오늘날 우리의 지식은 이전 시대와 비교할 때, 엄청나게 증가했습니다. 그런데 삶의 예측가능성이라고 하는 측면에서, 오늘날 우리들의 삶과 100년 전 사람들의 삶을 비교했을 때, '삶의 예측가능성이 과연 더 나아진 것이냐?'는 물음을 던진다면 선뜻 그렇다고 대답할 수 있을지 의심스럽습니다. 이전 시대의 사람들이 해결할 수 없었던 수많은 것들을 오늘의 우리는 큰 어려움 없이 해결할 수 있습니다. 일기를 예측하고, 질병을 예방하고, 이전 시대의 위험들을 예방하는 데 우리의 능력은 말할 나위 없이 큰 진보를 이루었습니다. 그런데도 불구하고 어떤 점에서, 왜 우리가 여전히 미래의 예측가능성에서 더 나아졌다고 선뜻 말하기 어려운지를 이야기한다면 오늘 우리가 이야기하는 위험의 성격이 좀 더 선명해지리라고 생각합니다.

이강현 : 위험에 대한 인지에 관해 말씀을 하셨는데, 저는 강지원 변호사님께서 말씀하신 것 중에서 두 가지 원인을 찾을 수 있을 것 같습니다. 그 중 하나는 '무식'이고 다른 하나는 '인간의 타인에 대한 배려'입니다. 인간의 이기심 때문에 특히 사회적 위험과 같은 것이 유발되는 것이 아니겠습니까? 또한 몰라서 은연중에 인공적인 사고를 일으킬 수도 있다는 것입니다. 이 둘을 빼놓는다면 인간이 개인적으로 위험을 피하는 것은 아주 쉽습니다. 그런데 그 결과가 타인이나 사회에 위해가 될 수 있기 때문에 그것을 배려하지 않고 행할 경우에는 그것이 사회적 위험으로 될 수도 있는 것 아닌가 싶습니다.

이덕환 : 이강현 선생님은 자원봉사를 하시는데 기본적으로는 사회적 위험과 관계된 것 아닌가요? 가장 심각하다고 생각하시는 위험을 무엇이라고 생각해서 그 분야에서 활동하시게 된 겁니까?

이강현 : 그렇습니다. 그 부분은 구체적인 상황에서 아주 세부적인 것입니다. "자원봉사가 왜 필요하냐, 왜 하느냐?" 개인적인 동기는 굉장히 많지만 사회적으로 보면 공동체 형성이라든지 건강한 삶의 이야기를 할 수 있습니다. 건강한 사회가 유지되기 위해서는 시민의식이 있는 사람이 필요한 것이지요.

이덕환 : 시민의식을 강조하실 때, 어떤 시민의식 분야를 선택하십니까?

이강현 : 가장 중요한 것은 '배려'입니다. 저는 기본적으로 인간은 이기적 동물이라고 생각합니다. 그 이기심이 타인에게 해를 주지 않는 범위 내에서 이익을 취하는 것, 이것이 기본 원칙입니다. 제대로 알아도 지켜지지 않습니다. 배려가 교육이나 훈련을 통해 습관화된다면 기본 원칙에 도움이 될 수 있는 것입니다.

이덕환 : 우리는 이런 시각을 가지고 문제에 접근했었습니다. 기본적으로 강 변호사님께서 말씀하신 것처럼 위험에 대한 인식이라는 것은 사실은 정보의 부족, 그것을 '무식'이라는 단어로 표현하셨는데, 그것이 상당히 큰 부분을 차지하고 있습니다. 그렇다면 사람들이 사회에서 일어나는 모든 일을 알 수 있을 까요? 그것은 불가능하기 때문에 결국 위험을 계속 안고 가야 하는 상황이 아닐까요? 그렇기 때문에 사회가 끝날 때까지 위험은 계속 가지고 살아야 하는 것이 아닌가 싶습니다. 그것을 우리가 구체적인 문제로 거론하기 전에, 그것을 우리가 가지고 가야 한다는 인식 하에서 이것을 어떻게 볼 것인지, 그런 것에 대한 이야길 나누고 싶습니다. 그리고 지금 현대 사회가 더 위험하다는 식의 이야기들이 많습니다. 그런데 조금 전 말씀드렸듯이, 산업혁명 이전의 위험을 현대 수준으로 보면 굉장히 작은 것 같지만, 그 시대에도 과연 그랬을지는 의문이 듭니다. 그 시대의 입장에서는 역시 심각한 문제였을 것이라고 생각합니다. 페스트를 이야기했지만 그보다 더 심한 문제, 예를 들어 노동 인구가 줄어들면 그 자체가 굉장히 심각한 사회의 위기였을 것입니다. 그러니 과거와 비교할 때 우리

는 굉장히 조심스러울 필요가 있습니다.

김남두 : 우리가 그때 안 살았으니까 지금 사는 사회의 위험을 상당히 과장할 수 있겠지요. 균형 있는 시각이 필요하다는 점에 동의합니다.

이강현 : 저는 이렇게 이해하면 좋겠는데요, 위험한 현실이 더 위험해졌다고 하면 막연할 것 같고, 위험의 원천이 현대 사회에 더 많아진 것이 아닌가, 그렇게 보는 것이 나을 것 같습니다.

김남두 : 오늘의 세계에서 지식이 그렇게 많이 필요한 이유는 삶의 여러 욕구들이 충족되는 방식이 체계화되고 예측될 수 있는 방식으로 이루어지기 때문이라고 생각합니다. 이런 욕구 충족의 체계화와 예측가능성의 증대는 재화의 산출과 유통 및 공급이 체계화될 뿐만 아니라 사람들의 욕구 발동도 예측 가능한 방식으로 관리될 때 실현될 수 있습니다. 그래서 오늘날 인간 삶의 대단히 많은 부분이 관리되고 있습니다. 조지 오웰의 소설 『1984』나 헉슬리(A. L. Huxely)의 『멋진 신세계』가 어떤 점에서 전혀 남의 이야기가 아닌 오늘의 세계이고, 이런 점에서 현대는 관리사회라고 이야기될 수 있습니다. 관리라고 하는 것이 여러 측면에서 이야기될 수 있지만 개인적 · 사회적 위험의 관리가 그 주요 측면입니다. 예컨대 어렸을 때부터 예방주사도 맞추고, 영양도 잘 취하게 하고, 체계적으로 교육도 시키고, 법률이나 기타 사회적 기제를 통해 어떤 것은 금지하고 어떤 것은 허용하고 있는데, 이 모든 것들은 삶의 예측가능성을 높이려는 시도라고 할 수 있겠습니다.

하지만 그것이 작은 단위에서가 아니라 전체 단위에서 예측가능성을 높이려다 보니, 파급효과도 전체 단위에서 일어나는 것입니다. 공장이 불타고 그래서 회사가 망한다고 하면, 그 직장 다니는 노동자의 안위와 생계뿐만 아니라 회사에 투자했던 홍콩이나 뉴욕의 투자자도 문제가 되고, 투자펀드에 들어가 있는 학생의 장학금도 문제가 됩니다. 이렇게 얽혀 있는 것입니다. 잘 관리하기 위해 점점 더 철저히 관리하려고 하겠지요. 지금 보면 제 하루가 다 기록되고 있거든요. 지하철을 이용할 때 타고 내린 곳, 컴퓨터를 사용할 때 다녀간 웹사이트라든지, 이메일의 내용이나 휴대폰의 통화 기록 등등, 기록되지 않는 부분이 거의 없습니다. 그렇게 정해진 틀 속에서 진행이 되고, 이러한 현상은 점점 더해질 것입니다. 그 관리의 단위는 전체화되어 있는데, 그래야 관리가 잘 되니까요. 그래서 일이 터져도 국지적 문제가 되는 것이 아니라 쉽게 전체적인 문제가 되는 것입니다. 위험과 소통을 주제로 내걸었을 때, 이 주제 속에는 우리가 살고 있는 관리 체제, 이것은 어떤 성격의 것이냐, 이것이 사람을 행복하게 해주는 것이고 인간의 여러 종을 지속적으로 살아갈 수 있게 만드는 삶의 체제인지에 대한 물음이 저는 '위험'이나 여타의 것을 일관적으로 개념화시키는 오늘날의 물음 속에 묵시적으로 들어가 있는 것 같습니다.

위험, 건강해야 극복할 수 있다

강지원 : 과거보다 위험요소가 더 커졌느냐, 그렇지 않느냐를 묻는다면,

저는 오히려 더 줄어든 부분이 많다고 봅니다. 그런 반면 새로운 요소가 마구 등장한단 말이에요. 이를테면 인터넷이 그렇습니다. 인터넷은 인간이 만든 유익한 것으로서 많은 좋은 점이 있지만 또 그것으로 인한 부작용이 얼마나 많이 생겼습니까? 인터넷 자체가 위험한 것이 될 수 있는 시대가 되었단 말입니다. 새로운 유형이 무엇이 있는지 논의하는 것이 바람직하지, 마치 과거 사회보다 지금 사회가 더 나빠졌다고 생각하는 것은 굉장히 편파적일 가능성이 있다고 봅니다. 적절한지 모르겠지만 건강성의 문제로도 볼 수 있지 않을까 생각합니다. 예를 들어 제가 신체의 위험을 받았다고 하면 이것은 육체적 건강이 손상된 것입니다. 또 정신적인 피해를 입었다고 하면 정신적인 건강성의 회복이 문제가 되는 것입니다. 그런데 '경제적 건강성'도 있습니다. 독감에 걸려 사나흘 끙끙 앓다보면 평소에 하지 않던 건강에 대한 여러 생각을 하게 됩니다. 술 끊자, 담배 끊자, 운동하자 등등 여러 생각을 하지 않습니까? 이는 경제적인 건강에서도 마찬가지입니다. 세계적 경제위기라고 하지만 이런 침체기에 우리의 경제적인 건강의 기본 체질을 어떻게 강화해야 할지 고민해야 합니다. 페니실린도 좋고 응급처방도 해야겠지요. 하지만 그와 동시에 기본적인 경제체제를 강화하는 것에도 노력해야만 합니다. 예를 들어 우리나라 유흥업소의 매출액이 연간 수십 조에 달합니다. 이렇게 유흥업소가 많은 나라가 세계에 어디 있을까요? 만일 그것을 1/3로 줄였다고 생각해보세요. 그렇다면 그 돈이 생산자금으로 투입되고 경제체제를 건강하게 만들 수 있는 것입니다. 또한 돈을 꼭 필요할 때만 써라, 자동차 사용을 줄여라, 또 왜 장관이 대형차를 타느냐 등등, 이런 것을 고쳐나가는 것입니다.

건강 체질을 바꾸란 것입니다. 사회적 건강, 그것을 위해 가장 먼저 사회적으로 강조하고 싶은 것은 '신뢰'의 문제입니다. 지금 금융위기 이야기가 나오는데, 이렇게 도미노 상태를 일으키고 공황상태를 만드는 것은 신뢰의 문제가 크게 작용한다는 것입니다. 쏠림현상 같은 것이지요. '정부가 무엇을 보증한다, 그런데 뭐 믿을 수 있냐?' 이런 식으로 나가게 되면 이건 엄청난 피해로 우리에게 돌아옵니다. 공동체가 죽는 현상도 생길 수 있습니다. 그 방식에서 오는 선입견, 그것을 '신뢰의 문제'라고 한다면 왜 우리가 불신하게 되고, 왜 죽일 듯이 싸우는지 생각해보아야 합니다. 바로 거기에서 소통이 제대로 되면 신뢰를 회복할 수 있겠지요. 그런데 신뢰 있는 사회를 구축하지 못하고 있기 때문에 다 같이 치명적인 위기에 빠지게 되는 것입니다. 그 점에 대해 인식과 더불어 이야기했으면 좋겠습니다.

이강현 : 상대방의 다른 점에 대한 배려가 없고, 배려가 없기 때문에 신뢰가 생기지 않는 것입니다. 자원봉사의 목적은 배려입니다. 신용사회 창출, 사회적 자본, 이런 이야기들을 하는데 상대방에 대한 배려라든지, 친절이라든지, 서비스라든지, 이런 것이 없으니 불신할 수밖에 없는 것입니다. 상대방을 존중도 하지 않게 되는 것이고요.

강지원 : 저는 경제위기라는 것이 각 경제 주체가 건강하지 못했기 때문이라고 생각합니다. 개인 · 정부 · 금융기관 · 금융회사 스스로가 건강하지 못했기 때문인 것이지요. 자본주의는 추수를 목적으로 빠져나가려고 하면 반드시 통제를 받아야만 합니다. 그래서 금

융기관들이 저렇게 이기적인 욕망으로 투기자본화되는 것을 막았어야 합니다. 시장이 시장 역할을 못하면 정부 규제를 어느 정도는 해야만 하는 것인데, 그것은 정석이나 마찬가지인데, 새삼스럽게 이야기를 급선동적으로 합니다. 금융기관이 그렇게 되는 것을 막았어야 했는데, 그것을 안 했다는 것입니다.

김남두 : 그것을 왜 안 한 것일까요?

강지원 : 그것은 여러 이유가 있을 것입니다. 투기자본들의 각종 로비와 자기 살길을 찾고자 하는 이기적인 욕망 때문인 것이지요.

김남두 : 그 사람들은 그렇게 하는 것이 건강한 것이라고 생각해서 하는 것 아닌가요?

강지원 : 시각의 문제가 있는 것입니다. 금융기관뿐 아니라 개인도 마찬가지입니다. 우리나라 증권시장에서 맴도는 개미떼들을 보세요. 정말 한심합니다. 저렇게 터무니없는 짓을 하는 것은 건강하지 못하기 때문입니다. 회사들도 마찬가지입니다. 우리나라 회사들은 대기업과 중소기업의 관계에서 자신들의 건강한 덕목과 가치를 찾고 사는 것이 아니고 완전히 이기적인 욕망의 노예가 돼서 짐승만도 못한 그런 것을 추구해나가기 때문에 결국 신뢰를 잃게 된 것입니다.

한종훈 : 저는 좀 다르게 생각을 하는데요. 우리 사회에 법이라는 것이 있지 않습니까? 법이라는 것이 있으니까 개개인이 욕망은 있지만

법이라는 틀 안에서 그것들이 조정되어 사회가 유지되는 것입니다. 그런데 지금 이 금융위기는 각 국가별로는 규제하는 시스템을 다 만들어놓았는데, 전 세계가 지구촌화되고 하나가 되어 돈이 흐르고, 지역적인 규제 시스템은 있지만 전체 세계를 효율적으로 관리하고 통제하고 포괄할 시스템이 없다보니 전체 시스템에 대한 문제점이 드러난 것이 아닌가 생각합니다.

강지원 : 결국 규제의 문제인데, 법의 규제가 얼마나 강해야 하느냐, 약해야 하느냐에 대해 논쟁이 생기는 것입니다.

한종훈 : 전세계 경제 시스템을 총괄하는 규제는 없지 않습니까?

강지원 : 지금 말씀은 세계국가를 만들자는 이야기밖에 안 됩니다. 세계 시스템을 총괄하는 세계국가를 하나 만들자는 이야기밖에 안 되는 것입니다.

김남두 : 한종훈 선생님 이야기의 초점은 세계정부가 좋으냐, 나쁘냐를 우리가 판정하자는 것이 아닙니다. 사회의 여러 부면이 지구화되어 있는데 유독 정치만은 지구화되어 있지 못하고 국지적이라는 점에서 야기되는 문제점을 이야기하는 것입니다. 국가에서 정치 기능이라고 하는 것은 경제 · 과학 · 교육 등의 여러 하부 부분을 기능으로 가지면서 그것을 총괄적으로 조절하고 통합하는 것입니다. 그런데 이제 사회의 여러 기능, 특히 그중에서도 경제라는 것은 국가의 경계 안에 머물러 있지 않습니다. 다국적기업이라는 말이 이런 사정을 말해줍니다. 국가를 넘어서 존재하

는 기업들은 삶의 다른 부문들과 조절하면서 통합하는 심급이 필요한데, 이 기능을 더 이상 기존의 국가가 수행할 수 없는 상황이 된 것입니다. 그리고 지구적 수준에서 이런 통합적 시각과 기능이 결여되어 있다는 것이 오늘 논의하는 현대 사회의 위기 논의에서 핵심사항으로 지적이 될 필요가 있다고 생각합니다. 지구적 차원에서 수많은 결정들이 이루어지고 거기에 수많은 사람들의 생명과 안위가 좌지우지합니다. 그것을 전체적인 시각에서 보고 필요한 결정을 내릴 제도적 장치나 방도가 세계정부가 되든 또는 다른 무엇이든 있어야만 합니다. 그러나 그런 것은 없고, 어떤 방식으로 있어야 하는지에 대한 비전도 없는 상황입니다. 오늘날 우리가 당면하고 있는 위기는 이런 지구적 정치 기제의 공백에도 그 중요한 원인이 있다고 보아야 하지 않을까 생각됩니다. 국제금융위기란 이런 점에서 보면 투기금융 영역의 위험이 국가적으로나 국제적으로 제대로 예측되지 못하고 관리되지 못한 데서 일어난 것이라고 할 수 있겠습니다. 이런 점에서 지구 수준의 관리 체제의 실패라고 할 수 있을 것입니다. 시장이 알아서 해줄 것이라는 시장만능주의의 허점이 드러났다고 할까요? 그런데 지구적 차원의 거대 경제를 모든 면에서 관리한다는 것이, 지구 수준의 정치체제가 갖춰진다고 해도 간단한 일이 아닙니다. 지구화라는 것은 어떤 점에서 욕망의 효율적 관리를 위해 이루어진 일인데, 이런 관리 체제가 다시 관리를 어렵게 하는 측면이 있는 것입니다. 위험의 대형화란 이런 점에서 볼 때 현대 사회가 관리 사회라는 점에서 오는 어쩔 수 없는 측면이 있는 것입니다. 예측가능성을 높이고 위험의 관리를 위해 진행된 체제가 스스로 예측하기 어려운 거대 위험을 내장하고 있는 형국이라고 할까요? 지식의 양이 엄청나게 증대하고 관리 체제가 고도화되었는데도 불구하고, 삶 전체의 예측가능성이 증대했다고 말하기 어려운 이유가 바로 이런 단일화된 체제가 가지는 체제 자체의 위험 때문이라고 할 수 있을 것입니다. 관리 체제가 가지는 관리의 어려움의 역설이라고 할 수 있을 것입니다.

이강현 : 전혀 없었던 것은 아니고, 있었는데 그것을 없애면서 신자유주의로 가다보니 이런 문제가 발생하게 된 것입니다. 그것을 풀어놓으니 이렇게 된 것입니다.

강지원 : 푸는 것이 정답이냐, 안 푸는 것이 정답이냐? 그것은 누구도 대답할 수 없고 정답은 없다고 생각합니다. 세계적인 규제를 할 것인지, 안 할 것인지를 두고 문제를 풀어나가려면 정답이 없다고 봅니다. 그 시대에 따라 다르다고 이야기하는데, 제가 하나만 말씀드리겠습니다. 이렇게 국제적으로 세계화되어 있고 이것이 우리가 살고 있는 세계라고 할지라도, 한 국가의 한 사람 한 사람이 튼튼하다면 피해를 덜 입고 살아갈 수 있다는 것입니다. 아무리 폭풍이 불어도 면역성이 강하고 튼튼한 사람은 감기에 안 걸립니다. 그러면 과연 우리나라가 건강한지 생각해보자는 것입니다. 이렇게 수출을 많이 하는데도 나중에 계산해보면 몇 푼 남지 않습니다. 서비스 수지를 보세요. 이렇게 해외여행을 해서 수십억 달러의 적자가 나는 나라가 어디 있습니까? 초등학생들을 조기유학 보내는데 그 교육비를 국내에 쓰면 대한민국에 하버드만큼 좋은 학교 몇 개 만들고도 남습니다. 우리 스스로 이렇게 정신 못 차리는 구조를 가지고 건강하지 못했다는 점을 반성해야 합

니다. 세계에서 장사를 못해도 이렇게 못하는 사람들이 있을까요? 서비스 수지 중에서 해외에 나가는 돈이 80% 이상입니다. 교육 적자도 마찬가지입니다. 고생해서 자동차를 팔고 벌어들인 돈이 3,500억 달러인데, 원자재 수입이 그것에 맞먹는 돈입니다. 남는 것 얼마 되지도 않습니다. 그러니 이런 미친 짓이 어디 있습니까? 그중에 원자재가 차지하는 비율이 또 얼마입니까? 원자재의 90% 이상이 수입입니다. 당장 이 방의 전등을 끄면 한 30% 줄일 수 있습니다. 이렇게 건강하지 못한 못된 습관을 가지고 생활을 하면서 우리가 위험을 자초하지 않았냐고 이야기 안 할 수 있습니까? 이 점에 있어서 우리는 회개를 하고 건강해졌으면 좋겠다는 말씀을 드립니다.

이강현 : 제가 자원봉사를 시작하게 된 경위도 사실 그렇습니다. 80년대 말에 한국에 들어와서 얼마 안 있어서 선거가 있었고 새 정권이 들어서니까 곧 정부가 범죄와의 전쟁을 선포하더군요. 그 다음에 노조가 생기면서 노동자 임금이 3년 동안 3배 정도 올라갔는데도 사람들의 불만은 고조되고 사회는 불안했습니다. 제가 보았을 때 사회문화적인 민주주의가 안 되어 있기 때문에 사회가 아직도 불안하고, 그래서 정치경제가 언젠가 바람 한 번 불면 쓰러질 수 있는 것 아닌가, 그것을 튼튼히 하기 위해서는 문화적인 또는 사회적인 정신 체계와 같은 것을 세우는 것이 좋겠다고 판단했습니다. 그러기 위해서는 무엇이 좋을까, 이론과 실천이 함께 갈 수 있는 것이 무엇일지를 곰곰이 생각해보았습니다. 미국사회가 건강한 이유 중에 하나가 자원봉사 활동이더군요. 개인만 하는 것이 아니고 정부에서 어떤 시스템을 만들어놓고 사람

들이 하고 싶을 때 당장 어디든지 가서 사회에 공헌할 수 있는 시스템을 갖추는 것, 이런 것이 제대로 되어야만 한다고 생각합니다. 그런 의미에서 강 변호사님께서 말씀하신 것에 저는 굉장히 동의합니다. 우리 사회가 이렇게 건강하지 않으니까 위험이 발생할 확률이 높고 위험이 발생해도 커질 확률이 높다는 것입니다.

이덕환 : 이제 정리를 해야 할 것 같은데요. 지금까지 문진포럼은 이렇게 진행했습니다. 이것 때문에 불만스럽게 생각하시는 분도 계셨습니다. 토론이 끝나도 결론이 없는 것 같고. 그래서 저희가 녹취를 해서 키워드를 뽑아내고 있습니다. 조금 특별한 경험이라고 생각해주시고 마지막으로 꼭 하시고 싶으신 말씀 한 말씀씩 해주시면 되겠습니다.

이강현 : 어떤 위험에 대한 사회적 인식, 그것의 개선, 원인의 진단과 처방, 이런 것이 무엇인지에 대한 지속적인 연구가 있으면 좋겠습니다.

천선영 : 저는 개념의 명료화가 중요하다고 생각합니다. 왜냐하면 개념이 결국은 시각이고 개념의 조합이 이론이라고 한다면 이론에 따라서 세계관이 형성된다고 할 수 있는 것이기 때문입니다. 또 세계관이 형성된다면 그것이 하나의 물줄기가 되기 때문에 여전히 우리가 그 문제에 집착해야 하는 이유가 있다는 생각이 듭니다.

송해룡 : 마지막으로 제가 한 문장만 읽고 마무리하겠습니다. '위험이 제

로라는 생각처럼 갈등 없는 위험 커뮤니케이션의 모습은 매우 비현실적인 것이다. 위험의 평가에 대한 차이가 갈등을 일으키는지, 또 얼마나 일으키고 확대되는지의 여부는 무엇보다도 이와 관련된 커뮤니케이션의 방법이 관련되어 있다.' 위험은 상당히 주관적이라는 이 부분에 대해 우리가 깊이 학술적으로 이야기를 해봐야겠다는 생각이 듭니다. 보편적 이야기보다는 전문적인 이야기들도 중요하다는 말씀을 드리고 싶습니다.

이덕환 : 사회가 인식하는 위험도 주관적이라고 보십니까?

송해룡 : 그것은 문화와 커뮤니케이션 양쪽 틀을 가지고 이해를 해야 문제를 구조 속에서 이야기할 수 있을 것 같습니다. 구조와 표현의 문제 아니겠습니까?

이덕환 : 감사합니다. 오늘 토론은 여기서 마치겠습니다. 모두 수고하셨습니다.

문진포럼 요약

문진포럼 1 : 언어와 소통

- 과학기술의 등장으로 인해 소통의 양상도 많이 바뀌었는데, 그 특징은 사회적 합리성, 포괄성, 관점의 상대성, 자율성이 중요해졌다는 점이다. (엄정식)
- 동물행동학에서는 정보의 전달 과정을 내가 이득을 취하기 위해 상대를 설득하는 과정으로 정의한다. 대부분의 커뮤니케이션은 동등한 관계에 의해 이루어지는 것이 아니라 의도에 의해 비대칭적으로 조작되는 관계에 의해 이루어진다. (최재천)
- 언어철학자 오스틴(A. J. Austin)은 언어를 행위로 보는데, 말이 언표되는 '발화행위'(locutionary), 의도가 전달되는 '발의행위'(illocutionary), 말의 효과가 발생하는 '발효행위'(perlocutionary)로 구성된다. 소통에서 오해는 발화행위와 발의행위가 달라지는 경우에 발생한다. (엄정식)
- 언어의 1차적 기능은 지시 기능으로서, 언어 배후에 있는 목적 · 의도 · 동기를 파악하는 것은 지시 대상을 파악한 이후에 가능하다. 언어

에 숨겨진 의도가 있다고 전제하면 커뮤니케이션은 이루어지지 않는다. 언어와 사물이 일대일로 대응하지 않는다고 할지라도 언어는 그 무엇인가를 지시한다. (길희성)

– 언어의 지칭 기능은 제한적으로, 지칭 대상이 없는 경우가 많다. 과학 언어는 지칭 기능을 가지고 있지만 시인의 언어는 아무것도 지칭하지 않고 단지 표현을 할 뿐이다. (엄정식)

– 일상적으로 사용하는 명령어도 지칭 기능을 가지고 있다. 과학 언어와 일상 언어는 그렇게 다른 것이 아니다. (길희성)

– 언어는 사물 자체를 그대로 보여주는 것이 아니라 특정 집단이 가지고 있는 목적이나 꿈, 가치들을 담고 있다. 이것이 전혀 다른 방식으로 살아가는 사람들에게 소통이 이루어지지 않는 이유이다. (한형조)

– 인문학과는 달리, 과학은 언어 자체의 엄밀성에는 그렇게 신경 쓰지 않는다. 그 뜻이 무엇인지 알면서 사용하기 때문에 단어를 그렇게 중요하게 생각하지 않는다. (이덕환)

– 언어는 단순히 잘못 전달되는 것이 아니라 존재하지 않는 것을 존재하는 것처럼 느끼게 만들어 존재하게 만든다. 단순히 미스커뮤니케이션이 되는 것이 아니라 사유 체계 자체를 달라지게 만든다. 언어를 이해하기 위해서는 단어가 쓰이는 맥락을 정확히 이해해야 한다. (엄정식)

– 다른 분야의 언어를 제대로 이해하지 못하고 사전적 의미로 사용하면 소통이 절대 불가능하다. (이덕환)

– 사회학 · 심리학 · 종교학은 커뮤니케이션에서 언어가 차지하는 부분이 상당히 많다는 언어 자체에 대한 반성이 적었다. (엄정식)

– 우리 자신이 언어를 다의적 의미로 사용하고 있는데, 맥락에 따른 언어 사용을 잘못이라고 할 수는 없다. 사람들이 정말 소통을 원하는지, 어떤 종류의 커뮤니케이션을 하고 싶어 하는지에 대한 깊은 반성이 필요

하다. (한경구)

- 일상적인 맥락에서 언어를 다의적으로 사용하는 것도 1차적 의미가 없다면 이상할 이유도 없으며 의미 자체가 없는 것이다. (길희성)
- 과학의 언어는 같은 영어 전통 안에서 이해를 공유하기 때문에 오해가 일어나지 않지만, 인문 · 사회과학의 언어는 현재 사용하는 한자와 한자 원형의 의미가 다르기 때문에 오해가 발생하는 것이다. 우리가 너무 고차원적인 언어를 의미를 모르는 채 외워서 사용하기 때문에 모호성은 발생하는 것이다. (한형조)

- 과학보다 인문 · 사회과학의 현상이 복잡하기 때문에 단어를 이해하기 어려운 것이다. 인문학은 운명적으로 어려울 수밖에 없다. (복거일)
- 과학의 언어는 개념이 단순해서 쉬운 것이 아니라 이해를 한 후에 사용해서 쉬운 것이다. 반면 인문학은 현상이 너무나 다양하기 때문에 학문 자체에 애매성이 들어 있다. 지시의 문제는 자연과학과 인문 · 사회과학에 모두 동일하게 적용된다. (김유선)
- 모델링을 쉽게 해야 의사소통이 잘 되는 것이다. 자연과학은 현상 자체가 단순해서 모델링이 쉽다. 반면 인문학은 현상이 너무나 복잡해서 모델링이 잘 되지 않는다. (복거일)
- 인문학은 모델링을 할 분야가 아닌데 자연과학처럼 모델링을 하려고 하니 어려운 것이다. 모델링을 한다고 해도 대상의 핵심적인 구조를 파악하기 위한 도구로 사용해야 한다. (김유신)
- 단어의 사용은 지속적인 의미 합의를 통해서 올바르게 사용할 수 있다. 우리 사회의 큰 문제는 정확한 의미를 합의하지 않는다는 점이다. 보수-진보의 문제도 개념을 확실히 하면 문제를 피할 수 있다. (한경구)
- 불교적인 관점에서 보았을 때 한 단어는 다른 것과의 상관관계에 의해

의미를 획득한다. 진보와 보수의 문제도 모두 상관적인 것이다. 반대가 있기 때문에 나도 있는 것이니, 자신의 입장만을 고집하면 안 된다. (길희성)

- 인간은 자기가 속한 집단의 입장이나 태도를 대변하는 주장을 강화하면서 살아간다. 이를 위한 수단으로 상호 대화가 있을 뿐이지 소통이 일어나는 것은 아니다. (이대일)
- 소통의 문제는 이념적 소통, 지역적 소통이 안 되기 때문에 사회 문제로 등장한다. '집단행동'(collective behavior)은 개인들이 주위의 영향을 받기 때문에 예측 불가능하다. 집단행동을 소통과 연결해본다면, 그것은 학습의 문제이다. 지역감정, 광우병 파동도 주위의 영향을 받기 때문에 발생한 것이다. (복거일)
- 발신인(sender)은 신호를 보낼 때 조작을 통해 엄청난 이득을 취할 수 있다. 우리나라 사람들은 모두 신호를 보내는 사람의 입장에 있으려 한다. (최재천)
- 우리나라 사람들은 지나치게 주관적이며 자기만을 강조하는데, 정서적이며 정령적인 측면이 강하기 때문이다. 비호감을 느끼면 공격을, 호감을 느끼면 좋은 감정을 찾아내는 경향이 강하다. (이대일)
- 우리는 권위주의 사회에 살기 때문에 현실 세계에서는 이야기를 잘 하려 하지 않는다. 인터넷에서 이루어지는 과격한 언어 문화와 비합리적인 행동은 익명성이 보장되기 때문이다. (길희성)
- 물리학의 세계에서는 정보 공유의 강도에 따라 결과가 다양하며, 정보를 차단하면 아무런 일이 일어나지 않는다. 현실 세계의 집단행동은 정보를 공유함으로써 일어난다. 소통이 모든 문제의 해결 방법이 아닐 수 있다. 소통의 질이 중요하다. (이덕환)
- 진리는 누구도 독점할 수 없기 때문에 토론을 통해 반대 의견을 수용할

수 있다. 그렇기 때문에 커뮤니케이션이 필요하다. (엄정식)

– 집단행동은 동물 세계에서도 일어난다. 철새들의 교미를 보면 수많은 수컷들이 정보를 보낸다고 할지라도 제일 경험 많은 암컷이 어떤 수컷을 결정하느냐에 의해 모든 암컷의 교미가 결정된다. 유전자도 이득을 얻기 위해 집단행동을 한다. (최재천)

– 소통이 잘 될 때 실제로는 소통이 안 되었음에도 자의적으로 해석함으로써 소통이 되는 측면이 많다. 부분적인 소통이 오히려 사회 유지에 도움이 될 수 있다. (한경구)

– 소통이 무조건 잘 되어야 된다는 것은 반성해야 한다. 어떤 종류의 소통이어야 하는지, 또 획일적인 소통일 경우에 독재 국가의 위험성이 있다는 것도 반성해보아야 한다. (길희성)

– 소통은 자유민주주의의 대전제이다. 일단 소통은 이루어져야 한다. 어떤 것이 잘된 소통인지 결정할 것은 그 이후의 문제이다. (엄정식)

– 소통을 한다는 것은 이해한다는 것이다. 이해한다는 것은 동의나 수용을 의미하는 것이 아니기 때문에 획일적인 것은 아니다. (길희성)

– 소통을 할 때 '묵비권'과 '프라이버시'의 문제도 생각해야 한다. 상대방을 배려하지 않는 무조건적인 소통이 자유민주주의의 대전제는 아니다. (한경구)

– 우리 시대가 지향하는 방향은 소통을 전제로 한다. 우리 사회가 다원화된 사회이기 때문이다. 어떤 것이 알 것이고 어떤 것이 몰라도 될지를 결정하는 것은 그 다음의 논의이다. (엄정식)

– 현대는 언어 노동 분업의 사회이다. 올바른 언어가 제대로 전달되기 위해서는 지식인의 역할이 중요하다. (김유신)

– 유교는 정보의 확산보다는 공감이나 서로 통하는 것을 중요하게 생각

했다. 소통의 문제에서도 이렇게 비언어적인 분야를 고려해야 한다. 소통에서도 의지의 문제가 중요하다. 누구나 자신의 욕구에서 출발해서 신호를 보내기 때문에 개인이나 집단을 어떻게 훈련시킬지를 고민해야 한다. (한형조)

– 인간이 궁극적으로 추구하는 가치가 충돌할 경우에 소통이 문제가 된다. 특히 종교를 배경으로 한 문화적 갈등이 소통에서 굉장히 중요한 문제이다. 인간이 '합리적인가?'에 관한 이해도 종교와 세속적인 갈등 사이에서 논해야 한다. (길희성)

문진포럼 2: 소통의 조건

– 소통은 몸과 마음의 소통, 감정의 소통, 이성의 소통으로 구분할 수 있다. 이 중 감정의 소통은 개별화의 원리에 충실한 소통으로서 배타적이고 지엽적인 소통을 말하며 이성적 소통은 보편지향적 소통으로서 지구적 소통을 말한다. 이 둘을 합친 소통을 'cool communication'이라고 하는데, 감성적 소통과 이성적 소통을 상호 보완하는 이상적인 소통이다. 철학적으로 소통에는 논리적 · 윤리적 기반이 있다. 논리적 기반은 개념의 의미 명료화와 논증을 말하며 윤리적 기반은 칼 포퍼(K. Popper)가 말한 '관용'(tolerance)으로, '오류가능주의'(fallibilism)와 개인이 자율적 선택에 기초한 '존중'으로 구분된다. 롤스(J. Rawls)는 소통의 조건으로 '원초적 입장'(original position)을 강조한다. 이것은 정의의 담론을 하기 위해서는 대화 당사자가 합리적이어야 하고 편향적인 요인들이 모두 배제된 '무지의 베일'(veil of ignorance)의 상태에 있어야 한다는 것을 말한다. (황경식)

– 소통은 인접 분야에 있는 학문과 먼저 되어야 한다. 이웃하는 사람과의 벽이 무너지고 틈이 생겨야 비로소 넓게 소통을 할 수 있다. (김인묵)

– 이해가 일어나는 인지적 메커니즘에 대한 과학적 분석을 바탕으로 소통을 이해해야 한다. 너무 추상적인 개념으로 논할 경우에 그 논의는 미비한 수준에 머물게 된다. (이정모)

– 소통은 일대일 대응이 없으면 불가능하다. 공동의 경험을 가지고 문제를 공동의 목적으로 대화해야 불통이나 소통은 발생하는 것이다. 소통의 목적은 '조화를 통한 즐거움'으로, 이것은 이성을 중심으로 이루어는 것이 아니라 이성과 감성을 가지고 역지사지(易地思之)로 상대방을 이해하려는 노력이 전제되어야 한다. 한국 사회는 공감적인 요소가 강한 '상호 교통성'이 소통의 절대조건으로 되어 있다. 진리는 상대적으로 존재하는 것이지 절대적으로 존재하는 것이 아니다. 소통은 그때그때 핵심이 형성되고 변하는 과정에서 공동 지향적인 사고가 생기기 때문에 '절대 소통'은 불가능하다. 어느 정도 교감 속에서 일어나는 지향적인 사고와 행동이 소통이다. (이대일)

– 무지의 베일(veil of ignorance)은 타고난 능력과 사회적 지위를 괄호 속에 넣고 '판단중지'하는 것을 말한다. 즉 무지의 베일은 불편부당성을 가져올 소지가 있는 요소들을 전부 못 보는 것으로 간주하는 것을 말한다. (황경식)

– 연암 박지원은 장님이 가장 평등한 안목을 가진 사람이라고 지적하고 장님의 상태로 돌아가야 한다고 말한다. 박지원에 의하면 소통의 부재는 중간이 없어서 생기는 문제로 중간 지점을 찾는 것이 중요하다. 꼭 동의할 수는 없을지라도, 둘 다 납득될 수 있는 지점을 찾으면 소통의 문제는 발생하지 않는다. (정민)

– 이쪽에서 저쪽 입장을 완전히 이해하고 하나가 되는 소통과 중간의 입

장을 찾는 소통은 같은 것이 아니다. (이정모)

- 까마귀는 보는 각도에 따라 색깔이 다른데, 저마다 까마귀를 무슨 색이라고 말한다. 즉 경험에 따라 보는 것이 다르기 때문에 핵심적인 중심이나 고정된 것은 존재하지 않는다. (이대일)
- 까마귀는 다양한 의미를 가지고 있는데, '까마귀는 검다'는 선입견에 사로잡혀 있기 때문에 진실을 보지 못하는 것이다. 본질을 보기 위해서는 선입견을 버리고 진심의 상태가 필요하다. 겉으로는 다르지만 속으로 같은 것이 무엇인지 찾아야 한다. (정민)
- 사실적 지식은 합의 가능성이 높지만 선(善), 가치, 올바른 것에 관한 도덕적 지식은 합의 가능성이 떨어진다. (황경식)
- 소통에 있어서 서로 떨어짐으로써 벌어지고 있는 것, 즉 격(隔)에 대한 성찰이 필요하다. (이대일)
- 소통에도 전략이 있어야 한다. 소통을 위해서 무엇을 버릴지를 생각할 것이 아니라 중간 지점으로 갈 때, 무엇을 얻을 수 있는지를 생각해야 한다. 버리고 얻어가는 것이 있어야 소통은 이루어진다. (김인묵)
- 라이프니츠에 의하면 '단자'들은 창이 없기 때문에 소통이 안 된다. 단자들은 신에 의해서 예정조화, 프로그래밍되어 마치 소통되는 것처럼 사는 것이다. 우리도 대화한다고 생각하지만 실제로는 대화하지 않고 살고 있다는 논리적 가능성이 있다. (황경식)
- 내면적 · 사회적 가치에 대한 소통이 문제이다. 공감대가 형성되어 있지 않기 때문에 소통이 안 되는 것이다. 이러한 공감대는 모든 인간이 가지고 있는 이성에 호소해야 한다. (엄정식)
- 소통에 관한 논의, 융합에 관한 논의는 그것이 어떻게 이루어지는지에 관한 과학적 분석 이후에 논의되어야 한다. 지금과 같이 논한다면, 결론은 '소통은 해야 한다'는 말밖에 남지 않는다. (이정모)

– 소통의 하부에 있는 것을 찾는 것과 소통이 잘되게 하는 논리적 · 윤리적 조건을 찾는 것은 순차적인 문제가 아니라 별개의 문제이다. 소통에 대한 처방을 찾는 것도 중요하다. 한국 사람은 좋은 청중(good listener)이 아니다. 상대방의 말을 이해하려고 노력해야 하는데, 말을 잘 들으려 하지 않는다. 이것을 바꾸기 위해서는 남의 말을 잘 듣는 훈련이 필요하다. (황경식)

– 좋은 청중이 되기 위해서는 우리 사회에 대한 신뢰가 전제되어야 하는데, 한국 사회의 불안정성, 사회 불신으로 신뢰가 부재되어 있다. (정민)

– 소통에 있어 가장 중요한 것은 언어를 통한 이해이기 때문에 개념적 공감이 필요하다. 한국은 다른 나라에 비해 자의성이 굉장히 강하다. 일반적인 삶에서의 소통이 이성보다는 주관적인 요소가 강하다면 그것을 방치하는 것이 오히려 소통에 도움이 될 수 있다. (이대일)

– 흔히 공유하는 것이 많으면 소통이 잘된다고 생각하지만, 엉뚱한 것을 공유함으로써 소통이 안 되는 경우가 많이 있다. 무엇을 가지고 소통을 해야 하는지 파악하지 못한 채 엉뚱한 문제를 소통의 대상으로 놓고 논쟁을 벌이는 것 자체가 비이성적이다. (이덕환)

– 나 스스로와의 소통(self-communication)이 되지 않은 채 남을 설득시키려는 경우가 많다. '자기기만'(self-deception)이 중요하다. 감성적인 나와 이성적인 나의 처절한 투쟁이 있은 다음에 정리된 자기를 가지고 나와 대화해야 한다. (엄정식)

– 틀릴지도 모르면서 자기만의 확신을 가지고 대화에 임하는 것은 대화의 의사가 전혀 없는 것이다. (한경구)

– 나 스스로와의 소통을 과학에 적용시켜본다면, 어디까지가 과학인지를 알 수 있다. 이것을 무시하고 주장하기 때문에 문제가 생기는 것이다. (엄정식)

– 과학은 과학을 떠나서는 과학이 아니다. 과학은 과학자가 하는 것이지, 언론사가 하는 것이 아니다. (김인묵)
– 한국 사람은 지성적인 소통이 필요하다. 어떤 프로그램을 만들고 시행할 수 있는지를 생각해야 한다. (황경식)
– 명료한 사고를 위해서는 남의 말을 듣지 않는 것이 편하고 적응하기 쉽다. 이런 식으로 반응하는 것이 역사적으로 습관화되었기 때문에 거국적 문화 운동이 필요하다. (이정모)
– 한국인은 조급한 방식을 더 선호한다. 자세한 과정을 살펴보기에 앞서 결론부터 말하라고 한다. 사회적 환경도 신뢰하지 못한다. 조급함과 불신은 국민성이 아닌 문화적 요소 때문이다. (황경식)
– 소통을 함에 있어서 자기 정보를 확실히 넘기지 않으면서 상대를 파악할 수 있는 요령이 있어야 한다. 가치 판단의 문제와 관련하여 환경적 요소는 중요하다. (정민)
– 양쪽에 열린 마음이 있어야 한다. 개방성을 가질 때 비판적인 사고로 접근할 수 있고 서로의 잘못이 무엇인지 알 수 있다. (엄정식)
– 최선을 향해 치닫는 것이 아니라 무엇이 덜 나쁜지 차선을 향해 나아가는 것과 같이, 소통에서도 불통하는 요소들을 조금씩 제거하면 상당한 공감대를 만들 수 있다. (엄정식)

문진포럼 3: 과학기술과 소통

– 과학기술과 관련된 사회적 문제로 인해 이를 해소하기 위해 소통이 필요하다는 요청이 사회적으로 요구되고 있다. 과학기술이 사회와의 소통 과정에서 생겨나는 문제점은 과학과 기술의 구분, 기술에 대한 평

가, 과학에 대한 평가, 과학의 방법론의 문제, 과학적 사실에 대한 인식, 과학 언어의 영역으로 구분된다. (이덕환)

- 현재 과학과 관련된 오해와 왜곡을 해소하기 위해서는 세 가지 능동적 시도가 필요하다. 계획적인 융합 연구를 통한 전문성의 통합, 각자의 영역에 대한 관심, 자연스러운 만남을 통해 담이 낮아질 수 있는 기본 문화의 확립이 우선적으로 진행되어야 한다. (고인석)
- 인문학자가 과학자에게 가지는 불신은 과학의 객관성 · 엄밀성 · 신뢰성이 아니라 과학적 사실을 구성하는 과정에 있다. 과학자들은 과학적 사실을 확립할 때 자신이 속한 공동체의 목표나 가치, 압력으로부터 자유로울 수 있는지 반성해보아야 한다. (도정일)
- 역사적으로 과학과 기술의 만남은 돈 · 권력 등이 개입된 강제적인 만남으로 제대로 된 소통은 없었다. 그렇기 때문에 과학과 기술은 구분이 되지 않는 것이다. 과학에는 윤리가 개입이 될 수 없다. 과학은 인식을 토대로 하기 때문에 가치의 문제는 배제된다. 그렇기 때문에 과학과 인문학의 소통이 어려운 것이다. (이상호)
- 과학은 과학적 지식이 사회적으로 구성되는 과정에는 신경 쓰지 않는다. 과학적 지식은 만들어지는 과정보다 다양하게 독립적으로 확인하고 신뢰가 쌓이면 성립된다. 과학은 절대적 진리에 관심이 없다. 전제 조건 없는 만능의 과학 법칙은 없다. (이덕환)
- 과학적 지식은 주어진 대상을 해석함으로써 수립되지, 인문학과 같이 합의나 구성에 의해 수립되는 것이 아니다. 이 점에서 과학자의 자신감이 나온다. (이덕환)
- 과학적 해석 자체가 구성이다. 과학이 사용하는 수학 자체가 구성물이다. (이정모)
- 보편성은 과학만이 아닌 철학에서도 추구한다. 과학적 방법론은 철학

의 현상학에서 나온 것으로 그 뿌리가 같기 때문에 소통이 필요하다. 과학은 '조건'의 학문으로, 그 조건은 언제나 변화 가능하기 때문에 하나의 사실을 고정시켜 관찰한 지식을 진리라고 할 수 없다. (이상오)

- 과학에서 사용하는 용어를 정확하게 이해하지 못하고 사전적으로만 해석하기 때문에 문제가 생긴다. 뉴턴역학, 양자역학을 어째서 구분해서 사용하는지에 대한 이해 없이 이야기하는 것은 상황을 매우 힘들게 만든다. (이덕환)
- 과학자들이 하는 수많은 것들의 중앙에는 결국 인간의 '욕망'이 자리잡고 있다. 욕망의 차원에서 본다면, 과학기술과 인문학은 같다. (허정아)
- 과학은 객관성과 검증 가능성을 통해 진리를 찾는다는 것을 강조한다. 인문학과 자연과학은 한곳에서 나온 학문이고 가까운 학문이라면, 인문학도 모든 사람이 공감할 수 있는 찾아가는 과정이 있어야 한다. 인문학자는 이것을 말해주어야 한다. (최재천)
- 과학자는 객관성을 찾기 위해 철저하게 주관을 배제한다. 그러나 인문학은 객관성을 찾을 때 주관을 극대화시키고, 그것을 표현할 때 세계와 주관 사이에 언어가 있다는 점을 반성하고 자아를 찾는다. 이것이 인문학의 방법론이다. 소통은 '과학적 사실'만이 있는 것이 아니라, '종교적 사실', '사회적 사실'이 있다는 점을 인정하고 시작해야 한다. 과학자는 자신의 연구 결과가 현실에서 어떻게 쓰이는지에 관한 사회적 사실을 알아야 한다. 세상을 실제로 움직이는 것은 '사회적 사실'이다. (엄정식)
- 현 시점에서 소통을 논하기 위해서는 필연적으로 철학적 전환이 필요하다. 과학기술의 진보는 우리의 의식과 생활, 존재양태까지 변화시키기 때문이다. (허정아)

- 과학은 자연의 진리를 추구하지만 공학은 과학적 지식을 바탕으로 현실에 주어진 문제를 해결한다는 점에서 구분되어야 한다. 또한 공학은 현실 세계의 문제를 풀어야 하기 때문에 현실을 떠날 수 없다는 점에서 인문학과 유사하다고 할 수 있다. (이승종)
- 최신 물리학 이론인 '초끈이론'(super string theory)이 검증이나 반증이 불가능하다는 점을 살펴볼 때, 과학의 영역도 새로운 형태로 변해가는 것이 아닌지를 생각해보아야 한다. (김용학)
- 과학도 상상력에서 시작된다. 다만 과학은 끊임없이 그것의 검증 방법을 찾고 어느 순간에 검증을 함으로써 초기의 상상력을 객관적 사실로 만든다. 인문학은 주관을 극대화하지만, 과학은 객관성, 검증 가능성을 떠나서는 이야기될 수 없다. (최재천)
- 한 개인이 주관적이고 개인적인 과거의 사실을 기억해내는 과정은 현재 신경과학에서 진행되고 있는 과정과 동일하다. 우리는 인문학적 사실을 지극히 주관적이고 객관적이지 않다고 생각한 것은 아닌지 반성해보아야 한다. (허정아)
- 우리가 소통을 하는 것은 사물의 본질을 이해하기 위해 소통하는 것이다. 이것을 위해 '어떻게' 소통할지를 고민해야 한다. (이정모)
- 과학과 기술의 구분이 어려워진 것은 그 둘이 가까워졌기 때문이 아니라 애매해져서 그런 것이다. 그러나 반드시 과학과 기술은 구분되어야 한다. (이덕환)
- 과거에는 과학과 기술의 구분이 명확했지만, 현재는 이 두 영역을 모두 연구하는 사람이 많아졌기 때문에 구분이 희미해진 것이다. (이승종)
- 과학의 스펙트럼은 넓다. 물리학과 같이 실제로 관찰할 필요가 없는 영역이 있고 생물학과 같이 관찰이 필요한 부분도 있다. 물리학은 시스템을 극단적으로 단순화시킬 수 있고 가상의 시스템을 만들어 좋은 결과

를 얻을 수 있다. 그러나 생물학은 시스템 자체가 복잡하다. 그러나 반드시 검증 과정을 거쳐야 한다. 그러한 과정이 없으면, 그것은 가설이지 과학이 아니다. 이렇게 스펙트럼이 넓은 과학을 한꺼번에 묶어 비판하니 과학자의 입장에서는 난감한 것이다. 이러한 이유 때문에 과학자는 과학적 지식을 말할 때 물리학의 특성을 강조하는 것이다. 이러한 맥락에서 과학과 기술은 구분되어야 한다. 과학에서 '사실'과 '가상'은 명백히 다르지만, 기술 개발에서 '사실'과 '가상'은 구분이 안 되고 혼재한다. 사회적 사실도 중요할 수 있지만 과학적 사실과는 구분되어야 한다. (이덕환)

– 우리가 학제 간 소통을 통해 사물의 본질을 찾는다고 할 경우에 공통된 본질이 있다는 전제가 있어야 가능하다. 그러나 아무리 소통을 해도 넘을 수 없는 영역이 있는 것이다. 소통을 통해 이러한 영역이 존재하다는 것을 확인하는 것도 소통의 성과이다. (엄정식)

– 인문과학과 과학을 이분법적으로 구분하는 것은 불필요하다. 인문과학·사회과학·자연과학·공학이 모두 소통할 수 있는 분야는 인지과학으로서, 현상의 본질에 대해 보다 좋은 이해를 낳을 수 있기 때문에 통합을 시도하는 것이다. (이정모)

– 소통은 서로의 차이를 인정하는 자리이다. 그것이 없다면 소통은 중단된다. 그래서 철학은 세계에 대해 '구성'이나 '사실' 등 그 어떤 하나를 정해놓고 논의하지 않는다. 그런데 인문학과 과학은 대립적으로 생각한다. 인문학자가 과학자에게 가지는 불만은 과학자는 인간이기에 인문학적 물음을 할 수 있는 반면, 인문학자는 과학을 접근하기에 너무 어렵다는 것이다. (최종덕)

– 과학과 인문학은 사람이 무엇인가를 추구한다는 점에서 근본적인 측면의 차이가 없다. 그러나 보편성을 추구하는 방법에서 과학과 인문학

의 장(場)이 다르기 때문에 서로 진리성을 가지면서도 상호 공존하면서 만날 수 없는 것이다. (이대일)

- 인간의 삶과 사고 자체는 언어적인 세계에 놓여 있다. 언어는 오염되어 있기 때문에 우리의 삶을 왜곡시킨다. 그러나 오염된 길이라고 할지라도, 인문학자 · 예술가들은 오염된 방식을 통해 진실에 도달한다. 과학은 이러한 방식에 객관성을 요구하지 않고 고유성을 존중해주어야 한다. (도정일)
- 우리는 재판에서도 과학을 알아야 판결이 가능한 시대에 살고 있기 때문에 과학과 소통은 필요할 수밖에 없다. 과학자는 사회적으로 자신의 말에 큰 의미를 두기 때문에 책임을 가져야 한다. 과학자는 과학을 서로 이해할 수 있을 정도로 설명 가능한 수준으로 끌어 내리려는 노력을 해야 한다. 그러나 과학적 방법론 자체는 절대 버려서는 안 된다. (최재천)
- 과학자가 연구한 결과에 대한 옳고 그름은 과학자가 아닌 사회가 담당하는 것이다. 과학적 사실에는 위계가 있다. 그러나 과학자는 가장 강력하고 검증이 잘된 이론으로 '이것이 과학이다'라고 말하는데, 그것은 반증 가능한 오류이다. (김용학)
- 과학적 주장들은 사실에 대한 관찰과 입증 이외에 이해관계라는 요인의 영향을 받게 된다. 이것이 과학의 오염으로, 과학자는 사회적 집단의 압력으로부터 자유로워야 한다. (도정일)
- 과학을 논의함에 있어서 위험성 · 안전성까지 포함되면 그것은 과학의 스펙트럼을 넘어선다. 무엇이 위험한지의 여부는 개인의 가치관에 포함되기 때문이다. 우리 사회는 우리가 경험한 일련의 사태를 해결하기 위해 과학자들과 소통하고자 한다. 그러나 현실에 대한 문제가 소통의 목표라면, 과학적 사실에 대한 인식이 구체화되어야 한다. (이덕환)

- 나노기술은 철학적 · 예술적 활용이 있어야만 한다. 그렇다면 나노기술자와 누가 소통할 것인가? 철학자가 소통할 것인가, 과학자가 소통할 것인가? 이것이 숙제로 남는다. (허정아)
- 사회의 다변화를 반영하기 위해 소통에 관한 전문 인력이 생겨야 한다. 이를 위해 과학 지식의 대중화를 위한 전문가를 양성해야 한다. (이덕환)

문진포럼 4: 위험과 소통

- 우리 시대의 위험화의 특징은 '대형화'와 '체계화'로서 그것은 양적인 단위를 특성으로 하는 자본주의와 연결되어 있다. 질적인 것은 문화와 역사에 따라 다르지만 양적인 것은 이런 차이를 넘어 공유 가능하기 때문에 위험의 대형화를 야기시켰다. (김남두)
- 예술가들은 어떤 면에서 과학자보다 위험을 포착하는 능력이 뛰어나다. 일상성에 매몰되지 않고 꾸준히 새로운 영역을 탐색하는 예술가에게는 위험을 간파하고 포착하는 직관력이 있는 것이다. (김욱동)
- 위험은 인간의 생존방식과 체계적으로 연결되어 있기 때문에 피해가 증폭이 된다. 자연재해로서의 지진은 인구가 밀집한 중국에서든 그렇지 않은 사막에서나 동일한 현상이다. 그러나 많은 사람들이 모여 살기 때문에 그 피해가 큰 것이다. (김남두)
- 현대 사회의 위험이 과거에 비해 높아진 이유는 과학기술의 발전이다. 현대 사회로 오면서 과학기술이 급격히 발전하다보니 우리가 보게 되는 위험들은 개념화되고 네트워크화되어 있으며 복잡화되어 그 규모와 속도가 인간이 처리할 수 있는 능력을 넘어버렸다. 그래서 예상치 못한 위험이 발생할 때, 전세계적으로 패닉상태에 빠지는 것이다. (한종훈)

– 우리 사회의 의사결정은 상당히 민주화되어 과거에 비해 걱정할 일도 많아졌다. 사회의 민주화에는 책임이 따라야 하는데, 그 책임이 국민에게 오니 어떤 경우에는 필요 이상의 과민반응을 일으킨다. (이덕환)

– 대규모의 위기를 처리하는 방식은 새로워져야 한다. 소통을 통해 새롭게 발생하는 위기의 본질을 파악하고 대처하는 방안을 구해야 하는데 이것이 이루어지지 않고 있다. (한종훈)

– 위험에 대한 사회적 인식을 잘못 가지고 있으면, 대규모의 사회적 비용이 발생한다. 어떻게 하면 위험에 대한 올바른 인식을 만들어 사회적 비용을 줄일 수 있는지를 논의해야 한다. 네트워크나 미디어의 부정적인 면을 논하기보다는 기술적이고 사회적인 위험을 미디어를 통해 사람들이 합리적으로 인식할 수 있는지를 논해야 한다. (송해룡)

– 위험의 원인은 사회적 · 자연적 · 인공적인 것으로 나눌 수 있다. 이 중 자연적인 위험의 원천이 무엇인지를 알아야 어떤 것이 첨가되었을 때 복합적인 위험이 발생하는지를 알 수 있다. (이강현)

– 현대 사회는 인간이 생존하기 위한 활동 자체가 위험으로 전환되고 있다. 현실적인 문제가 직면했음에도 그것을 해결하기 위해 절실히 노력하지 않고 형식적인 차원에 머물러 있다. 한국이 가지고 있는 커뮤니케이션 양식, 문화적 양식, 지각 연구가 필요하다. (송해룡)

– 우리가 위험을 극복하기 위해서는 유식해져야 한다. 그러기 위해서는 지식인들이 위험을 인식하기 위해 어떤 공부를 어떻게 해야 하는지를 사회에 알려주어야 한다. (강지원)

– 예술가들은 똑같은 상황을 머리에 호소하는 것이 아니라 뜨거운 마음에 호소한다. 그렇기 때문에 한 편의 시가 환경 파괴에 대한 과학 이론이나 정책 입안자의 보고서보다 파급력이 클 수 있다. (김욱동)

– 작가의 기법도 시각의 문제이다. 시각이 다르다는 것은 이념의 차이이

므로, 같은 현상을 인식하지만 엄청난 차이가 나는 것이다. 그러나 이념의 문제는 사람들 사이에 개인적 차이가 있기 때문에 절대적인 정답이 있는 것이 아니다. 시각의 존중, 배려와 공존이 필요하다. (강지원)

- 우리는 위기를 모르는 상황이 아니라 모를 수밖에 없는 상황에서 살고 있다. 그렇다면 전문가에게 의존해야 하는데, 전문가도 모든 상황을 알 수는 없다. (천선영)
- 우리에게 위기가 주어지는 상황은 과거와는 다르게 주어지고 있다. 미래는 아직 오지 않았기 때문에 인간의 삶은 예측 불가능한 불확정성에 노출되어 있다. 지식의 중요한 기능은 예측가능성을 확보해주고 증대시키는 것이다. 그러나 지식이 이전 시대보다 무척 증가했지만, 우리가 100년 전 사람들보다 삶의 예측가능성이 높아졌다고 말할 수는 없다. (김남두)
- 건강한 사회가 유지되기 위해서는 시민의식이 필요한데 가장 중요한 것은 '배려'이다. 인간은 이기적인 동물이다. 배려는 타인에게 해(害)를 끼치지 않고 이익을 취하는 것이다. (이강현)
- 흔히들 현대 사회는 산업혁명 이전보다 더 위험해졌다고 말한다. 산업혁명의 위험을 현대적 수준에서 보면 굉장히 작은 것이지만 과연 그 당시에도 작은 것이었는지는 생각해보아야 한다. (이덕환)
- 현대 사회가 과거보다 위험해진 것이 아니라 위험의 원천이 많아진 것이다. (이강현)
- 지식 · 법률 등은 모두 인간 삶의 예측가능성을 높이려는 시도이다. 이러한 예측가능성을 높이기 위해 현대 사회는 체계적으로 관리하는 사회이다. 그러나 예측가능성을 개인적 차원이 아닌 전체 차원에서 높이려다보니 관리의 단위도 전체화되어 있다. 그렇기 때문에 위기가 발생할 경우에 쉽게 전체적인 문제가 되는 것이다. 이러한 삶의 체계가 인간의

삶을 지속적으로 행복하게 해주는 것인지 반성해보아야 한다. (김남두)

– 우리 사회가 건강성을 회복하기 위해서는 '신뢰'가 필요하다. 소통이 제대로 될 경우에 신뢰를 회복할 수 있다. 신뢰할 수 있는 사회를 구축하지 못하기 때문에 치명적인 위기에 빠지는 것이다. 신뢰를 못하는 것은 주체가 건강하지 못하기 때문이고 주체가 건강하지 못한 이유는 시각의 문제 때문에 발생한다. (강지원)

– 지구적 수준에서 바라보고 통합할 수 있는 기능이 없다는 것이 현대 사회의 위기의 문제이다. 지구 수준의 체제를 갖춘다고 할지라도 이런 관리 체제는 스스로 예측하기 어려운 거대 위험을 가지고 있는 것이다. 지식의 양이 증대하고 관리 체제가 고도화되었음에도 전체 삶의 예측 가능성이 높아졌다고 할 수 없는 이유는 단일화된 체제 자체가 가지는 위험 때문이다. (김남두)

– 국제적으로 세계화되어 있는 체제라고 할지라도 개개인이 튼튼하면 피해를 줄일 수 있는 것이다. 한국 사회는 스스로 건강하지 못했다는 점을 반성해야 한다. 한국 사회의 위험은 건강하지 못한 우리의 못된 습관에서 비롯된 것이다. (강지원)

소통의 의미와 과제

엄정식
서강대학교 철학과 명예교수
문진연구센터 기획위원회 위원장

엄정식

서강대학교 철학과를 졸업했으며 서울대학교 언론학 석사학위, 웨인주립대학교 인문학 석사학위와 미시간주립대학교 철학 박사학위를 받았다. 한국철학회 회장, 서강대학교 대학원장, 하버드대학교 철학과 교환교수를 역임했으며, 현재 서강대학교 명예교수, 교육과학기술부 문진연구센터 기획위원장으로 활동 중이다. 저서로는 『비트겐슈타인과 분석철학』, 『확실성의 추구』, 『지혜의 윤리학』, 『자아와 자유』, 『길을 묻는 철학자』 등이 있다.

I. 머리말

'소통'(疏通, communication, facilitation)은 통과를 원활하게 하는 현상을 말한다. 반대로 통과를 곤란하게 하는 사실이 있으면 억제 혹은 불통이라고 할 수 있다. 일반적으로는 사회적인 차원에서 개인들이나 단체들 사이의 관계를 언급할 때 '의사소통'의 뜻으로 쓰인다. 자연현상에서는 한 자극에 의한 충격이 다른 자극에 의한 충격의 통과에 적절한 영향을 만들어 주는 것으로 이해된다. 가령 반사궁(反射弓)을 흥분이 통과하는 경우에 그 통과를 용이하게 하는 현상이 그 좋은 예가 된다. 전통적으로 동양의 정치 현실에서는 주로 하향식 소통이 이루어졌으므로 신하가 의견을 정리하여 임금에게 글을 올리는 것을 '상소'(上疏)라고 하였다. 그러나 상업문화가 발달하고 다양한 종류의 교류가 수평적으로 이루어지면서 소통의 형태도 상호관계로 발전하였으며, 특히 이것이 민주화의 과정을 거치면서 대화를 통한 상호 이해(mutual understanding)의 뜻으로 정착하기에 이른 것이다. 오늘날 소통을 주로 다양한 형태의 의사소통의 개념으로 쓰는 이유도 여기에 있다.

소통을 의사를 전달하는 관점에서 이해할 때 우리는 그것을 주로 세 가지 측면에서 접근해볼 수 있다. 사고를 형성하는 주체와 그것을 전달하는 수단인 언어행위, 그리고 그것이 전달되는 대상인 객체가 그것이다. 나의 생각이나 의견을 남에게 전달하는 방법으로서 의도한 대로 원활하게 수행되었을 때 소통이 이루어졌다고 하고 그렇지 못할 때 소통이 제대로 이루어지지 않았다고 할 수 있다. 여기서 소통되어야 할 사고의 내용이 분명하거나 구체화되지 않았다면 제대로 전달될 방법이 없고 언어행위가 효과적으로 이루어지지 않는다면 아무리 주체의 입장에서 명확하게 표현했다고 하더라도 대상인 객체에게 성공적으로 전달되었다고 말할 수 없을 것이다. 그러므로 소통의 상황에서 우리는 소통의 주체나 대상, 그리고 언어행위라는 세 요소를 고려할 수밖에 없는 것이다.

소통을 효과적으로 수행하기 위해서는 먼저 무엇을 소통할 것인가를 분명히 규정하지 않으면 안 된다. 우리는 자기의 감정이나 기분 혹은 생각을 전달하기 위해 눈짓이나 몸짓, 혹은 얼굴 표정을 짓는 경우가 많이 있다. 때로는 가시 철망이나 신호등, 혹은 그림이나 음악 등으로 감정이나 의사를 전달할 수도 있다. 그러나 대부분의 경우에 복잡한 의견이나 체계적인 신념 등을 전달하기 위해서는 언어에 의존할 수밖에 없다. 좀 더 구체적으로는 개념을 형성하고 그것을 담는 명제를 구성한 다음에 여기에 사고의 내용을 담아서 상대방에게 전한다는 것이다. 가령 '나는 외롭다', '한국인은 훌륭하다', 혹은 '신은 존재한다' 등이 그것이다. 그러나 이러한 생각이나 견해가 상대방에게는 물론 자기 자신에게조차 항상 명료하고 분명한 것은 아니다. 그러므로 소통의 주체로서 우선 자기 자신과의 관계도 고려해볼 필요가 있다. 사고나 개념을 분명히 하고 책임의 주체로서 결단력을 가지고 행동하기 위해서는 자기 자신과의 소통이 먼저 제대로 이루어져야 한다는 것이다. 이와 같이 소통을 원활하게 한다는 것은 남에게 뿐만 아니라 자기 자신의 경우에도 마찬가지로 통용되는 현상인 것이다.

소통의 상황에서 그 다음에 중요한 요소는 대화의 당사자인 대상에 대한 이해와 배려이다. 자기 자신과의 대화 과정에서도 소통에 문제점이 있다는 것을 인정한다면 다른 개체인 상대방과 소통이 항상 원활하기를 기대하는 것은 무리임에 틀림없다. 우리가 흔히 경험하는 것처럼 자기가 처한 입장과 문화, 성별과 세대의 차이, 사물과 현상을 바라보는 관점의 차이 때문에 상대방의 발언을 완전히 이해하기는 어려울 것이다. 더구나 이것은 일반적인 구조의 문제이기 때문에 그것을 온전히 극복하는 것은 가능한 일도 아니고 바람직한 일도 아니다. 다양한 인간관계에서 갈등은 어느 시대나 어느 사회에서도 당연히 존재하게 마련이며 이러한 현상을 완전히 제거하기보다는 삶의 일부로서 수용하는 것이 더 바람직할 수도 있기 때문이다.

사실 우리는 서로 입장이 다르다는 것을 인정하고 그것을 역이용함으로써 이른바 '격차 효과'(discrepancy effect)를 노려볼 수도 있다. 전달하고자 하는 내용이 상대의 생각과 다를수록 수신자에 대한 수용 압력이 커지고 결과적으로 전달 효과도 커진다는 것이다. 그러나 편견과 오만에 사로잡혀 있고 폐쇄적인 태도를 바꿀 용의가 없는 상태에서는 이것도 별 의미가 없을 것이다. 그러므로 원활한 소통은 어떠한 경우에도 개방적인 자세와 긍정적인 태도로 서로 경청하고 수용하며 공감대를 넓히려고 노력할 때에만 가능하다는 사실을 다시 한 번 확인할 필요가 있다.

그러나 이러한 노력에도 불구하고 소통이 어려운 경우가 있다. 상대방이 단순한 세대 차이나 문화적 이질감을 넘어서 자폐증적인 현상을 보일 경우에 폐쇄적인 이데올로기나 정치 이념, 혹은 광신적인 종교적 신념 등에 사로잡혀 있을 때는 소통의 문제가 쉽게 해결되기를 기대해서는 안 될 것이다. 이러한 경우에는 소통을 성급하게 시도할수록 깊은 수렁에 빠져서 사태를 더욱 악화시킬 수도 있다.

우리나라는 수난과 혼돈의 현대사를 거치면서 급격한 산업화와 민주화를 거치는 동안 각 분야에서 심각한 소통의 문제를 안고 있다. 분단 구조에서 파생된 보수와 진보의 대결, 세대 차이의 수준을 넘어서는 기성세대와 신세대의 가치관 충돌, 급격한 경제 발전에 따른 빈부의 격차, 민주화의 역효과로 야기된 개인적 또는 집단적 이기주의, 그리고 급속한 정보화의 결과로 지식의 홍수에서 표류하는 현상 등 이루 헤아릴 수 없는 부정적 사태들이 소통의 부재에서 야기되며 또 이것을 재생산하고 있다. 이러한 현상을 하나의 질병으로 이해할 경우 그 징후를 미리 감지하고 정확하게 진단하며 적절하게 처방할 때 비로소 그 효과적인 방법도 강구될 수 있을 것이다.

한편 과학기술의 발달에 따른 자연환경과의 관계를 통해서 보면, 소통의 객체로서 사회적 여건을 가능하게 하는 자연 그 자체를 고려하지 않을 수 없다. 자연과학자들의 탐구는 가설을 설정하고 실험과 관찰을 거쳐 마침내 자연법칙을 발견하는 과정을 통틀어 우리는 자연과의 소통이라고 부를 수 있다. 또한 다양한 과학 지식을 근거로 하여 문명의 이기를 고안해내고 그것을 활용하여 새로운 문화를 창출하는 것도 자연과 이루어지는 또 하나의 소통 방식이라고 할 수 있다. 그러한 의미로 자연을 단순한 도구로 간주하고 마구 훼손하여 단기적 관점에서 소모적 이용에만 급급할 때 자연과의 소통이 원만하게 이루어졌다고 말할 수는 없을 것이다. 이것은 인간관계에서 자기의 위상이 어떤 것인지 제대로 파악해야 사회현실 속에서 소통이 원활해질 수 있는 것과 마찬가지이다. 자기 인식이나 사회 인식 못지않게 자연에 대한 올바른 인식이 소통에서 매우 중요하다는 것을 실감할 수 있다.

이미 지적한 바와 같이 우리는 소통을 그 주체와 대상, 그리고 수단인 언어의 관점에서 고찰해볼 수 있는데, 대상에 따라서 각기 다른 유형의 소통 형식을 다루게 된다. 첫째는 대상이 자기 자신으로서 이러한 경우에는 명료한 사고와 확고한 신념, 그리고 깊은 자기 성찰이 요구된다. 물론 여기서도 사유를 통한 언어가 작동하지만 발언이나 발설 혹은 발화 이전의 상태로서 사유의 형태를 지닌다. 둘째는 대상이 다른 사람인 경우로서 본격적으로 언어가 작동함으로써 소통이 이루어지지만 여러 가지 행태를 포함하여 문화나 관습 등 언어 외적 상황이 고려된다. 마지막으로 대상이 자연현상인 경우로서 자연과학자들의 탐구와 그 성과인 과학 지식의 응용은 물론이고 그 열매인 과학기술을 활용하는 과정을 일괄적으로 소통의 과정으로 간주할 수 있다. 이와 같이 소통을 넓은 의미로 이해하고 자기 자신과 사회 그리고 자연과의 맥락에서 포괄적으로 접근할 때 학문 간의 소통과 융합이 어떠한 형태로 가능한지도 검토해볼 수 있다. 이제 이러한 점을 좀 더 자세히 살펴보자.

II. 자아인식과 내면적 소통

일반적으로 우리는 소통을 다른 사람들과의 관계를 통해서 이해하는 경향이 있다. 그러나 어떤 문제에 부딪쳐서 갈등을 일으키거나 할 수 없는 일을 해서 실패할 경우, 혹은 해서는 안 될 일을 했을 경우에 자신이 부담스럽게 느껴지거나 낯선 사람처럼 생각될 때가 있다. 이러한 경우에 우리는 나 자신과의 소통에 문제가 있는 것 아닌가 하는 의문을 갖게 된다. 이러한 상황에서 실제로 우리가 경험하는 것은 다른 사람들과 소통이 제대로 이루어지지 않아서 생기는 경우와 별로 다르지 않다. 그것은 어떤 상황에 대한 착각이나 오판에서 생긴 문제로서 결국은 자기 인식의 문제와 연관된다고 볼 수 있다.

가령 소크라테스는 "진리란 무엇인가?", "정의란 무엇인가?" 등의 질문을 계속 던짐으로써 사유의 혼란에 빠진 사람들을 좀 더 명확한 개념과 확실한 논증의 언덕으로 끌어올리고자 하였고, 이러한 방법으로 더욱 차원 높은 합리성의 영역으로 인도했던 것이다. 이것을 우리는 삶에 대한 반성과 사물에 대한 성찰이라고 할 수 있는데 이러한 과정을 통해서만 우리는 자기 자신과의 의사를 원활하게 소통하고 그 결과 명확한 견해와 확고한 신념을 획득할 수 있는 것이다. 만약 이러한 작업이 선행되지 않는다면, 다시 말해서 자기 자신을 먼저 설득할 수 없다면 다른 사람과의 의사소통은 원활하게 진행될 수 없을 것이다. 이러한 현상은 일상적으로 일어날 수 있지만 새로운 경험을 하거나 위험에 처하게 될 때 더욱 빈번하게 나타나는 경향이 있다. 더구나 풍랑을 만나서 사람들이 모두 표류하는, 이른바 "격동의 시대"에는 극히 당연한 현상이라고 할 수도 있다. 소크라테스가 고대 아테네 시민들에게 "너 자신을 알라!"(Gnothi seauton!)고 외친 것을 우리는 이러한 맥락에서 이해할 수 있을 것이다. 그것은 '너 자신을 알기 위해서 우선 너 자신과 제대로 소통이 이루어져야 한다'는 말을 함축하기 때문이다.

그렇다면 어떤 사람이 자기 자신을 안다는 것을 무슨 뜻이며, 어떻게 그것이 가능할 것인가. 소크라테스가 "너 자신을 알라!"고 했을 때 그는 우리에게 과연 무엇을 요구하고 있는 것일까.

크세노폰(Xenophon)은 그의 『소크라테스의 추억』(*Memorabilia*)에서 다음과 같은 대화를 전하고 있다.

"에우티데모스, 델포이에 가본 적이 있는지 말해보게"라고 소크라테스는 말했다. "네, 두 번쯤." 그가 대답하였다. "그러면 신전의 벽 어디엔가 '너 자신을 알라'고 씌어 있는 것을 보았는가?" "보았습니다." "그래서 그 구절에 관해서 아무 생각도 없었는가, 그렇지 않으면 거기에 주의를 기울이고 자기 자신을 반성해보려고 애를 썼나?" "……." "그러나 자네 생각에 자기 자신을 안다는 사람은 그냥 자기 이름을 아는 사람인가, 혹은 어떻게 하면 인류를 위한 봉사에 자신을 적용시킬 것인지 스스로 분명히 하면서 자기의 능력을 아는 사람인가?"

이어 그는 이렇게 덧붙인다.

자기를 아는 사람은 무엇이 적합한지 스스로 알며, 무엇을 할 수 있고 무엇을 할 수 없는지를 분별하며, 또한 어떻게 할 것인지 아는 바를 해냄으로써 필요한 것을 얻고, 그리고는 모르는 것을 삼감으로써 비난받지 않고 살아가며 또 불운을 피하게 된다네.[1]

여기서 우리는 소크라테스가 '너 자신을 알라'고 했을 때 무엇을 어떻게 알라고 한 것인지 어느 정도 가늠할 수 있다. 그것은 단순히 나의 이름이나 몸무게, 혹은 출생지나 주민등록번호 따위를 알라는 뜻이 아니다. 그는 나의 진정한 욕구와 능력과 의무가 무엇인지 알며 동시에 그 아는 바를 실천에 옮길 것을 요구하고 있는 것이다.[2]

이와 같이 자아는 나의 욕구와 능력과 의무라는 세 변으로 이루어진 하

---

1 Xenophon, *Recollections of Socrates and Socrate's Defense Before the Jury*, trans. Anna S. Benjamin (Indianapolis: Bobbo-Merrill Educational Pub. 1970), pp. 112~113.

2 자세한 논의는 엄정식의 「자아인식의 윤리학」, 『서강인문논총』 4집, 2000, pp. 27~49 참조.

나의 삼각형이라고 규정할 수 있다. 그리고 이러한 삼각형의 모습과 크기를 파악하는 것이 곧 자아의 인식이라고 해석해도 좋을 것이다. 그런데 그러한 모습은 우리가 어떤 문제에 부딪혔을 때, 그리고 이 세 변이 서로 원활하게 소통하지 못할 때 더욱 분명히 드러난다. 다시 말해서 욕구를 충족시킬 능력이 없거나 주위의 여건이 허락하지 않을 때 그 윤곽이 더욱 뚜렷해진다는 것이다. 자기가 원하는 것이 이루어지지 않았을 때 무엇을 원했었는지 분명해지며, 또한 그것이 자기의 능력이 부족했기 때문인지 혹은 자기가 처한 입장에서 허용되지 않았기 때문인지 등이 비로소 확실해지기 때문이다. 이와 같이 우리는 일상생활에서 특히 역경에 처했을 때 자아가 욕구와 능력과 의무라는 세 요소로 구성되어 있음을 다시 한 번 확인하게 되는 것이다. 그렇다면 이러한 사실을 깨닫는 것이 자아의 인식과 자신과의 소통에 어떠한 역할을 하며 또 실제로 우리에게 무슨 도움을 줄 수 있을 것인가.

자아의 인식은 "나는 누구인가?"라는 질문을 스스로 제기함으로써 그 출발점을 찾을 수 있다. 그러나 우리는 이 질문의 모호성과 추상성 때문에 항상 당혹감을 느끼게 된다. 그럼에도 불구하고 우리는 이 질문을 자기의 욕구와 능력과 의무를 묻는 세 가지 질문, 즉 "나는 무엇을 원하는가?" "나는 무엇을 할 수 있는가?" 그리고 "나는 무엇을 해야 하는가?"로 나누어 제기하고 또 거기에 각기 따로 답변을 마련함으로써 문제의 성격을 좀 더 구체화할 수 있을 뿐만 아니라 답변의 한계도 더욱 분명히 할 수 있다는 점을 이해하게 된다. 이러한 점을 이해하지 못하면 자기 자신과의 소통에 문제가 있다는 사실도 전혀 인식하지 못하게 되며, 자아인식의 통로가 원천적으로 차단된다.

자신과의 소통은 주로 내면적 성찰의 방법에 의존한다는 점에서 일반적 소통과는 다르다고 할 수 있다. 내가 진정으로 원하는 것이 무엇이고,

진정으로 할 수 있는 것이 무엇이며 그것을 과연 해야 하는지 혹은 해도 되는지 나 자신에게 다그쳐 물음으로써 나 자신과의 소통은 점점 더 원활해지고 그만큼 더욱 명료한 자아인식으로 다가가는 것이다. 그러나 이 경우에도 소통의 수단으로서의 언어가 완전히 배제되는 것은 아니다. 성찰과 숙고와 반성 그 자체가 개념이 없이는 불가능하고 개념은 일종의 언어적 속성을 지니고 있기 때문이다.

이와 같이 자기 자신과의 소통은 불필요하거나 사소한 것이 아니고 다른 사람과의 소통에 비해서 결코 더 쉬운 작업도 아니다. 성찰이나 숙고에 의한 자기 소통은 다른 사람과의 소통에 전제가 되는 필수적 조건인데 자기 인식이 이루어진 주체들 사이에 성립된 소통만이 소통으로서의 의미를 지니기 때문이다. 한편 자기 소통은 비록 내면적 성찰이나 반성의 성격을 띠지만 객관적으로 평가받고 검증되어야 하는 자기의 능력과 당위가 개입되기 때문에 전혀 작위적으로 이루어지는 것도 아니다. 특히 당위의 문제는 다른 사람의 판단이 작용하기 때문에 오히려 다른 사람과의 소통보다 더 어려운 경우도 있는 것이다. 바로 그렇기 때문에 자기와의 소통이 제대로 이루어진다는 것은 결코 쉬운 일이 아니다. 그럼에도 불구하고 집요한 자기 성찰과 반성을 통해서 자기 자신과의 소통을 시도하는 것은 성숙한 자아인식과 다른 사람과의 사회적 소통이 원만하게 이루어지기 위해서 매우 중요한 것이다.

III. 사회적 소통과 언어의 작동

전통적으로 언어는 의사소통의 과정에서 수동적인 수단의 역할을 하는 것으로 인식되어왔다. 가령 수단의 주체가, 정의나 용기와 같은 개념을 형성하면 '정의'나 '용기'라는 단어가 선택되어 다른 사람에게 활용됨으로써 그 뜻이 전해지는 것으로 이해되었던 것이다. 그러므로 '정의'나 '용기'는 어디에든지 존재하지 않으면 안 되었다. 가령 그것은 정신적 상태로서 주관적 관념으로 존재하든지 혹은 플라톤이 주장하는 것처럼 현상의 세계를 넘어서는 이데아의 영역에 존재하는 것으로 간주되었다. 그러므로 언어는 그러한 존재를 제대로 표현할 때 그 기능을 다한 것으로 이해되었던 것이다.

그러나 언어는 오늘날 그러한 수동적 기능보다 훨씬 더 많은 역할을 하는 것으로 나타났다. 오히려 '용기'나 '정의'라는 언어적 표현이 그러한 개념을 형성하는 데 능동적인 기능을 하고 있고 심지어 그것이 어떻게 쓰이는지에 따라 의미가 형성된다는 입장이 강한 설득력을 지니고 등장하였다. 예를 들어 비트겐슈타인(L. Wittgenstein)은 언어가 무엇인지 규정하거나, '나'나 '신', '지식' 같은 단어가 무엇을 의미하는지 규명하기보다 그것이 어떻게 활용되는지 살펴보라고 주장한다. 가령 종교나 철학에서 다루는 '신'이라는 표현은 고정된 의미를 지니는 것이 아니라 어느 특정한 종교에서 어떤 뜻으로 쓰이느냐에 따라 특정한 의미가 생겨난다고 한다. 따라서 신의 본질이 무엇인지 설명할 것이 아니라 그 어휘가 쓰이는 상황을 기술하는 것이 철학의 임무라는 것이다. 그는 이른바 "언어적 전환" 이후에 철학을 어떻게 해야 하는지에 대해서 이렇게 말한다.

> 설명을 모두 치우고 서술로만 그 자리를 채워야 한다. 그리고 서술은 철학적 문제로부터 그 빛을, 다시 말해서 그 목적을 얻는다. 물론 이것은 경험적 문제들이 아니어서 잘못 이해될 우려가 있음에도 불구하고 오히려 언어가 어떻게 작용하는지 살펴봄으로써, 그리고 그러한 것을 깨닫게 함으로써 해결된다. 문제들은 새로운 정보의 제공에 의해서가 아니라 늘 알고 있던 것을 정리함으로

써 해결되는 것이다.[3]

그는 이어서, "철학이란 언어에 의해서 빚어진 지성의 마력에 대항해서 싸우는 투쟁"이라고 규정한다.[4] 이러한 견해는 천문학자에게 별이 천문 망원경 속에 들어왔을 때 비로소 의미를 지니는 것처럼 철학자에게 사물의 본질과 현상의 구조도 언어적 표현으로써만 의미를 지닌다는 것을 함축한다. 그렇다면 그에게 언어란 무엇인가.

비트겐슈타인에 의하면 언어의 의미를 체계적으로 규정하거나 그 본질을 탐구하기보다는 다양한 "언어판"(language game)에서 어떤 어휘가 어떻게 쓰이는지 살펴볼 것을 제안하고 있다. 그는 언어의 본질이라는 것이 있는지를 묻고 이렇게 말한다.

> 언어라고 부르는 모든 것에 공통된 그 무엇을 제시하는 대신, 나는 이러한 현상들이 모든 것에 동일한 낱말을 사용하도록 하는 공통된 한 가지 면만 가지고 있는 것이 아니라 무수하게 상이한 방식으로 서로 연관되어 있다고 말하는 것이다. 우리가 그것을 모두 '언어'라고 부르는 것은 이 관계 혹은 관계들 때문이다.[5]

이 관계를 그는 "서로 겹치고 교차되는 유사점들의 그물"이라고 묘사하고, 이것은 마치 가족의 구성원들이 서로 닮은 것과 같다는 점에서 "가족 유사성"(family resemblance)이라고 표현한다.[6]

---

3 L. Wittgenstein, *Philosophical Investigations*, ed. G. E. M. Anscombe and R. Rhees (Macmillan, 1953), par. 109.

4 *ibid.*

5 *ibid.*, par. 66.

6 *ibid.*, par. 67.

이러한 언어관이 지니는 중요한 특징은 언어가 일상적인 삶 속에서 활용됨으로써 비로소 의미를 갖기 때문에 인간의 행위, 혹은 좀 더 포괄적으로 말해서 인간의 '생태형식'(forms of life)과 유기적인 관계를 맺는다는 점이다. 이러한 맥락에서 언어를 이해할 때 그것은 단순히 소통의 도구로 활용될 뿐 아니라 제대로 소통될 경우에 소통의 상황인 삶 그 자체의 이해 혹은 달관으로 이어진다는 것이다. 삶의 문제가 대부분 다양한 의미의 소통이 여의치 않은 상황에서 파생되는 것이라면 언어를 제대로 사용하여 소통의 문제가 해소될 때 삶이 전반적으로 계몽적인 새로운 국면을 맞게 될 수도 있기 때문이다.

한편 오스틴(J. L. Austin)은 비트겐슈타인의 입장을 체계화하여 실제로 언어적 상황에서 무엇이 이루어지는지 면밀히 검토함으로써 철학적 문제들을 해결하고자 하였다. 무엇보다도 그는 언어가 '발언'이라는 행위, 즉 말을 한다는 일종의 '수행적' 사건으로 간주하고 그 발언이 무엇을 수행하였으며 그 수행의 결과에 따라 어떤 의미가 형성되는지 찾고자 하였다. 가령 그는, "내가 주례 앞에서 '네, 그렇게 하겠습니다'라고 말할 때 나는 결론에 관해 보고하는 것이 아니다. 나는 결혼생활에 들어가고 있는 것이다"라고 주장함으로써 언어철학의 화용론 분야에 결정적인 공헌을 했던 것이다. 이러한 업적은 물론 언어학이나 언어심리학에도 심대한 영향을 미쳤던 것이다.[7]

또한 오스틴(J. L. Austin)은 '언어행위'(speech act)라는 개념을 도입하여 '발화행위'(locutionary act)뿐만 아니라 그 행위에 담긴 의도인 '발의행위'(illocutionary act), 그리고 그 행위의 결과인 '발효행위'(perlocutionary act)를 모두 의사소통의 과정으로 규정한다. 가령 평강공주의 부왕이 어린

---

7 J. L. Austin, *How to Do Things with Words* (Harvard Univ. Press, 1962), p. 6.

딸에게 발화행위로서 "자꾸 울면 온달에게 시집을 보내겠다"고 발언했을 때 그는 공주답게 행동하라는 뜻으로 발의행위를 했지만 정작 공주 자신은 그것을 액면 그대로 발효행위로 이해하는 소통의 과정 전체를 언어행위로 규정한 것이다. 이것은 모두 소통 과정에서 언어가 차지하는 비중과 그 포괄적 작용의 중요성을 강조하고 있는 것이다.[8]

소통에서 일어나는 대부분의 문제점은 언어가 차지하는 비중을 과소평가하는 데서 생겨나며, 특히 자신의 발언이 잘못 전달될 수 있음을 간과한 데서 일어난다고 할 수 있다. 의사소통에서 상대에 대한 배려와 주의 깊은 경청, 그리고 '역지사지'(易地思之)의 태도를 강조하는 이유도 바로 여기에 있다. 이와 같이 소통의 매체인 언어는 매우 광범위하게 작용하며 그 역할도 극히 능동적이라는 사실을 인식해야 하는 것이다. 철학과 언어학을 비롯한 인문학 분야에서 일어난 언어적 전환은 언어가 존재에 관한 사유를 수동적으로 전달하는 수단으로서의 매체에 그치는 것이 아니라 존재를 규정하고 능동적으로 사유를 구성함으로써 실존적 차원에서 삶의 전반에 걸쳐 광범위하고도 심층적으로 침투해 있음을 강조하고 있다.

이밖에도 원활한 소통에 관해 논의하기 위해서는 더 많은 쟁점이 있을 것이다. 그러나 어떤 경우이든 소통의 문제는 이해의 차원에 머무는 것이 아니라 실천적으로 체득하고 현실적으로 실행함으로써 실효를 거둘 수 있을 것이다. 이러한 맥락에서 소통의 합리성을 부각시킴으로써 현대 문명이 당면한 위기를 극복하려는 하버마스(Jürgen Habermas)의 연구는 획기적이라고 할 수 있다.

하버마스에 의하면 어떤 사회가 합리성을 얼마나 구현할 수 있는지는 자기 자신과 사회, 그리고 객관적인 세계를 구분할 능력에 달려 있다고 한

---

8 *ibid.*, pp. 99~109, 113~116 참조.

다. 가령 원시사회에서는 내면적 세계와 외부 세계를 구분할 능력이 없어서 이것이 뒤섞인 형태의 사유에 익숙해져 있었다. 그리하여 원시인들은 자연세계에 적용되는 인과관계를 사회생활의 인간들 사이에 벌어지는 행위에 적용함으로써 혼란을 가져왔다. 가령 질병이 발생한 원인을 병균에서 찾지 않고 마법으로 이해하여 마녀 사냥을 시도했다는 것이다. 그는 이렇게 말한다.

> 외적 관계들과 내적 관계들이 아직 개념적으로 통합되어 있기 때문에 세계에 대한 신화적 해석과 마술적 지배는 밀접하게 맞물려 있다. [……] 도덕성이나 진리와 같은 타당성 개념들이 인과성이나 건강과 같이 경험적 질서와 연관된 개념들과 뒤섞이어 있다.[9]

이러한 관점에서 볼 때 여러 가지 부정적인 현상이 많이 나타났음에도 불구하고 근대의 서구 사회는 합리성을 많이 신장시켰고 그것을 생활화한 것이 사실이다. 합리성을 근거로 하여 종교와 과학, 그리고 종교와 정치가 분리되었으며, 사물과 현상, 사회제도 등을 체계화하고 보편화하는 능력도 생겼지만 비판적이고 반성적이며 자율적인 능력도 많이 향상시켰기 때문이다.

하버마스에게 '합리적'이라는 뜻은 주로 '비판 가능한 것'을 의미했다. 그것이 발화이론이든, 문장이론이든, 혹은 명제이든 행위이든 논증을 통해서 비판할 수 있으면 합리적이라는 것이다. 여기서 중요한 것은 인지적이거나 심미적인, 혹은 도덕적인 다양한 활동이 보편적으로 적용되고

---

9 J. Habermas, *The Theory of Communicative Action*, vol. I (Boston Beacon Press, 1984), pp. 49~50.

맥락으로부터 자유로운 논증 구조를 추려낼 수 있는지가 문제된다. 그는 이것이 서로 다른 방식으로 이용되는 논증의 양식으로부터 '증류'처럼 추출하는 방식을 통해 가능하다고 주장한다. 말하자면 논증의 '보편적' 구조를 발견할 수 있다는 것이다. 하버마스의 이른바 '보편화용론'(universal pragmatics)은 그러한 노력의 산물이다.

한편 하버마스는 언어를 구사함에 있어서 감정이 개입되는 주관적인 세계, 사회관계를 유지하는 간주관적인 세계, 그리고 주관이 배제된 객관적 세계를 나누고, 여기서 우리가 '생활세계'를 구성하지만 그것을 '함께 구성'하지 못하기 때문에 완전한 보편성이나 객관성을 확보할 수 없음을 인정한다. 그러므로 우리는 문법적으로 올바르게 말할 수 있는 능력이 있어야 할 뿐 아니라 변화하는 사회적 맥락에 걸맞게 활용할 수 있는 능력도 지녀야 한다. 그것을 '화용론적' 원칙이라고 하는데 그것은 다음과 같다.

첫째, '나'나 '너' 같은 대명사를 변화하는 대화 상황에 적합하게 사용하는 방식을 알아야 한다. 둘째, 의사소통이 전개되는 특정한 시공간적 차원과 대화의 주체들을 연결해주는 '지시적 표현들'을 이해해야 한다. 셋째, 다양한 수행적 동사들, 말하자면 진위를 가리거나 규제 역할을 하거나 주관적 감정을 표현하거나 간에 이것들이 타당성을 지닐 수 있도록 해야 한다. 이러한 능력을 그는 '의사소통 능력'이라고 하며, 의사소통의 선행조건이기 때문에 이것은 맥락으로부터 자유롭고 보편적이라는 것이다.[10]

하버마스에 의하면 대화가 의미 있는 것이 되기 위해서는 각자의 진술이 일정한 규범적 조건들을 충족시켜야 한다. 이러한 조건들을 서로 인정

10 J. Habermas, "Toward a Theory of Communication Competence," *Inquiry* 13, 70, p. 371.

하지 않을 경우에 소통이 불가능하다는 것이다. 그 조건은 다음과 같다. 첫째로 각자의 진술이 문법적으로 타당하며 단어의 의미가 분명할 것을 요구한다. 둘째로 진술이 참일 것을, 즉 그것이 사실에 부합될 것을 요구한다. 셋째로 진술이 사회적 규범의 맥락에서 올바를 것을 요구한다. 마지막으로 진술이 자신의 진정한 의도를 표현할 것을 요구한다. 이러한 조건들은 인간이 자기 자신과 다른 사람, 그리고 세계에 대한 관계를 통해서 삶을 영위하는 존재라는 사실에서 비롯된 것이다. 다시 말해서 자기 자신과 관련해서는 진실할 것, 다른 사람들과 관련해서는 보편적으로 타당한 규범을 따를 것, 그리고 세계에 대해서는 사실을 직시할 것이 요구되며 이러한 요구는 우리의 진술 행위에 그대로 반영된다. 사실 의사소통을 한다는 것은 진실된 자기표현과 인간 상호간의 규범적 관계, 그리고 세계와의 객관적 관계에 대해 보편타당한 상호 이해에 도달할 수 있다는 점을 전제로 한다. 이러한 상황의 이해가 불가능할 경우에 의사소통은 무의미하고 단순히 '수다 떨기'가 되어버린다. 하버마스는 유의미한 의사소통의 조건들이 충족되어 있는 상황을 "이상적 담론 상황"이라고 부른다.[11]

물론 우리의 일상적 대화 상황은 많은 경우에 그러한 이상적 대화 상황을 충족시키지 못한다. 우리는 자신의 의도를 진실하게 표현하기보다는 위장하는 경우가 많고 자신도 모르게 자신을 기만할 수도 있다. 또한 많은 진술들이 의존할 수밖에 없는 사회적 규범들이 왜곡된 것일 수 있으며, 의도적이든 아니든 세계에 부합되지 않는 사실을 말할 수도 있다. 이와 같이 이상적 언어 상황은 대부분의 경우에 '반(反)사실적'이며 그것은 우리가 지향해가는 유토피아에 불과하다.

---

11 J. Habermas, "Moralitat und Sittlichkeit," in W. Kuhlmann, brsg. *Moralitat und Sittlichkeit* (Suhrkamp. 1986), pp. 24~30.

그러나 하버마스에게 그것은 단순한 유토피아가 아니며, 우리는 실제로 서구의 근대를 거치면서 그쪽 방향으로 다가갈 역량을 이미 상당히 갖추고 있는 상태에 있다. 그는 이것을 '의사소통적 이성'이라고 하는데 이러한 합리성이 갖는 잠재적인 능력을 극대화할 때 유토피아적 이상은 현실이 될 수도 있다는 것이다. 여기서 가장 시급한 것이 적합한 정치체제를 구축하는 것인데, 그것을 그는 "참여민주주의"라고 한다. 시민들의 자발적인 관심과 참여, 그리고 적극적인 대화를 통해서 우리는 근대의 '기술지배'(technocracy)가 야기한 문제들을 극복해나갈 수 있고 그 밖의 난제들도 합리적으로 해결해나갈 수 있다는 것이다.

하버마스에 의하면 자유롭고 평등한 시민들의 연대라는 방식으로 사회적 권력이 광범위하게 형성된 민주적인 모든 영역과 제도들에 적용하고 이것을 통해서 화폐나 행정 권력에 대해서 자신을 주장할 수 있어야 한다. 사실 우리는 기존의 전승된 가치와 문화적 지식을 능동적으로 계승하고 각종 사회집단을 통합하여 청소년들을 사회화해야 한다는 특수한 과제를 우리의 생활세계는 가지고 있다. 그러나 여기에 침식되거나 함몰되지 않기 위해서는 시민들의 연대를 구성해야 하며, 이 연대는 세계 시민사회의 구성원들이 받아들이는 도덕적 관점에 입각해 있어야 한다는 것이 그의 입장이다. 그러나 이러한 연대를 기대한다는 것은 바람직한 것이기는 하지만 낙관하기는 어려운 일이다. 물론 참여민주주의를 통해서 소통이 더욱 원활해지고 이상적 담화 상황으로 접근해갈 수 있지만 그 내용이 정치적 수준에 머물고 이른바 '포퓰리즘'에 휩쓸리면 플라톤이 염려한 것처럼 우민주의로 전락할 수도 있다. 시민들의 연대가 합의에 이르는 것도 어렵지만 그 합의의 내용이 '정치적'인 것이 아니라 '도덕적'인 수준으로 고양되기를 기대한다는 것은 지나친 낙관주의의 표시일 수도 있기 때문이다. 인간의 소통이 이상적 담화의 상황으로 근접하려면 한 시대를 긋는 깊은 성찰과 새로운 사유체계를 창출할 수 있는 학문 간의 유기적 소통과 융합의 시도가 먼저 시도되어야 한다.

IV. 학문 간의 소통과 융합

오늘날 학계에서는 인문학자와 사회과학자, 그리고 자연과학자들이 공통의 관심사에 관해서 포괄적이고 통합적 의견을 도출하기 위하여 활발히 연구 활동을 전개하고 있다. 이것은 학문적으로나 현실적으로 당면한 질병을 의식하고 이에 효과적으로 대처하는 방안 중에 하나이다. 소통의 관점에서 볼 때 문학을 비롯한 예술이나 철학, 역사나 종교 등의 인문학은 다양한 방식으로 내면에 깊숙이 숨겨져 있는 이질적인 자기 자신과의 소통을 시도한다고 볼 수 있다. 정치학이나 경제학 · 사회학 · 법학 등의 사회과학은 나 자신과 타인 혹은 각종 집단과의 소통을 문제로 삼는다고 할 수 있다. 그리고 물리학 · 화학 · 생물학 · 천문학 등의 자연과학은 다양한 방식으로 여러 층위에서 자연과의 소통을 확장해나가는 노력이라고 해석할 수 있다.

지금까지 인류는 이와 같은 다양한 종류의 소통을 각기 다른 영역에서 폐쇄적인 자세와 배타적인 태도로 수행해온 경향이 있다. 그러나 소통을 좀 더 원활하게 하고 그 수준을 한 단계 더 높이기 위해서는 이러한 자세와 태도를 각 분야에서 좀 더 개방적으로 확장하고 전환할 필요가 있다. 소통의 세 요소인 주체의 자각, 언어의 이해, 그리고 객체의 위상이 오늘날 파격적으로 변모하고 있기 때문이다. 우리의 현실을 인문학적, 사회과학적 및 자연과학적 관점에서 유기적으로 진단해보고 치유의 방안을 모색함에 있어서 좀 더 넓은 공감대를 확보해보려는 의도가 바로 여기에 있는 것이다. 과거에는 철학이 이 세 분야를 총괄했던 적도 있었다. 그러나 오늘날 그것은 가능하지도 않고 바람직하지도 않다. 그럼에도 불구하고 자기 자신, 사회 집단 그리고 자연현상과의 유기적이고도 포괄적인 소통을 위해서 그 진단과 처방에 관심을 갖지 않으면 안 된다.

'융합'은 사전적 정의에 의하면 "다른 종류의 것이 녹아서 서로 구별이 없게 하나로 합해지는 일"을 의미한다. 학문의 경우에 그것은 마치 이산가족이 다시 만나는 것과 같다. 원래 학문은 서로 유기적인 관계를 맺으며 탄생되었고 그것이 발전되면서 각기 다른 특징을 지니며 여러 분과로 분화되었기 때문이다. 가령 서양의 학문을 최초로 체계화한 철학자 아리스토텔레스는 원래 생물학자이면서 심리학자였으며 이를 근거로 윤리학과 정치학, 그리고 예술철학을 정립하였을 뿐만 아니라 물리학과 천문학을 발전시키기도 하였다. 이러한 학문들은 인간을 포함하여 모든 존재자들을 어느 관점에서 바라본다는 것을, 또 그렇게 할 수밖에 없다는 것을 그는 실감하였다. 그리하여 그는 모든 존재를 존재 그 자체로서 인식할 수 있는 방법에 고심하였다. 존재하는 이 모든 것의 근거를 근원적으로 탐구할 수 있는 학문의 가능성을 포기할 수 없었던 것이다. 그것이 '경험적 영역'(physica)을 '넘어설 수 있는(meta) 학문', 즉 '형이상학'(metaphysica)이 성립된 계기이다.

그러나 그 후 이제 2300여 년이 지났다. 많은 학문들이 분가한 자식들처럼 각기 자기의 갈 길을 찾아 나서게 되었다. 특히 뉴턴을 중심으로 한 자연과학의 발달에 따라 인문학과 사회과학, 그리고 예술 분야는 서로 어울릴 수 없는 종족처럼 이질화된 것이다. 사실 지금 우리가 따르고 있는 분과 학문의 기준과 개념들은 이러한 과정에서 형성된 것들이다. 그러나 20세기에 접어들면서 그 기준과 개념들은 혼란만을 가중시킬 뿐만 아니라 오히려 학문의 진보에 저해 요소로 작용하고 있음을 알게 되었다.

그 예를 들어보자. 우선 철학에는 그동안 '기초개념'이라고 여겨졌던 것들, 가령 시간과 공간, 인간과 동물, 물질과 정신, 생명과 죽음 등이 더 이상 보편적으로 통용될 수 없을 정도로 변모되었다. 그것은 물리학 · 화학 · 생물학 · 심리학 등 자연과학의 눈부신 발전의 산물이었다. 그러나 이러한 학문들 또한 각기 변신을 겪으면서 심각한 정체성의 문제를 야기하게 되었다. 생물학은 사회학과 가치론에 관여하게 되고 화학은 열역학을 통해 우주의 질서를 본질적으로 다시 조명하고 있으며 물리학도 전통적인 형이상학에 매우 깊숙이 침투해 있다. 이 와중에서 가장 위협을 느끼는 것이 인문학이지만 사회과학이나 자연과학도 행방이 묘연하기는 마찬가지이다. 분가한 자식들이 각기 자기 방식대로 자유방임의 형태로 각자의 길을 걸어오는 동안 심각한 정체성의 문제에 부딪쳤기 때문이다.

이른바 학문의 '소통'을 근거로 하여 '융합'을 시도하는 것이 다시 아리스토텔레스의 상태로 돌아가자는 것은 물론 아니다. 그것은 가능하지도 않고 바람직한 것도 아니기 때문이다. 또한 불과 50여 년 전의 형태로 돌아갈 수도 없다. 이제 생물학자라면 심리학과 사회학을 의식해야 하며, 화학자라면 생물학자이면서 동시에 철학자이어야 할 시점에 이르고 있다. 그런데 한편 각기 학자들은 자기 분야에서 너무 전문화되어 있고 고립되어 있기 때문에 자신의 연구 결과가 현실과 너무 괴리되어 있거나 연결된다고 하더라도 어떠한 함축을 지니는지 판단하지 못하고, 따라서 그 결과에 대해 책임을 질 수 없는 경우가 허다하다. 이제 전문 분야들은 오래간만에 이산가족이 재회하듯 다시 만나야 한다. 한 가족의 작은 문제 하나라도 제대로 풀기 위해 어떤 형태로든 다시 만나야 하는 것이다.

그렇다면 지금 우리가 시도하는 '융합'은 무엇을 의미하는가. 우리는 적어도 다음 몇 가지를 염두에 둘 필요가 있다.

첫째, 융합은 일종의 '만남'이다. 서로 다른 분야가 소통을 통해 문제를 공유하고 정보를 교환하며, 가능하면 사귐의 관계로 발전할 것을 예상하는 만남인 것이다. 그러나 그것은 단순히 서로 다른 전문 분야의 만남이 아니다. 그 분야들이 성립될 수 있도록 여건을 마련한 장치들, 즉 그 학문적 역사와 문화적 배경의 포괄적 만남인 것이다. 그러한 만남이 아니라면 윌슨(E. Wilson)이 보여주듯이 동물학으로부터 사회학 및 일반 가치론으로 연결되는 고리를 찾을 수 없다.

둘째, 융합은 일종의 '창조'이다. 이 만남을 통해서 우리는 창의력과 상상력을 동원하고, 증거를 제시하거나 논변을 근거로 하여 새로운 관점과 입장을, 그리고 마침내 새로운 분야를 창조한다. 또한 이것을 기초로 해서 미래 사회에 걸맞은 새로운 인생관과 가치관, 세계관과 우주관을 창조하는 것이다. 만약 프리고진(I. Prigogine)이 유수한 피아니스트나 문학도가 아니었다면 열역학을 통해 동요의 가능성으로부터 질서의 자기조직화로 이행되는 시점을 포착하지 못했을 것이고 이른바 사회학적 및 철학적 '시스템 이론'의 기초를 제공하지도 못했을 것이다.

셋째, 융합은 일종의 '진보'이다. 그것이 이 만남을 통해서 창조된 문제의식 및 전통적인 탐구의 결과를 확인한 것이거나 확장한 것에 불과하다면, 다시 말해서 사물의 본질이나 현상의 구조, 그리고 인간의 본성에 관한 좀 더 깊은 이해나 개선된 인식이 아니라면 구태여 그 접근의 당위성을 강조할 필요가 없을 것이다. 여기서 특히 인문학적 상상력이 과학적 증명과 만났을 때 가장 빛나는 융합의 모습을 찾아낼 수 있다. 만약 하이젠베르크(W. K. Heisenberg)가 본격적인 철학적 훈련을 받지 않았다면 불확실성의 원리를 발견하지 못했음은 물론이거니와 그것이 지닌 인문학적 함축을 역설하지는 못했을 뿐 아니라 다른 물리학자들과 달리 우주에 궁극적인 것이 있다고 하더라도 그것은 일종의 '입자'가 아니라 물질의 기본

'대칭성'이라는 견해를 피력하지 않았을 것이다.

이와 같이 학문 간의 소통과 융합은 비록 완벽한 형태로 나타나는 것은 아닐지라도 좀 더 풍요로운 인생관과 바람직한 가치관, 그리고 차원 높은 세계관을 위한 시도일 것이다. 이러한 만남과 창조, 그리고 진보가 이루어진다면 우리가 당면한 학문적 정체성을 극복할 뿐 아니라 수많은 윌슨과 프리고진, 그리고 하이젠베르크를 양산할 수 있는 이정표로서의 계기를 마련할 수도 있을 것이다. 그렇다면 구체적으로 융합의 실마리를 어디서 찾을 수 있을 것인가. 우선 서로 이질적인 학문들이 어떻게 만나서 소통할 수 있는가. 우리는 각자가 지닌 공통점을 발견하고 그것을 극대화함으로써 가능하다고 판단된다. 그렇다면 과학 혹은 좀 더 포괄적인 의미에서 학문의 본질이 무엇인지 좀 자세히 살펴볼 필요가 있다.

원래 과학은 철학과 마찬가지로 인간의 지적 호기심을 충족시키기 위한 탐구의 한 형식으로 출발하였다. 그러나 이 형식은 다른 형태의 탐구와 달리 인간이 '보편적으로' 지니고 있는 이성적 판단과 감각적 지각의 능력에만 의존한다. 그것이 바로 연금술과 점성술 등 갖가지 주술뿐만 아니라 철학과 신학으로부터도 구분되는 이유이다. 과학정신은 오직 실험과 관찰을 통해 얻어낸 자료를 근거로 해서 논증이라는 방식에 의해 새로운 지식을 획득하려는 탐구의 정신이다. 여기서 쉽게 찾아볼 수 있듯이 과학적 탐구의 방법에는 한계가 있다. 인간의 인식 능력은 제한되어 있고 그 인식 대상인 우주는 무한하기 때문이다. 그런데 왜 하필 우리는 과학정신을 말하는가. 그것이 지니는 특징이 있다면 그것이 무엇인가. 과학정신에는 적어도 다음의 다섯 가지 특징이 있다.

첫째, 그것은 합리적 방식을 지닌다. 그 탐구의 방법에서 볼 수 있듯이 인간이라면 누구나 지니고 있는 감각적 지각과 이성적 판단에만 의존하기 때문에 과학은 합리적이다. 그것은 개인의 직관과 상상력, 때로는 영감 같은 것에 의존할 수 있지만 거기에 머물러 있지 않고 반드시 경험적 증거와 합리적 논증을 거쳐야 한다는 점에서 합리성을 지닌다는 것이다.

둘째, 그것은 비판적 입장을 지닌다. 과학자의 세계에는 영원한 진리나 절대적 권위는 존재하지 않고 어떠한 이론도 항상 새롭게 검토된다는 점에서 비판적이다. 이러한 비판을 받아들이고 좀 더 진리에 가까이 다가가려는 태도를 지니지 않는다면 과학적 탐구 자체가 성립되지 않았을 것이다.

셋째, 그것은 개방적 자세를 지닌다. 과학은 탐구의 과정에서 끊임없이 실수와 오류를 범하지만 그것이 검증되거나 반증되면 그 결과를 기꺼이 받아들인다는 점에서 개방적이다. 과학적 진리가 다른 종류의 진리와 달리 끊임없이 개선되고 그 축적의 과정을 통해서 오늘의 수준에 이르렀음을 부인하기는 어려울 것이다.

넷째, 그것은 보편적 성격을 지닌다. 과학적 탐구의 성과는 어느 시대나 지역, 혹은 특정한 국가나 민족 등에만 국한되는 것이 아니라 우주 삼라만상에 골고루 적용될 수 있다는 점에서 보편적이다. 또한 그것을 적용한 기술이 어느 특정한 부류의 개인이나 집단에만 귀속될 수 없다는 점에서도 보편성을 지닌다.

마지막으로 그것은 자율적인 태도를 지닌다. 과학자는 과학적 공동체 안에서 관습을 준수하고 규범을 지키며 일정한 패러다임을 수용하지만 그것은 방법론상의 장치들일 뿐이지 거기에 갇혀 있지 않으며 이 모든 것은 결국 극복되기 위해서 과도기적으로만 존재할 뿐이다. 과학자에게 패러다임은 소중하지만 진리는 더욱 소중하다. 이러한 태도는 진리에 임하는 자신의 자율성의 발로에 의해서만 가능하다. 아마 이외에도 더 많은 특징들이 있을 것이다. 그렇다면 그것이 함축하는 의미는 무엇인가.

칼 포퍼(K. Popper)에 의하면 과학자들이야말로 과학정신을 가장 잘 터득하고 있다고 말한다.[12] 그들이야말로 합리적이고 비판적일 뿐 아니라 개방적이며 보편적인, 적어도 그렇게 되려고 노력하는 인간들이라는 것이다. 그리고 이러한 정신으로 무장한 학자만이 자연의 법칙을 잘 이해할 수 있을 것이고 그 법칙을 통해서 탐구의 대상인 자연과의 소통을 가장 효과적으로 이루어낼 것이다. 그 좋은 예를 저명한 물리학자인 리처드 파인만(R. Feynman)의 증언에서 확인할 수 있다. 그는 이렇게 말한다.

> 내가 과학의 분야에서 성공하는 유일한 방법은 무엇이 어떻게 되어야 한다는 생각과 상관없이 증거만을 매우 조심스럽게 제시하고 서술하는 것이다. 어떤 이론을 만들었다면 그 이론의 좋은 점과 나쁜 점을 동시에 설명해야 한다. 과학을 함으로써 순수와 정직이라는 규범을 저절로 배우는 것이다.[13]

그런데 이러한 특징은 물리학자나 자연과학자들의 집단에만 국한되는 것이 아니다. 그것을 사회과학자들이나 인문과학자들 모두에게 적용되는 학문적 자세이며, 바로 이러한 자세를 공유함으로써 자기가 탐구하는 대사나 주제뿐만 아니라 다른 학문과의 소통과 융합을 위한 기초를 다지게 될 수도 있을 것이다. 과학정신이 보여주는 덕목들은 또한 인문적 가치이기도 하다. 합리적 태도를 지닌 인간이라면 다른 인간을 단순히 수단이나 도구로 대하지 않고 동시에 목적, 혹은 인격으로 대하려 할 것이다. 이러한 태도는 곧 칸트(I. Kant)가 말하는 도덕률의 한 조건이다. 또한 비판적인 태도를 지닌 사람은 정치적 제도, 문화적 관행 및 종교적 권위 등을 비판적으로 수용할 뿐 아니라 자신의 가치관이나 신념 체계까지 항상 비판

12 K. Popper, *The Open Society and It' s Enemies*, Vol (London: PKP, 1966), p. 220.

13 R. Feynman, *What Do You Care, What Other People Think?*, pp. 303~304; 홍승우 역, 『남이야 뭐라 하건!』, 사이언스북스, 2004.

적으로 검토하기 때문에 개방적이며 동시에 보편적인 성향을 지니는 것이다. 예술적인 상상력이나 종교적 영감도 바로 이 비판적인 정신과 자율적인 태도에 의해서 탄생하고 성장할 수 있으며 개방적 자세에 의해서만 진화될 수 있다.

이미 지적한 바와 같이 과학자라고 해서 반드시 과학정신으로 무장되어 있고 과학의 시대에 산다고 해서 모든 사람들이 그 정신을 구현한다고 말할 수는 없다. 그러나 종교의 시대인 중세에 성직자들이 더욱 깊은 신앙심으로 뭉쳐 있었고 일반인들도 기독교적 가치를 최고의 덕목으로 받아들였듯이 과학의 시대에 사는 우리는 진정한 의미의 과학이 무엇인지 이해하고 과학기술과 함께 과학정신을 터득하여 그것을 생활화할 필요가 있다. 미래 사회에 인간이 과학의 시대를 산다는 것은 객관적 사실이며 과학을 온전히 이해하고 그 시대를 제대로 산다는 것은 시대적 당위이다. 과학기술 시대를 사는 현대인은 소통을 원활하게 하고 바람직한 삶을 살아가기 위하여, 그리고 특히 학문의 융합을 의식하고 시도하는 각 분야의 전문가들은 미래 지향적인 새로운 학문의 창출을 위하여 이른바 '과학정신'으로 무장하고 진지하게 서로 만날 필요가 있다. 과학정신의 교류야말로 만남의 광장이며 학문의 창구와 진보로 도약하는 디딤돌이 될 것이기 때문이다.

V. 맺는말

이미 지적한 바와 같이 일반적으로 '소통'은 사회적 차원에서 통용되는 어휘로서 사람의 의사나 감정이 남에게 전달되는 것을 말한다. 오늘날 이 말은 학문이나 사상뿐만 아니라 다양한 담론에서 가장 많이 쓰이면서 어느 특정한 영역에 한정되지 않기 때문에 매우 애매한 어휘로 남아 있다. 엄격하게 접근하면 소통은 인간에게만 해당하는 고유한 현상도 아니다. 다른 동물들도 갖가지 방식으로 서로 소통을 이루고 있으며, 그렇게 함으로써 비로소 집단생활이 가능해진다. 그런데 이 개념이 인간에게 적용될 경우에 우선 우리는 '언어'에 의한 소통을 염두에 두지 않을 수 없다. 언어에 의해서만 고차적이고 복잡한 내용을 전달할 수 있기 때문이다. 그러나 언어는 앞서 살펴본 바와 같이 이미 형성된 의사나 감정을 전달하는 단순한 도구가 아니다. 그것은 오히려 의사나 감정을 형성하는 데 있어서 적극적이고도 능동적인 역할을 하며 상대방의 태도나 행동에 영향을 주는 역할을 수행하기도 한다. 그러므로 우리는 소통을 통해서 무엇이 어떻게 누구에게 전달되는지 어느 정도 살펴볼 필요가 있다. 그것을 심층적으로 검토해보면 소통의 주체가 지닌 내면적 측면과 소통의 대상을 규정하는 상황 등이 직접적으로나 간접적으로 소통의 과정을 구성한다.

소통의 과정에서 이와 같이 내용 그 자체는 한 부분에 불과하다. 우리는 그 내용의 원천, 내용이 전달되는 통로, 그리고 그것을 수신하는 대상, 혹은 청중이 있음을 의식할 필요가 있다. 내용의 원천으로 우리는 주로 전달자를 염두에 두는데, 여기서는 그 사람이 믿을 만하고 성실한지, 혹은 그 주제에 관해 박식한지 등을 고려한다. 그러나 내용과 상관없이 그의 용모나 경력, 혹은 주위 환경 같은 것에 지나친 호감을 갖고 경솔하게 받아들이면 바람직한 소통에 방해가 될 수도 있다. 한편 내용을 전달하는 어떤 개인이나 집단을 싫어하면 반대의 견해를 취해 반응하는 경향, 즉 '부메랑 효과'(Boomerang effect)를 나타낼 수도 있다.

그 다음 소통의 내용은 어떻게 구성되고 조직되었는가에 따라 다른 효과를 나타낼 수 있다. 가령 너무 정서적인 측면을 강조하면 오히려 방어기제가 작동하여 역효과를 낼 수도 있다. 또한 논리와 정보만을 포함시킨다면 상대는 그것을 자기의 삶과 연관시키지 못하기 때문에 소통에 실패할 수도 있다. 사람들은 일반적으로 잘 짜인 내용이 박진감 있게 전달될 때 긍정적으로 반응하겠지만 그것도 너무 지나치면 부정적인 결과를 초래할 수 있다. 또한 언제, 어디서 그리고 어떻게 내용이 전달되는지에 따라 소통에 영향을 준다. 일반적으로 개인적인 접촉이 가장 효과적인 방법이지만 다양한 매체가 개발된 오늘날 그것을 보편화할 수는 없다. 끝으로, 대상을 고려해야 하는데 소통이 가장 효과적으로 이루어지려면 그들이 누구이고 무엇을 기대하는지 파악하고 무엇보다 정서적 욕구를 확인하여 이에 호소해야 할 것이다.

이것을 통틀어 소통의 과정이라고 말할 수 있는데 주로 언어적 소통의 경우이고 비언어적 소통에서 고려할 별도의 사항도 있다. 이른바 "인간적 공간"이 중요한 요소로 작동하는데, 가령 상대방과 대화를 나눌 때 개인적으로나 문화적으로 다른 거리를 유지한다는 것을 들 수 있다. 사회적으로 신분이 다르면 그만큼 거리도 달라진다. 공간 사용에서와 마찬가지로 신체 언어에도 문화적인 차이가 있다. 우리는 흔히 무의식적으로 신체언어를 이용하지만 우리가 취하는 자세나 몸짓은 사회적 규칙에 따른다. 문화마다 혹은 신분에 따라 어떠한 규칙을 따르는지 이해하는 것은 의사를 소통하는 데 주요한 역할을 할 것이다.

아마 이것이 일반적으로 우리가 소통의 과정에서 고려해야 할 사항일 것이다. 그러나 과학기술이 발달하여 정보화가 이루어지고 삶의 양식을 본질적으로 변질시키며 세계화를 통해 이질적인 문화들이 급속하게 조우하게 되면 소통의 양상도 상당히 급격하게 변화할 것임에 틀림없다. 잘 알려진 바와 같이 컴퓨터와 통신 산업의 발달이 현대 사회의 급격한 변화를 주도하고 있다. '디지털 혁명'이라고 불리는 엄청난 변화가 산업계뿐만 아니라 생활 전반에 침투해 있는 것이다. 이 혁명의 기술적 및 사회적 효과는 이중적이다. 먼저 긍정적인 측면은 사용자의 위상을 강화하고 정보의 독점을 저지하며 중앙화된 체제를 붕괴시키는 동시에 다원주의를 확산시킨다는 점 등을 들 수 있다. 특히 소통의 관점에서 볼 때 사용자의 정보 개념과 정보 활용을 활성화하여 개인을 단순한 정보 소비자가 아니라 정보 발신자 및 생산자의 지위로 끌어올리는 파격적 변혁을 몰고 왔다. 이것은 기존의 단방향적이며 일방적인 형태에서 쌍방향적이고 동시적인 소통 패러다임에의 전환을 의미한다. 이에 따라 정보의 분산화와 탈중심화가 일어나고 민주적인 정보 체계가 확립될 가능성도 커지게 된다.

한편 디지털 혁명의 부정적인 효과는 산업간 융합 과정에서 거대 미디어 독점이 출현하고 지구적 차원에서 그 지배가 가속화될 수 있다는 점이다. 더구나 가속화되는 세계화 현상은 다국적 기업의 영향력 강화와 기존의 정보 종속을 더욱 강화하는 결과로 이어질 수도 있다. 특히 국제적 네트워크를 통한 정보의 자유로운 유통이 이루어질 정보 고속도로의 경우에 이러한 독점체의 영향력은 아주 클 것임에 틀림없다. 그 어떤 경우이든 디지털 혁명 이후 소통은 그 내용과 상관없이 그 어느 때보다 광범위하고 자유롭게 이루어질 것이다. 그러한 상황은 우리가 잘 인식하고 또 체험하고 있는 사실이다.

여하튼 전통적 사고방식과 생활양식이 근본부터 흔들리고 있고 새로운 인식의 체계가 정립되어 있지 않은 상황에서 소통의 문제는 그 어느 때보다도 위기의 국면을 맞이하고 있는 양상이다. 그것은 단순히 성별이나 세대의 차이 혹은 문화의 다양성에 국한된 것은 아니다. 사회과학자들이나 미래학자들이 지적하는 바와 같이 "제3의 물결"이 밀려오는 "후기산업사회"에서는 전통적인 가치관이나 인간관, 세계관 등이 급격하게 무너져서 과도기적인 혼란을 거칠 수밖에 없고, 더구나 세계화와 국제화가 급속하게 진행되어서 그만큼 소통이 더욱 어려워지게 마련이다.

소통이 잘 안 되면 위험 인식이 높아진다. 사회학자 율리히 베크(Ulich Beck)에 의하면 현대인은 일어날 확률이 거의 없는 위험이나 실재하지 않는 위험 때문에 불안을 느낀다고 말한다. 불확실하고 유동적인 상황이 불안을 야기한다는 것이다. 그는 이러한 현대 사회의 특징을 "위험 사회"라는 말로 정의했다.[14] 여기에서의 '위험'은 직접 감지되지 않는 위험, 그래서 예측하기 어려운 위험이다. 그러므로 소통에도 물론 분명히 한계가 있다. 그러나 위험을 예측하고 통제하는 역할을 하는 것이 과학이다. 과학은 현대인의 생활을 놀라울 정도로 발전시키고 편리하게 만들었다. 기상 정보가 그 대표적인 예이다.

그러나 여기에서 우리는 합리성이나 객관성에 호소하여 소통을 원활하게 하는 데 한계가 있음을 실감하게 된다. 소통의 본질을 이해하려면 어떤 현상에 대한 객관적 사실과 그것을 받아들이는 주관적 인식 사이에 크나큰 괴리가 있음을 먼저 인정해야 한다. 그리고 소통의 대상은 객관적 사실이 아니라 인식된 내용이라는 점도 동시에 인정해야 한다. 더구나 정치를 비롯한 현실사회가 직면해야 하는 것은 학문과 달리 '사실' 그 자체가 아니라 사실에 대한 '인식'임을 명심해야 한다. 특히 정보화 사회에서는 그 파장이 매우 크기 때문에 이러한 현상이 더욱 심각한 문제로 대두된다.

그렇다면 어떻게 여러 차원에서 소통을 좀 더 원활하게 할 수 있을 것인가. 그것을 우리는 다음과 같이 정리해볼 수 있을 것이다. 첫째, 주관적 신념을 약화시키거나 보류하고 객관적 사실에 근접하여 과학적 합리성을 극대화하려고 노력하지 않으면 안 된다. 그렇게 하려면 그것을 비판적으로 수용하려는 사회적 합리성이 작동해야 하고, 무엇보다 여기에도 한계

---

14 Ulich Beck, *Risikogesellschaft: Auf dem Weg in eine andere Moderne* (1986). 특히 제1부의 「문명이라는 산 위에서 살아가는 삶: 위험 사회의 윤곽」 참조.

가 있다는 성찰적 자세를 지니는 것이 중요하다. 둘째, 담론의 틀을 확대할 필요가 있다. '제로섬' 게임을 피하기 위하여 양측이 설정한 전제를 다시 검토하는 지혜가 필요하다. 어떤 논의의 전제를 재검토할 때 우리는 좀 더 차원 높은 결론에 도달할 수 있을 것이다. 이것은 문명적으로나 문화적으로 새로운 국면에 접어들었을 때 더욱 절박한 사항이다. 서로가 구태의연한 개념의 틀에 갇혀 있을 수도 있기 때문이다. 셋째, 상대방의 입장에서 사물의 본질과 구조를 재조명할 수 있는 지혜가 필요하다. 객관적이고 절대적인 진리가 그 누구의 전유물이 아니라면 상호 주관성에 호소하여 공통분모를 확대하는 차선의 방법을 채택하는 것이 좋을 것이다. 그렇게 함으로써 일단 갈등과 충돌의 요소를 제거하고 소통의 실마리를 찾아갈 수 있기 때문이다. 넷째, 소통에는 자연적이고 자율적인 측면이 있다. 소통을 원활하게 하기 위해서 인위적 장치를 지나치게 동원하거나 강제력을 발동하면 이것이 오히려 저해 요소가 될 수도 있다. 어느 정도 자동적인 흐름에 맡겨둘 때 충돌과 갈등을 통해 상상력과 창의력이 창발되고 한층 더 차원 높은 문화의 형태를 창출하게 될 수도 있다. 이러한 점들을 염두에 둘 때 우리는 자기 자신과 다른 사람들뿐만 아니라 객관적인 자연의 세계와도 좀 더 원활한 소통을 이룰 수 있을 것이다.

사회과학적 진단: 매체와 통로

김 경 동
서울대학교 사회학과 명예교수,
대한민국학술원 회원,
KAIST 테크노경영대학원 초빙교수

김경동

서울대학교 사회학과를 졸업하고 미국 미시건대학교에서 사회학 M. A., 코넬대학교에서 Ph. D.를 취득하였다. 서울여자대학, 미국 North Clarolina State University at Raleigh 교수, 프랑스 파리의 L'Ecole des Hautes Etues en Sciences Sociales(국립사회과학대학원), 듀크대학교의 초빙교수, 워싱턴 DC의 Woodrow Wilson International Center for Scholars Fellow(연구교수) 서울대학교 교수를 역임하고 현재 서울대학교 명예교수이며 대한민국학술원 회원, KAIST 테크노경영대학원 초빙교수로 재직 중이다. 한국사회학회 회장, 한국정보사회학회 이사장을 지냈으며, 현재 (사)한국자원봉사포럼 회장, (사)한국자원봉사협의회 공동대표이다. 최근 Brill 출판사의 East Meets West의 공편자를 비롯하여 국내외에서 사회 변동, 사회 발전, 근대화, 노사 관계, 교육 등에 관한 다수의 저서와 300여 편의 논문을 발표하였다. 중앙문화대상 학술대상, 성곡학술문화대상, 옥조근정훈장 등을 받았다.

1. 소통의 사회학적 풀이

세상의 모든 생물은 내용이나 수단이 다를 뿐 소통하지 않고 생존할 수 있는 종(種)은 없다. 인간의 소통과 여느 생물의 소통에 있어서 서로 다른 핵심 요소는 뜻과 생각을 전달한다(意思疏通)는 점이다. 사람의 두뇌가 이 대목에서 결정적인 차이를 지닌다. 그 두뇌의 특성 때문에 인간이 생각하는 능력을 갖추었지만 태어나는 순간부터 생각을 하지는 못한다. 자라면서 반드시 다른 사람들과 접촉하면서 그들에게 배워야만 생각하는 의식이 싹튼다. 두뇌가 지니는 학습능력 또한 탁월한 점이 인간과 여타 생물의 핵심적 차이다. 의식을 마음(mind)으로 인식하는 사회학 이론에서는 인간의 자아(self)도 사회적으로 생성한다고 주장한다.[1]

1 여기서 말하는 사회학적 이론이란 곧 상징적 상호작용론(Symbolic Interactionism)인데, 그 대표적인 학자가 George Herbert Mead이고 그의 뒤를 이어 이 이론을 정립하는 데 앞장선 이가 Herbert Blumer다. 이들의 대표적인 저작으로는 Mead(1935) 및 Blumer(1969)가 있고, 이에 대한 해설은 김경동(2002b) 참조.

이 마음속에는 본래 타고난 주체로서 자아, 영어 표현으로 'I'가 있음을 가정하는데, 이 'I'만으로는 반쪽 자아밖에 되지 않는다. 타인과 접촉하는 동안 인간에게만 특출한 학습능력을 발휘하여 다른 사람들이 나를 대하는 태도와 표현에서 나의 모습을 조금씩 지각하고 익히게 된다. 이 학습과정 자체는 이미 소통을 내포한다. 주위의 타인이 내게 말을 걸고 이름을 불러주고 '아옹'도 하고 손짓하고 웃어주고 때리고 어르고 안아주는 따위의 모든 행위가 소통이다. 그 모든 것이 하나의 거울이 되어 아기는 비로소 그 속에 비친 '나'를 본다. 일컬어 '경상자아'(鏡像自我, the Looking-Glass Self)다.[2]

그런데 인간은 태어날 때부터 독자적으로 생존할 역량을 갖추지 못하기 때문에 주위 사람들이 없이는 살아남을 수가 없다. 따라서 아기를 돌봐주고 양육하는 이들은 그에게 '중요한 타인들'(significant others)이다. 그처럼 중요한 사람들이 자신을 대하는 말과 행동이 아기에게는 '나'의 모습으로 비치는 것이다. 자라면서 아이는 여러 종류의 사람과 소통을 한다. 이들도 나에게 말하고 행동하므로 그 모든 언행을 뭉뚱그려 생각해보면 그 속에 역시 좀 더 복잡해진 나의 모습이 떠오른다. 이와 같이 여러 가지 특성을 지닌 더 많은 사람들과 소통하며 마음속에 형성한 자아의 이미지는 '일반적 타인들'(generalized others)의 반응에서 생성하는 더 폭넓고 차원이 높은 자아상이 되는 셈이다. 결국 남이 있어서, 남과 소통하여, 남에게 배워서, 나의 마음속, 의식 안에 형성하는 자아가 바로 객체적 자아, 영어로는 'Me'다.

우리의 마음 안에는 두 개의 '나'가 생긴다. 중요한 것은 사람의 의식 속에서는 이 두 개의 나, 즉 주체적 '나'가 객체적 '나'와 소통을 할 수 있다

---

2 이 개념은 사회학자 Charles Horton Cooley(1964)가 창안한 것이다.

는 사실이다. 혼자 생각으로 혹은 혼잣말로 '나'는 '나'와 대화한다. 인간의 자아성찰(self-reflection) 능력은 이런 의식의 내적 교신으로 가능해질 뿐더러 그 순간이 '나' 스스로를 의식할 수 있게 되는 때다. 자아의식이 생겨야 타인과도 소통을 할 수 있다. 그 전단계의 '나'는 다른 사람의 행동에 그냥 일방적이고 조건반사적 반응만 할 따름이다. 그러기에 아주 어린아이는 근원적으로 자기중심적이다. 자기밖에 모른다는 말은 자기도 의식하지 못해서 타인을 생각할 수 없다는 말이다. 어른이라도 자기만 안다는 것은 사회의식의 결핍을 가리킨다.

이처럼 타인과 소통하는 과정을 사회적 상호작용(social interaction)이라 하고 상호작용이 있어야만 사회가 성립한다. 그런데 인간의 자아가 생기려면 우선적으로 다른 사람들과 상호작용을 해야 한다는 전제조건이 있음을 위에서 간략하게나마 살펴보았듯이, 일종의 순환적인 현상에 주목할 필요가 있다. 개인의 자아는 사회를 필요로 하고 사회는 자아의식이 있는 사람들 사이의 상호작용을 요한다는 사실이다. 이때 사회적 상호작용이라는 인간의 소통은 필연적으로 의미를 주고받는 과정이라는 점에서 여타 생물과 차이를 드러낸다. 인간은 생각하는 능력을 마음(의식) 속에 가지므로 그 의식으로 세상 만상(萬象)에다 뜻(의미)을 부여하고, 이해하고, 해석하고, 전달하는 소통을 실행한다. 의사소통(communication)이다(김경동, 2008).

의사소통은 일정한 흐름을 타고 일어난다. 이를 의사소통 과정(communication process)이라고 한다(Berlo, 1960; Robbins and Judge, 2007). 항상 소통의 출처 내지 근원(source)으로서 발신자(sender)가 있고 그것을 받는 수신자(receiver)가 있다. 그 사이에는 대충 다음과 같은 과정을 거친다. 우선 발신자는 자신이 보내고 싶은 전언(message)을 송신하기 위해 그 내용의 뜻을 어떤 상징(symbols), 기호(signs), 또는 신호(signals) 등

부호로 표현(부호화, encode)하여 특정한 매체(media), 통로(channel)를 이용해서 전달하면 수신자는 그 부호를 해독(decode)하여 내용의 의미를 이해하기 위한 해석을 시도한다. 이러한 일방통행만으로는 물론 소통이 일어나지 않으므로 반드시 환류(feedback)가 있어야 양방통행인 소통의 한 주기를 완성한다(그림 참조).

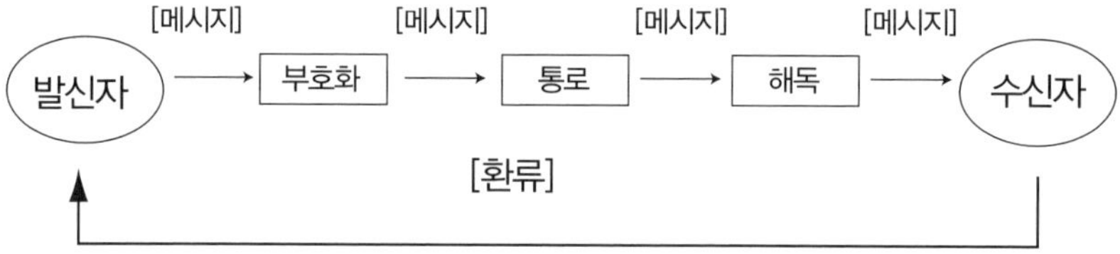

여기서 두 가지 핵심요소를 언급하고 소통의 의미 풀이를 마무리한다. 하나는 소통의 수단이면서 동시에 인간의 생각과 의미를 구성하는 언어다. 언어는 인간만이 만들어서 쓰는 기호로서 역시 인간만이 발명한 문화의 열쇠(key to culture)다. 생각부터 언어가 있어야 하고 의미를 표현 · 전달 · 해석하는 데도 언어가 필수다. 다만 언어(言語)라고 하면 소리를 내는 말과 글을 주로 떠올리지만 실제 일상생활 속에서 사람들은 온갖 수단을 써서 의사소통을 한다. 몸짓, 손짓, 행동, 표정, 심지어 침묵까지도 포함하는 비언어적(非言語的) 소통도 다반사로 일어난다.

두 번째 요소는 매체다. 그런 언어를 사용하여 뜻을 전달하는 통로로서 사람이 만들어낸 갖가지 물리적 수단을 일컫는다. 물론 문자가 가장 대표적인 수단이지만 문자가 아닌 여러 종류의 기호와 신호를 비롯하여 일상의 사물들도 특정한 의미를 표현하는 기능을 하기도 하며, 기나긴 인류 역사상 무수한 기술 혁신으로 창조한 통신매체들이 계속 늘어난다. 특히 현대의 정보통신기술은 다양한 형식과 표현 방법으로 교신할 수 있도록 다기능적(多機能的) 특성을 지니는 매우 복합적인 소통매체를 제공한다.

2. 사회적 소통의 장애요인: 일반적 고찰

소통 없이는 사회가 성립하지도 작동할 수도 없다는 사실은 상식이다. 그런데 사회생활에서는 소통이 어려울 때가 쉬운 때보다 더 많을 것이다. 생각해보면 심지어 꿈속에서조차 소통이 잘 되지 않아 가위눌리는 일도 있다. 여기에는 그만한 이유가 있다. 사회 속에 함께 살아야 하는 인간이기에 본래 장애나 왜곡을 일으키는 요인도 있고 사회적인 상황적 조건이 원인이 되기도 한다.

1) 본원적인 장애요인

사람이 의사소통을 할 때는 몇 가지 생리적 · 심리적 과정이 동반하면서 소통에 장애를 일으키든지 왜곡을 자아내는 수가 있다. 그 주요 보기만 간략히 지적한다(Robbins and Judge, 2007).

- **여과작용**(filtering): 의사소통 과정에서 발신자가 수신자의 비위에 맞게,(삭제) 혹은 즐겁게 하려고, 또는 어떤 부정적인 동기에 의해서 의도적으로 정보를 조작하는 여과작용이 일어날 수 있다.
- **선택적 지각**(selective perception): 인간은 모든 정보를 총체적으로(holistically) 지각하지는 못한다. 그만큼 지각의 한계가 있다는 말이다. 이때 수신자는 대개 자신의 욕구 · 동기 · 경험 · 배경 · 개성 등의 영향 아래 수신하는 정보를 입맛에 맞게 선별적으로 지각할 뿐 아니라, 전해온 정보의 부호를 해석할 때도 자신의 관심사와 기대를 투입

하기도 한다.

- **감성**(emotions)**의 작용**: 사람의 감성적 반응은 비단 의사소통뿐 아니라 여러 측면에서 행동에 영향을 미친다. 특히 소통 과정에서는 수신자는 물론 발신자도 감정 상태에 따라 의사 전달 과정에서 선택적 지각에도 영향을 미쳐 왜곡이나 장애를 일으킬 수 있다.
- **소통불안증**(communication apprehension, anxiety): 미국에서는 전체 인구의 5~10% 정도가 의사소통을 두려워하거나 불안해하는 증상을 보인다고 한다. 개인에 따라서는 이처럼 다른 사람들과 소통하는 것 자체를 꺼리든가 기피하려는 성향을 지니는 것도 문제다.
- **정보 과부하**(information overload): 인간의 정보 접수 및 처리 능력에는 한계가 있을 수밖에 없다. 오늘날 흔히 말하는 정보사회의 특유한 사회적 현상으로서 정보의 '홍수'를 만나면 사람들은 불가피하게 선별적으로 정보 수용을 무시, 통과, 망각, 혹은 지연할 소지가 커지므로 결국 소통에 왜곡과 장애가 일어난다.

2) 사회문화적인 장애요인

인간의 소통은 어차피 사회문화의 문맥에서 이루어진다. 그러므로 사회적인 여건이나 문화적 특성이 영향을 끼쳐 효과적인 소통이 되지 않을 수가 있다(Hall and Hall, 1990; Robbins and Judge, 2007).

- **사용하는 언어**: 같은 말이라도 나이, 학력, 문화적 배경 등에 따라 의미 해석을 달리할 수 있다. 특히 전문적이고 기술적인 용어라든지 특수 집단이 쓰는 은어(隱語) 같은 것은 소통을 원활히 하는 데 방해가 된다.
- **남녀 간의 소통**: 개인차를 인정하더라도 남자와 여자는 대화에서 몇 가지 특이한 차이를 보인다는 연구가 있다. 남성은 지위와 권력을 강

조하면서 남의 말을 잘 듣지 않으려는 경향이 있는 반면, 여성은 연고와 친밀성을 자주 언급하여 확인과 지지를 추구하는 성향을 나타낸다고 한다. 이런 특징이 아니더라도 남녀 간의 소통에는 어느 정도의 벽이 상존한다.

- **지위와 권력의 장애**: 사회적 지위가 다르면 그에 따른 권력의 차별이 생기고 이로 말미암아 소통에 지장을 줄 수 있다. 위계서열적 상하수직의 소통은 불평등을 전제하는 수가 많기 때문에 할 수 있는 말과 못할 말이 있게 마련이다.
- **정치적 정답**(political correctness): 주어진 상황이나 종사하는 직종에 따라서는 결단코 '해서는 안 될 말'이 있다. 이런 때를 가리켜 '정치적 정답'의 압력이라고 한다. 종업원이 고객에게 하는 말이나 태도, 혹은 정치인이나 지식인이 특정한 맥락에서 언행에 신중해야 하는 상황이 좋은 예다.
- **문화적인 장벽**(cultural barriers): 문화적 배경이 다른 사람들 사이에서는 사용하는 언어 자체, 같은 말의 용법이나 의미, 억양이나 말하는 스타일, 그리고 언어가 좌우하는 의식구조의 차이 등에서 오는 오해와 장벽이 소통을 어렵게 한다. 그런데 이런 문화적 차이는 비단 다른 나라 사람들 사이에서만 작용하는 게 아니라 같은 사회의 구성원들이라도 사회경제적 지위 · 학력 · 성별 · 나이 · 지역 등에 따라 부분적으로 문화의 차이가 있을 수 있고 그로 말미암은 소통의 장애가 발생하기도 한다.

3. 한국은 소통이 잘 되는 사회인가?

물론 이 질문 자체가 이미 한국에서는 사회적 소통이 잘 되지 않는다는 것을 암시한다. 특히 요즘 정치권의 혼란상을 관찰하면 분명히 소통의 문제가 그 뿌리에 놓여 있음을 직감하고도 남는다. 기이하게도 그 당사자 정치인들을 포함하는 많은 사람들이 소통해야 한다는 목소리를 크게 내면서도 정작 자기들은 소통을 하지 않는지, 못 하는지, 불통의 고통이 이 사회를 괴롭히고 있다. 소통 부재 내지 소통 왜곡의 사회적 · 국가적 폐해가 이만저만이 아니다. 그래서 물어보고 싶은 것이다. 왜 한국에서는 사회적 소통이 이처럼 어려운지를.

그 해답을 얻기 위해서는 위에서 개관한 사회학적 일반론을 참조하되 거기에만 의존할 수 없는 한국의 특수적 요인도 함께 고려해야 할 것이다. 오늘의 한국 사회는 특수한 역사와 전통의 배경 아래 복합적인 요인에 의한 급격하고 광범위한 변동을 거쳤으므로 간단한 분석을 쉽사리 허용하지 않는다. 따라서 중요한 측면에 대해서만 축약적으로 접근하는 수밖에 없고 여기에 일반적 분석틀을 나름대로 적용할 수 있다. 먼저 기질적인 차원의 장애요인을 고찰한 다음에 사회적 문제점을 지적하는 순서로 정리하고, 후반부에서는 특별히 현대 사회의 정보통신 분야를 중심축으로 하는 과학기술 혁신이 자아내는 소통의 새로운 특징과 문제점을 검토할 것이다.

1) 기질적인 차원의 문제점[3]

• 감성적 반응의 문제: 특별히 눈에 쉽게 뜨이는 현상으로 한국인의 소

---

3 기질적이라는 것도 일종의 사회조직원리(principles of social organization)의 현상적 표출로 볼 수 있는데, 한국 사회의 특이한 조직 원리를 몇 가지 소개하는 것이다(김경동, 1993, 제4장 참조).

통 과정에는 감성의 작용이 가장 민감하게 작용한다는 점을 놓칠 수 없다. 흔히 한국 사람들은 스스로 기분파라고 일컬으며 '화끈'한 것을 좋아한다고 자평한다. 이런 현상은 한국 사회의 지배적이고 특이한 조직 원리 중 감성주의(emotionalism)를 반영하는 것이다. 기질적으로 감성적이라는 사실은 우선 우리의 언어에서 정감적인 표현과 다양한 형용사가 풍부하다는 데서 알 수 있을 뿐더러 소위 중국의 '동이족'에 대한 평에서 '가무를 즐기는 민족'이라고 한 언급이 잘 말해준다. 그리고 실제로 문화예술 분야의 감성 표현에서 단연 세계적인 인정을 받는 것도 하나의 단서다.

그런 감성주의가 사회적 맥락에서 인간 간의 소통으로 전이하면 차분한 대화보다는 감정의 폭발이나 감성에 호소하는 방식의 소통이 앞서는 모습으로 변질하기 쉽다. 이런 접근으로는 문제 해결은커녕 오히려 문제를 더 어렵게 만드는 결과밖에 기대할 수가 없다. 그로 말미암아 우리 사회에는 사회적 갈등이 빈번할 뿐 아니라 노사 갈등이나 정치적 · 사회적 쟁점을 둘러싼 분쟁이 일어나면 오래 끄는 데서 통계 숫자로 증명할 수도 있는 세계적인 기록을 지닐 정도다. 게다가 갈등은 곧잘 "너 죽고 나 죽자!" 아니면 "죽기 살기로 해보자"는 식의 '기 싸움'으로 전개하기 때문에 해결하기가 까다로워질 수밖에 없다.[4]

- **떼쓰기**: 이성적인 판단이나 행동으로 소통에 임하기보다는 감성주의에 의존하는 현상의 연장선상에서 드러내는 또 하나의 성향은 '떼쓰기'다. 어느 학자가 '떼한민국'이라는 악명(?)까지 제안했듯이, 무슨

4 특히 노사 갈등과 관련하여 한국 사회의 특유한 기질적 요소를 설명한 보기는 Kim Kyong-Dong(2004) 참조.

일에나 침착한 대화와 설득이 통하지 않고 우선 떼를 쓰면 목적 달성을 할 수 있다는 접근으로는 소통에 심각한 지장을 초래하고 문제 해결에도 도움이 되지 않는다. 일방적인 주장과 요구 조건만을 무작정 내세우면 해결을 위한 타협이나 양보가 불가능해지는 것이 상례이기 때문이다.

- **소통 기피 성향**: 굳이 소통불안증이나 소통공포증이라고까지는 부르지 않더라도 한국 사람들은 우선 의사소통을 쉽게 하지 못하는 경향이 분명히 있다. 강의시간에 대학생들에게 질문을 하라면 묵묵부답인 현상을 보이는 것은 인도나 필리핀 사람들이 다른 학생들의 눈살 찌푸림도 아랑곳하지 않고 귀찮을 만큼 눈치 없이 질문을 하는 것과는 대조적이다. 어릴 때부터 어른들 앞에서 함부로 말을 하지 못하게 한다든지 자기표현을 적극적으로 장려하지 않는 우리 사회의 전통적인 관습이 작용한 탓일 수 있다. 일반적으로 여성에게는 '수다'를 허용하면서도 유독 남자는 과묵(寡默)해야 한다는 신조 같은 것은 남성들의 자기표현이나 대화에 대한 일말의 소통기피증을 자아내는 문화적 요인일 수 있다. 특히 남녀 간의 대화가 절실히 필요한 부부관계에서 일상적으로 아내는 계속 말을 하고자 하고 남편은 입을 다물고 있는 소통 부재 상황은 심각한 상호작용 자체의 문제를 야기할 뿐 아니라 당사자, 특히 여성의 정신건강을 해치는 결과를 초래할 수도 있다. 물론 요즘은 그러한 문화적 관습에도 변화가 있지만 아직은 그 여파가 상당히 남아 있다고 보아야 할 것이다.
- **눈치 보기**: 한국 사회에서 자주 발견하는 '눈치 보기'는 소통 기피를 초래하는 한 요인이면서도 동시에 여러 가지 사회경제적 지위의 차이나 사회적 상황에서 연유하는 압력 때문에 생기는 행태이기도 하다. 눈치를 본다는 것은 소통 과정에서 상대방에게 듣기 좋은 말을

하거나 듣기 싫은 소리를 피하려는 행위이므로 자연히 발신자 측에서는 역과 작용이 일어날 것이고, 수신자에게는 아예 어떤 메시지나 정보는 제척(除斥)해버리고 마음에 드는 말만 취하는 선택적 지각이 일어나기 쉽다. 따라서 정확하고 정상적인 소통에는 상당한 지장이 있다.

2) 사회문화적 차원의 문제점

- **동원적 사회의 소통**: 앞에서 한국 사회의 감성주의 성향을 언급했거니와 이것이 집합적 수준으로 전이하여 표출하면 일종의 집합적 감성주의로 둔갑한다. 일대일의 상호작용에서 쉽게 흥분하고 감정적 대응이 잦은 모습이 집단의 맥락에서 감정의 폭발로 드러나는 예가 드물지 않다. 이것을 사회학적으로는 일종의 동원적 사회(mobilizational society)의 표현 방식으로 이해할 수 있다. 한국 역사에는 근대 이후뿐 아니라 그 전의 전통사회에서도 인민을 동원해야 하는 계기가 무수히 발생한 경험이 있다. 빈번했던 외세의 침략과 전쟁 탓에 동원이 필요했고 근대화 과정에서는 인적 · 물적 동원이 반복했다. 새마을운동과 같은 지역사회운동, 반정부 집단행동, 경제위기 때의 금 모으기 캠페인, 월드컵 응원을 위한 국민적 참여, 미국 쇠고기 수입 반대를 초래한 광우병 관련 집단행동, 대규모 재난재해를 돕는 자원봉사 활동 등 집합적 동원의 기회가 허다하였다. 정치 부문에서도 선거철이 되면 과거에는 수십만의 유권자를 한자리에 모아 유세를 벌이는 집단 동원이 수시로 있었다. 이런 상황에서는 사회적 소통이 합리적이기보다는 감성적이고 때로는 과격해지기도 한다. 특히 대규모의 군집이 한자리에 운집한 맥락은 쉽사리 선동선전과 같은 자극에 쉽사리 반응하여 집합적 감성 표출이 일어나므로

정상적인 소통은 어려워진다.[5]

- **지위와 권력의 영향**: 정상적이고 민주적이며 평화로운 소통이 가능하려면 적어도 상호작용 당사자들 사이에 사회적 불평등이 존재해서는 곤란하다. 어느 한쪽이든 사회적 지위가 높고, 따라서 그에 수반하는 권력도 크다면 약자에 속하는 상대는 듣기 싫은 소리도 삼가야 하고 눈치도 봐야 하고 일방적인 요구도 들어주어야 하고, 그러자니 결국은 정보를 상급자의 입맛에 맞게 여과도 하고 조작하기도 하여 왜곡과 소통 장애가 나타난다. 지위가 높은 사람들은 그들 나름으로 현상 유지를 위한 소통의 여과, 조작 및 왜곡을 서슴지 않는다. 더구나 한국 사회에서는 권위주의적인 조직 원리가 아직도 상당히 작용하는 데다, 지위가 높고 권력이 대단한 상위자면 그에 수반하는 특권이 상당하다. 그런 특권의 유인(incentives) 앞에서 온전하고 균등한 자유로운 소통이 일어나기를 기대하기는 어렵다. 이와 유사한 맥락에서 남녀의 지위 차이도 비슷한 결과를 초래한다고 볼 수 있다. 여기에도 불평등이 엄연히 존재하기 때문이다. 지난날의 가부장적 권위주의 성향이 남존여비의 풍습으로 존속하는 한, 남녀 간의 소통에는 한계가 불가피하게 되어 있다. 현재는 남녀관계에도 상당한 변화의 바람이 불었고 일반적으로 권위주의적 관행도 점차 약화일로에 있다고 볼 수 있으나, 그 속도는 장담할 처지가 못 된다(김경동, 1993).
- **정치적 정답과 이데올로기의 특성**: 한국에서 권위주의 통치 시대에는 지배 엘리트의 귀에 거슬리고 심기를 불편하게 만드는 언사는 공공연하게, 또는 심할 때는 은밀히 억제당하고 핍박의 대상이 되곤 하였다. 민주주의 이행(democratic transition) 이후에는 오히려 이제는 재

5 이와 같은 동원적 조직 원리에 관한 해설은 김경동(2002a) 참조.

야나 야당이 정치적 정답을 강하게 요구하는 지경에 이르렀다. 공공연히 정부나 여당을 두둔하는 발언을 했다가는 온갖 압력이 직접 · 간접으로 가해진다. 또는 여성운동이 한창일 때는 함부로 여성을 비하하든지 차별하는 따위의 언행도 정치적으로는 정답이 아니라는 압력을 받았다. 요사이는 조금만 실수해도 '성희롱' 죄에 해당할까봐 조심하는 분위기마저 팽배하다.

이러한 정치적 정답의 유형 가운데 가장 강력한 호소력으로 정상 소통을 위협하는 것이 이데올로기(理念, 思想)다. 이념은 거기에 한 번 빠져들면 모든 것이 '적(敵) 아니면 동지'라는 이분법에 사로잡혀 소통하기가 가장 힘들게 만드는 조건으로 둔갑한다. 워낙 이데올로기라는 것이 사회과학적인 성격의 이론이지만 그럴싸한 논리를 가지고 실현 불가능한 유토피아적 환상을 미래지향적 비전으로 제시하는 과정에 현실과는 다르게 왜곡하여 설명하는 변질한 사회 · 정치 · 경제 이론 체계이므로 신봉자들이 믿고 따르면 그만이지 거기에 대한 비판이나 험담은 불가능하다. 또한 동일 이념의 신봉자, 추종자들은 이른바 '참신자'(true believers)답게 자기네 이념에 완전히 충성 · 복종 · 복무하게 만드는 이론이다. 그리하여 혁명의 수단으로 이용한다. 여기에서 정상적이고 이성적인 소통을 기대하기란 하늘의 별따기보다 더 어려워진다.[6]

- **대외적 폐쇄성**: 2010년 2월 12일자 「조선일보」에는 영국의 「더타임스」 서울특파원의 시론이 실렸다. 제목이 "남의 말 안 듣는 한국"이다. 그의 관찰에 의하면 한국에서는 정부나 기업체나 내부 목소리만

6 한국 사회에서 특히 이념이 정치적 이슈로 표면화한 주요 전환점이 2002년의 대통령 선거라고 할 수 있는데, 이에 대한 분석의 보기는 Kim Kyong-Dong(2003) 참조.

신뢰하므로 비싼 비용을 들여 얻는 외부 자문이나 연구 용역 같은 것은 요식행위로 치부하고 경시하는 태도로 말미암아 발생하는 시스템의 실패를 비롯한 사회 전반의 폐해가 이만저만이 아니다. 한국 사회의 역사적인 경험에 뿌리를 둔 폐쇄적 집단중심주의 문화는 자기들 집단 내의 구성원이 아니면 누구나 쉽게 믿고 받아들이지 못하는 신뢰의 특수주의(particularism)를 낳았다. 이는 결국 소통의 범위를 제한할 뿐 아니라 선택적 지각의 오류를 초래한다. 남의 말을 잘 듣지 않는 습성은 우리 문화에 뿌리 깊은 명분론(名分論)과도 연관이 있다. 한번 자신의 관점을 확정하고 그것을 명분으로 내세우기 시작하면 태도에 변화를 허용하지 않는 고집스러움이 따른다. 그런 자세로는 남의 말을 들을 생각을 할 수가 없게 된다. 이는 또한 위에서 지적한 이데올로기와도 일맥상통한다. 이념이 명분이 되어 수정을 불가능하게 하기 때문이다. 이 모두는 소통의 문을 굳게 닫는 데 결정적인 일조를 한다.[7]

- 만연한 불신: 한국 사회가 전통사회의 부패와 탐관오리의 횡포, 망국, 식민지적 억압과 분열 책동, 광복 후의 좌우 대결, 동족상잔의 전쟁, 급격한 공업화와 도시화에 의한 뿌리 뽑힘, 서방에서 직수입한 '결격형 개인주의'(individualis-by-default)의 영향 아래 극단적 자기중심주의의 확산 등 오랜 역사적 곤경과 변혁을 경험하는 사이 불신의 사회로 변질한 면이 없지 않다. 자신의 가족이나 가까운 특수 집단 외에는 신뢰할 수 없는 불신의 만연이 국제적으로도, 가령 OECD(경제협력개발기구) 회원국 중에서 신뢰도가 현저하게 낮은 나라로 지목받는 결과를 초해하였다. 더구나 주로 특권이나 영향력이 상대적으로

7 노사 갈등과 관련하여 명분론을 설명한 보기는 Kim Kyong-Dong(2004) 참조.

많은 사회의 지도층이나 주요 제도 부문에서 어떤 사회적 문제가 발생했을 때 누구도 책임지지 않는 관행이 지속한 결과, 정당 · 국회 · 행정부 · 사법부 · 대기업 · 언론 · 종교 등이 국민적 불신의 대상으로 지목받는 현실이다. 이러한 불신 풍토 속에서 정상적이고 개방적인 소통은 어려울 수밖에 없다.[8]

4. 소통의 매체와 통로의 문제: 과학기술 발달의 사회문화적 결과

이제 마지막 주제로 과학기술 혁신이 초래한 사회문화적 결과의 한 주요 측면으로서 소통의 문제를 다루기로 한다. 이는 주로 정보통신기술의 혁명적 개발의 효과에다 초점을 맞춘 논의가 된다. 현재 우리가 살아가는 세대 안에 일어난 이 방면의 변혁은 실로 엄청난 사회문화적 충격을 가져다주었다. 그 중에서 인간의 삶에 영향을 미치는 과학기술 자체의 혁신은 생명과학, 생태환경, 의식주 생활, 우주, 물질 등 여러 분야에서 이루어지는 학문적 · 실용적 노력 속에 만발하고 있음은 주지의 사실이다. 우리의 직접적인 관심사는 인간의 사회적 의사소통이므로 여기서는 이 문제만을 집중적으로 취급하고자 한다.

다만 이와 관련하여 한 가지 일반적인 변화의 특징을 지적해둘 필요가 있다. 인류 문명사에서 일어난 기술 혁신의 인간적 함의는 언제나 양면성을 지닌다. 한편으로는 인간에게 무한대의 선택 가능성(alternatives)을 제공함으로써 삶의 질적 향상에 기여하지만, 다른 한편에서는 심각한 충격과 부정적 결과를 초래하기도 한다(김경동 외, 2002).

8 한국 사회의 신뢰에 관한 분석은 이재열(2009) 참조.

첫째, 기술 혁신은 기술의 자가 추진력(self-propelling force)으로 인하여 가속적인 속력으로 일어나는 데 비해 인간의 사회문화적 변동은 그만한 속도로 변하지가 않는다. 여기에 이른바 문화 지체(cultural lag) 현상이 나타난다. 이러한 시간 격차로 인한 지체는 인간이 기술 변화에 적응하는 데 어려움을 겪게 한다.

둘째, 기술 혁신이 인간에게 유익한 효과를 자아내는 면이 두드러지는 것은 분명하지만 부정적인 결과도 만만치가 않다. 때로는 심각할 수가 있다.

1) 통신매체 자체의 변혁: 기술적 측면

먼저 의사소통을 위한 매체 자체의 변화를 다양화와 진화라는 관점에서 간략하게 살펴보겠다. 정보통신기술 혁명의 결과로 나타난 통신매체의 변혁을 구체적으로 열거할 필요는 없지만 그 핵심에는 인터넷이 있다는 사실만은 언급을 피할 수 없다. 물론 인터넷을 연결하는 통로는 일반 전선이나 광케이블을 포함하는 유선, 위성을 위시한 무선 등으로 다극화하는 한편, 이들 하드웨어를 이용한 소통의 소프트웨어 기술의 확장 가능성은 거의 무한정일 정도로 보일 만큼 혁신의 속도는 가속화하고 있다. 지금은 *e*자, *i*자에다 *u*자가 붙은 온갖 플랫폼과 거기에 등장하는 프로그램이 하루가 다르게 변하고 있다. 중요한 것은 여기에 수많은 사람들이 접속을 해서 소통을 하고 있다는 사실이다.

최근 자료 몇 가지만 요약 소개한다. 2010년 1월 30일에 영국의 『이코노미스트』(*The Economist*)에는 「연결 짓는 세계: 사회적 연결 형성에 관한 특별 보고」(A World of Connections: A Special Report on Social Networking)라는 제하의 특집을 발간하였다. 이 특집 기사에 의하면 사람들이 일상적 소통을 위해 사용하는 매체(하드웨어 기기) 중에서 미래의 사용도가 가장 높은 것이 휴대전화기로서 2009년 현재 1억 4천만 명이던 사용자가 2013년이면 6억 명으로 급성장할 것이라는 예측을 내놓고 있다. *i*TV, *i*Pad 등을 제치고 스마트폰 유(類)의 휴대전화기가 브로드밴드(broadband) 덕분에 온라인 통신의 주역으로 등장할 것이라고 한다. 휴대가 용이한 편의성에다 소규모의 플랫폼에 다양한 콘텐츠를 담아내는 소프트웨어에 힘입은 탓이다.

한편, 소통 통로의 제왕이라고 할 만한 인터넷은 2025년에 이르면 일상생활의 모든 사물을 연결하는 만물의 인터넷(Internet of Things)으로 진화하여 이 세상에 존재하는 물건은 무엇이든 접속하게 되어 사람과 사물이 상호작용하는 소통이 이루어지는 혁명적 변화가 올 것이라는 예측이 있다. 이 정보는 오바마 대통령이 취임 직후 일독 도서목록에 담았던 『2025년 전지구적 추세』(*Global Trends 2025*)에 실렸다(「조선일보」, 2010년 2월 13일). 전세계의 인터넷 이용자 수(만 3세 이상)는 2008년 현재 1,587,420,000명으로서, 약 3억 명의 가입자를 가진 중국을 필두로 미국 · 일본 · 브라질 · 독일 · 인도 · 영국 · 러시아 · 프랑스에 이어 한국이 10위를 차지하였다. 2009년 5월 통계로 우리나라 이용자는 36,580,000명으로 만 3세 이상 인구의 77.2%에 해당한다. 초고속 인터넷 가입자도 2009년 11월에 16,316,117명으로서 미국 · 일본 · 독일 · 프랑스 · 영국 다음으로 6위를 차지하였다(한국인터넷진흥원, KISA, 인터넷통계정보검색시스템, ISIS, 2010, 2. 15 참조).

더 중요한 것은 인터넷을 이용한 온라인 통신 양식의 다원화다. 이 대목에서는 위에 인용한 『이코노미스트』에서 특기하는 사회적 연결 형성이 특별한 주목의 대상으로 떠오른다. 여기에는 방문자의 수에 의한 순위로 으뜸가는 Facebook을 비롯하여 WindowsLive, MySpace, Baidu, Twitter, Orkut, Hi5, QQ, LinkedIn, deviantArt 등이 있다. 이 중에서

2010년으로 6년이 되는 Facebook은 이미 3억 5천만 명이 방문하여 하루 5천 5백만 명이 업데이트를 하면서 35억 개의 콘텐츠를 올리고 있는데 이들의 70%가 미국이 아닌 나라에 산다. Facebook에서는 자신의 진짜 이름을 ID로 사용할 수 있고, 가령 140자 이내의 문장으로 소식을 교환하는 Twitter가 인기가 있다지만 이는 문서(text)에 국한하는 콘텐츠의 한계가 있는 데 반해 비디오 · 그림 등을 포함하는 콘텐츠 자체의 다원화와 다중을 상대로 하는 정보 교환(mass communication)이 가능하다는 장점 때문에 가장 많은 이용자를 얻게 되었다. 어떤 전문가는 "이야말로 인간의 소통 능력을 극적이고 영구적으로 향상시키는" 길이 열렸다고 선언할 정도다. 이러한 사회적 연결 형성 사이트에 접속하는 시간이 가장 긴 나라가 평균 7시간 이상을 머무는 호주를 비롯하여 영국 · 이탈리아 · 미국 다음으로 한국이 거의 6시간으로 5위를 차지하였다(2009년 10월).

이러한 소통용 온라인 웹사이트는 단순한 개인 간의 정보 교환 차원에 끝나지 않고 함께 협동하여 어떤 일을 기획하고 성취하려는 목적의 집단 형성도 가능하다는 장점을 지닌다. 게다가 그 기능면에서도 광고뿐 아니라 기업 활동, 고용, 창업 등의 다양한 일을 할 수 있는 마당이다. 그리고 광고 매체의 신뢰도에 대한 고객의 여론조사에서도 이러한 유명 웹사이트는 친구들의 권유 다음으로 가장 높은 응답률을 보이고 있어서 고객 포럼, 사설, TV, 신문, 잡지, 라디오 등의 일반 매체보다 앞선다.

더구나 유비쿼터스 기술은 마치 직물 속에 엮여 있는 실처럼 눈에 보이지 않게(invisible), 그저 평온하고 조용하게(calm and silent) 일상생활 속에 스며들어서(disappearing) 인간의 활동을 지원하지만 사용자는 특별히 주의를 기울이지 않으면서 실시간으로(fresh) 정보를 포착할 수 있도록 연결(connected)해주는 기능을 한다. 인간의 통신 환경이 인간과 인간뿐 아니라 인간과 기계, 기계와 사물, 사물과 사물을 연결시켜주는 다중적 공간을 마련해준다. 심지어 인간의 몸속에 미세한 칩을 심어두고 그것을 인간의 뇌나 신경계통과도 연결시킴으로써 인간의 의식으로 의도하는 바를 그 칩들이 인지하고 그 신호를 칩들과 연결된 다른 기기나 사물에 전달함으로써 인간이 이루고자 하는 활동이나 기기의 작동이 가능하게 되는 수준까지 유비쿼터스 기술은 손을 뻗친다. 따라서 우리가 주목하고자 하는 것은 이러한 유비쿼터스 시대의 사이버 세계는 매우 특이한 상호작용의 환경을 인간에게 제공한다는 점이다.

이러한 유비쿼터스 시대의 사이버 공간은 물리적 공간과 전자 공간이 실시간으로 연결되는 제3의 유비쿼터스 공간이다. 이것을 공간 개념으로 다시 정리하면 사람이 사람(P2P, 즉 Person to Person의 속어 표현)과 통신하는 공간, 사람이 기계(P2M, Person to Machine)와 연결 짓는 공간, 기계와 기계(M2M)를 연결하는 공간에서부터 이제는 사람이 기계와 사물(P2M2T, Person to Machine to Things)로 연계를 갖게 되는 공간으로 확장하는 것을 볼 수 있다. 그런데 여기서 흥미로운 것은 바로 이러한 P2M2T의 공간에서는 비로소 인간 중심의 상호작용이 더욱더 자유롭게 일어난다는 점이다. 적어도 기술적으로는, 한 사람이 다양한 형태의 컴퓨터가 편재한 상황에서 컴퓨터와 그것들을 연결하는 다양한 매체와 네트워크의 존재를 거의 의식하지 않은 채 무수한 다른 사람들과 자유자재로 상호작용을 실시간으로 할 수 있게 되었다는 말이다. 이렇게 되면 이제는 공간 개념만이 아니라 시간 개념까지도 달라진다. 모든 것이 실시간이라는 사실은 시간 관념에 엄청난 변화를 초래한다. 공간의 편재성은 시간의 현재성을 가능케 하며 과거, 현재 그리고 미래의 융합이 이루어짐을 함축한다.

2) 새로운 통신매체가 제공하는 소통 공간의 특징[9]

그토록 편리해지고 무한 진화가 가능한 통신매체의 발달은 그러면 인간의 소통을 지속적으로 개선하는 데 기여하는가? 이런 질문을 제기해봄직하다.

이 주제를 다루기 위해서는 온라인과 오프라인의 두 종류의 소통 공간을 동시에 고찰해야 한다.

- **사이버 공간의 일반적 특성:** 먼저 온라인상의 소통이 일어나는 사이버 공간의 일반적인 특성부터 개관한다.

① **물리적-공간적 특징:** 탈영토, 무경계(boundaryless), 물리적 거리 무시, 전지구적 확장(global expanse), 무실체(substanceless), 무구조(structureless), 무육신(bodyless), 무중심(centerless), 뿌리 소멸(rootless), 유동성(mobility), 속도.

② **사회문화적 특성:** 개방성, 접근 용이성(accessibility), 편의성, 익명성(匿名性, anonymity), 익면성(匿面性, faceless), 자유(사회적 규범, 제약, 금기, 제재, 억제 약화, 탈억제), 접촉의 다양성(diversity of contacts, 배경, 관심, 이해관계 등), 다원적 정체의 확인, 정립, 변경 가능성(multiple identity), 무차별(성별, 연령, 계급, 지위, 지역, 학벌, 인종, 종교, 신념 등), 수평적 관계, 평준화-평등(성별, 연령, 계급, 지위, 지역, 학벌 등), 유대 약화, 오프라인과 다른 심리적 기제(on-line psychological mechanism), 흥미와 심미적 매료(excitement), 개인화(individuation), 문화와 관계의 사물(사)화(私物化, 私事化, privatization), 쌍방향적 · 상호의존적 연결망의 특유한 생활 세계(lifeworld of interactive, interdependent network) 통제 가능성, 파괴력.

- **사이버 공간의 긍정적 요소와 부정적 측면:** 좀 더 구체적으로 사이버

9 사이버 공간의 특징에 관한 일반적인 논의는 하원규(2003), 최호철(2000) 및 김경동 · 김여진(2010) 참조.

공간에서는 인간적 함의로 볼 때 명암이 존재한다.

① **긍정적 요소**: 정보의 바다(sea of information) 속 훼손 없이 정보 보존 가능(information conservation), 최소 투입, 최대 효과 달성 가능, 다양한 문화가 존재하는 열린 문화 속 다양한 체험, 정보 교환, 건전한 인간관계 형성, 사회적 · 지적 자원 확장(expansion of social intellectual resources), 미래 문화 접촉, 자율적 자아 표현, 자아실현 가능 공간(space for self-actualization).

② **부정적 측면**: "경찰 없는 거대도시"(metropolis without police) 또는 무법지대(a land of disorder/lawlessness)로서 그 안에서는 다음과 같은 일탈 행동이 일어난다. 불건전 통신 언어(은어 · 비속어 · 욕설 등), 유언비어, 개인 비방, 흑색선전, 개인 정보의 오용 · 남용, 제작권 침해, 인터넷 사기, 남의 것 침범하여 망가뜨리기(cracking, hacking), 바이러스 제작 유포(virus spreading), 음란물 및 폭력물 유통, 성폭력, 사이버 성매매, 사이버 집단 따돌림(cyber collective exclusion), 자살 사이트, 폭탄 제조 유포 사이트, 엽기 사이트, 사이버 불량배(cyber hooligan)의 횡포 등 각종 사이버 범죄.

- **온라인 공간과 오프라인 현실 세계의 관계**: 보통 온라인상의 사이버 세계를 오프라인 세계의 현실과 구별하여 의사현실(擬似現實, virtual reality)이라고 한다. 온라인상의 의사현실은 인간이 컴퓨터라는 기계적 수단을 가지고 구성하는 상호작용의 세계를 뜻하지만, 무수한 컴퓨터가 단순한 수단이 아니라 그 자체 상호작용의 물리적 환경이 되는 유비쿼터스 사이버 세계에서는 온라인상의 현실이 곧 실재 현실로 구성된다. 의사현실은 인간이 컴퓨터 속으로 끌려 들어가야 가능한 세계지만, 유비쿼터스 컴퓨팅은 컴퓨터가 사람들과 함께 현실 세계에서 편재하기 때문에 의사 공간과 현실세계가 융합하여 현실 공간을

무한대로 확장시킨다. 의사 공간이 네트워크를 타고 자연스럽게 현실의 생활 공간으로 편입되는 것이다. 따라서 인터넷 시대의 의사현실에서는 다시 오프라인의 실재 현실로 오가는 데 그만한 시간을 별도로 요하는 데 비해서, 유비쿼터스 시대의 온라인 현실은 곧 실시간으로 오프라인 현실일 수도 있다는 차이가 생긴다.

그러니까 이론적으로는 그 두 공간 사이에 배타적(zero-sum) 관계와 보완적(non zero-sum) 관계의 형성이 모두 가능하다는 것인데, 적어도 현재로서는 오히려 온라인 세계가 오프라인 세계를 보완, 강화하는 수준에서 자체 연결망의 협동, 자발성 및 공유가 더 유력한 현상이다. 특히 온라인상에서 이루어지는 인맥 형성에 적극적인 의지와 태도 및 인맥 서비스 이용 정도의 접촉 빈도는 오프라인 현실 세계에서 관계망 크기에 영향을 미치기도 한다.

3) 사회적 소통의 문제점

지금까지 주마간산식이지만 정보통신기술 혁신의 결과로 생성한 사이버 공간의 여러 가지 특징을 긍정적 · 부정적 측면에서 모두 살펴보았다. 이제는 그러한 매체와 통로가 사회적 소통에 어떤 문제를 야기하는지에 대하여 집중적으로 고찰하기로 한다. 그러기 위해서 우선 정보통신기술의 발달에 비해 변화 속도가 늦은 문화 지체로 말미암은 사회문화적 충격부터 잠시 검토하려고 한다(최호철, 2000; 김경동 · 김여진, 2010).

- **정보 격차의 문제**: 첫 번째로 이른바 정보 격차(digital divide)라는 현상이 문제가 된다. 아무리 기술이 발달해도 그 문명의 이기를 향유하는 기회는 모든 사람들에게 골고루 평등하게 주어지지 않는 문제다. 나이, 학력, 소득 수준, 직업, 도시와 농촌, 중앙과 지방 등 인구학적 · 사회경제적 지위에 따라 컴퓨터 보유, 이용 능력, 인터넷 등 주요 서

비스에 대한 접근성, 이용 빈도와 내용 등 여러 면에서 차이가 나게 마련이다. 이와 같은 정보 격차는 결국 사회적 소통에서 불평등이 자아내는 문제를 고스란히 야기하는 주요 변수다.

- **정보 과부하의 부담:** 정보통신 혁명이 초래한 인간적 부담의 하나는 정보가 너무 많이 한꺼번에 쏟아져 나와서 전세계 방방곡곡을 자유자재로 돌아다닌다는 점이다. 인간의 정보 수용 역량에는 한계가 있음을 앞에서 지적했거니와 이러한 정보의 홍수는 심리적으로 감당하기 어려울 뿐만 아니라 그처럼 다양한 정보의 내용이 또한 다원적이기 때문에 인간의 가치관, 규범, 신념 등에 혼란을 줄 수 있다. 여기에도 개인차가 있을 것이고 그것은 다시 위에서 언급한 정보 격차와도 연관이 있다. 특히 그 많은 정보 중에서 어떤 것을 선별할지를 분간하기 어려운 상황에서 개인의 사회경제적 특성에 따라 정보 과부하의 부담에도 차이가 나기 때문이다. 이런 카오스적인 혼란이 만연한 상황은 정상적인 사회적 소통에도 악영향을 미칠 소지는 얼마든지 있다.
- **기술 스트레스의 개인적 · 사회적 폐해:** 어떤 새로운 기술을 접하더라도 그 기기를 이용하는 사람이 심리적 · 육체적으로 어려움을 겪지 않으면 더없이 바람직하겠지만 현실은 그렇지 않다. 새로운 기기와 소프트웨어 기술 혁신의 속도가 빨라질수록 그 변화에 맞추기 위한 적응 과정에는 스트레스가 생기고 심지어 우울증, 심인성(心因性, psychosomatic) 질병, 자살 같은 무서운 정신적 · 신체적 파국으로 이어질 수가 있다. 게임과 같은 인터넷상의 반사회적 비인간적 요소에 자극받은 공격성, 인격 파탄은 물론 인터넷상의 소통이 가정 파괴와 같은 사회적 결과를 가져올 수도 있다. 심하면 정신적 폭력 등 종래의 대인, 대물 범죄는 물론이고, 해커와 같은 사이버 범죄, 더 나아가 사이버 테러나 정보전쟁의 위협 등의 문제가 심각해지고 있다. 이런 맥

락에서 정상적인 사회적 소통이 쉽지 않을 것은 의심의 여지가 없다.

- **온라인 · 오프라인 공간 간의 격리**: 한번 온라인 공간에 빠져들면 좀처럼 그곳에서 벗어나지 못하고 오프라인 현실 세계로부터 고립을 자초하는 일이 벌어지는 수가 있다. 앞서 유비쿼터스 기술은 이 두 세계의 간극을 제거하고 수시로 자유자재로 이전이 가능하다는 점을 언급한 바 있지만, 장래에는 어떨지 모르겠으나 아직은 실제로 그런 효과보다도 상대적 고립을 자아내는 결과가 더 문제시된다. 이들이 오프라인 세계에서 새로운 연결망을 조성하기보다는 소통에 어려움을 겪을 확률이 높을 것으로 보인다. 컴퓨터나 게임중독증, 사이버 자폐증, 대인기피증, 사회공포증 같은 것이 좋은 보기다.
- **온라인 · 오프라인 공간의 교류와 전이 문제**: 이번에는 반대로 사이버 공간에서 얻은 정보를 그대로 현실의 생활 세계에서 재현 또는 실현하는 데서 생기는 문제를 주목해야 한다. 특히 온라인 공간에 떠돌아다니는 반사회적 · 비인간적인 정보를 그대로 오프라인 세계에다 적용하여 온갖 범죄와 비행, 심지어 자살과 살인 등을 서슴없이 자행하는 사건이 심심찮게 발생한다. 이런 식의 사회적 소통은 결코 바람직하지 않다.
- **온라인 소통의 언어 문제**: 인터넷에서 채팅, 전자편지, 개인이나 집단의 블로그, 댓글, 요즘 더욱 확장하고 있는 facebook, twitter 등의 대중 소통 통로를 이용하는 소통 행위에서 사용하는 언어가 상당히 심중한 문제점을 안고 있음을 부정하지 못할 것이다. 언어는 어차피 하나의 사회현상으로서 시대가 변함에 따라 변질과 진화가 불가피하다는 사실을 인정하더라도 문제의 심각성은 짚어두어야 한다. 온갖 은어 · 약어 · 신조어 등으로 언어의 왜곡이 일어나는가 하면 저질화 · 비속화 · 포악화 · 왜설화 등 그 형태는 다양하다.

이처럼 현재 사이버 공간에서 일어나는 의사소통의 언어 내지 기호 자체가 벌써 오프라인 세계의 기존 언어나 기호체계를 무시하고 참여자들 스스로가 수시로 만들어내는 새로운 표현들로 전환하고 있다. 그리고 이런 언어나 기호 체계에 익숙한 세대 또는 이를 적극 활용하는 온라인 참여자들 사이에서는 그것이 곧 바로 오프라인상의 현실 세계에로 전이하여 거기에서도 유효한 상징으로 활용하는 의사소통 매체가 되고 있다. 따라서 여기에도 이미 정보 격차의 효과가 나타나 사회적 소통의 벽을 쌓고 있다. 인간의 사유와 의식은 언어가 구성하고 표현하는 동시에 언어는 사회적 상호작용의 매체로서 사회를 구성하는 요소가 되므로, 언어의 변화는 곧 사회의 변화를 뜻한다. 그러면서 인간은 사이버 공간에서 지속적으로 새로운 언어의 실험을 진행하고 있다. 하지만 현실 세계에서는 아직도 윤리적인 판단을 위한 훈련이나 준비가 거의 없을 정도로 제도와 규범과 관습이 기술 혁신의 속도를 미처 따라가지 못하는 문화 지체가 심각한 상태인데도 사이버 공간에서는 이미 각종의 일탈 행위를 비롯한 온갖 부정적인 사건들이 시시각각으로 벌어지고 있어서 인간을 괴롭힌다. 이는 분명히 문명론적 차원에서 우려하고 시정해야 할 사항이다.

- **인터넷 사이버 공간의 정치적 함의**: 어차피 정치는 대단히 중요한 사회적 소통의 마당이다. 그런 맥락에서 사이버 공간의 소통 양식은 한편으로는 민주주의 정치 과정에 긍정적인 기여를 하는 면도 있으나, 부정적인 결과를 초래하기도 한다.

① **긍정적 측면**: 일단 사이버 공간에서는 의제 설정, 여론 형성, 이익 표현 등 집합적 의사결정과 직접투표에 의한 의사 표시가 용이하고, 동원, 집단 형성, 집단행동, 선거운동 같은 형식으로 참여민주주의를 확산시키는 데에 기여할 수 있다.

② **부정적 측면**: 그러나 반면에, 정보 격차가 상존하는 상황에서 성격상 대단히 감성적인 매체인 사이버 공간에서는 남의 의견을 들으려 하지 않아도 되고, 관용성도 부족한 데다, 다양한 대안이나 의견에 대한 인식도 결핍하면서, 이의나 반대 의견(異意, dissent)은 무조건 부정하려 하고, 오히려 집단 비판과 따돌림으로, 자신의 뜻을 강요하거나 기존 의견의 단순 보강에 그치는 성향을 막을 길이 없다. 그보다 가장 중요한 맹점은 정치적 의제에 대한 숙의(deliberation)가 거의 불가능하다는 점이다. 민주주의에서 핵심적인 과정이 숙의이기 때문에 이것이 불가능하면 민주주의 정치는 정상적으로 작동하기가 어렵다. 따라서 자칫하면 무책임한 포퓰리즘(대중영합주의)으로 흐르기가 십상인 것이 사이버 공간을 활용하는 인터넷 정치다. 그러지 않아도 우리나라에서는 정치적 소통이 가장 어렵고 쉽사리 교착 상태로 빠지는 경향이 강한데, 거기에 인터넷 소통을 함부로 도입하는 데에는 상당한 문제가 따른다는 점을 가벼이 생각할 수가 없다.

이외에도 정보통신 기술이 사회적 소통에 미치는 영향에 대해서는 더 많은 문제점을 지적할 수 있겠으나, 이 정도에서 마무리하기로 한다.

5. 정상적인 소통이 원활하게 이루어지는 사회를 위하여

한 사회의 소통의 문제는 인간의 본원적인 특성을 비롯하여 사회문화적 제약과 기술 혁신의 개입 등 매우 복합적인 변수들의 작용으로 다루기 까다로운 지경에 이르렀다. 그러므로 우리가 한국 사회의 비정상적인 소통을 정상화하고 껄끄러운 소통을 원활하게 하기 위한 방책을 강구하고자 할 때에도 해답은 그리 단순하지가 않음을 직감할 수 있다. 가장 원초적인 수준에서 소통이 지장을 받는 것은 사회경제적 조건과 문화적 배경이 서로 다른 사람들이 상이한 생각을 가지고 각기 자신의 의미를 전달하면서 원만한 사회적 상호작용을 해야 하기 때문이다. 그렇다면 기본적으로 상호간에 차이가 있다는 사실을 인정해야 하고 그 차이를 드러내어야 비로소 공감대를 형성할 여지가 생긴다. 이것이 소통 문제 해소의 첫걸음이다.

여기에서 잠시 하버마스(Habermas, 1979)의 의사소통 이론이 제시하는 이른바 '이상적 대화의 상황'이라는 관념을 살펴볼 필요가 있다. 어떤 외부의 영향이나 강제의 방해도 받지 않고 의사소통에 본래적인 구조 속에서 일어나는 상황을 일컫는데, 이상적인 소통이란 그러한 의사소통의 역량(communicative competence)을 갖출 것을 요구한다. 대화에 필요한 말하는 행위의 선택과 수행에서 누구도 특권을 누리지 않고 발언할 기회가 동등하게 주어지는 기회 균등의 보장과 지배관계가 아닌 담론의 규칙을 준수할 것을 전제하는 대화의 상황이다. 그런데 이러한 소통 규칙의 준수는 최소한의 윤리를 내포하므로 대화 상황의 기본적인 질서 속에서 상호관계의 도리를 지키는 윤리가 필요하다는 것이다(김경동, 2002b).

그렇게 하기 위해서는 모두가 열린 마음으로 서로에게 다가가 상대방을 존중하는 태도로 이야기를 들어주고(경청) 이해하려는 접근이 핵심 요소다. 그리고 인간은 이성의 존재인 동시에 감성의 영향을 가장 민감하게 받는 동물이기도 하다. 따라서 소통을 저해하는 감정의 조절과 절제가 필요하다. 감성을 완전히 무시하는 것은 불가능할뿐더러 비인간적이기도 하므로 이성과 적절한 균형을 이루는 선에서 감정의 합리적 제어가 이루어져야 한다. 이런 자세나 마음가짐은 개인차가 있겠지만 기본적으로 사회화 과정에서 어릴 때부터 익혀 몸에 배어 있어야 가능하다. 그래서 가정에서 부모의 초기 양육 과정이 중요한 것이다. 모든 사회의식의 형성이나 사회윤리의 정립이 그러하듯이 소통의 훈련도 결국은 일찍이 가정에서 시작해야 한다. 그리고 정규적인 교육이 다음 단계의 책임을 지는 것이다.

사회적 수준에서는 정치권과 노사관계 및 시민사회의 권익주창(advocacy) 기능을 중심으로 격렬한 갈등이 수없이 되풀이하고 있는 것이 한국 사회의 가장 어려운 문제다. 그러한 갈등의 진앙(震央)은 한마디로 소통의 부재 내지 소통 미숙이라고 해도 과언이 아닐 것이다. 이 문제는 우리 사회가 풀어야 할 제일 어려운 숙제이기도 하다. 이 문제의 해결은 결국 한국 사회의 새로운 조직 원리를 창출하는 차원에서 추구해야 할 성질의 것이다. 우리는 현재처럼 조잡하고 어지럽고 제멋대로인 사회에서 살고 싶지 않기 때문이다. 아울러 사이버 세계의 급속한 확장이 가져오는 '대담한 신세계'(the Brave New World)에 대처하는 데서도 새로운 접근을 요청한다. 여기에는 정신과 이성의 새로운 발견과 인문주의적으로 높은 교양에 바탕한 세련미가 넘치는 문화의 창안에 대한 요구가 있으므로 문명론적 차원의 대응을 생각해야 하며 이러한 문화를 창출하고 신문명을 건설하기 위해서는 새로운 사회를 구축하는 지침이 될 새로운 패러다임의 모색에 나서야 한다.

이러한 시대적 요구를 충족시키려면 일차적으로 사회의 여러 이해관계 당사자 집단 사이에 대화가 필수다. 그리하여 모두가 진실로 국가의 장래를 염려하고 국민의 복리와 행복을 중시하는 자세로 서로의 차이를 인정하고 존중하면서 국민적 합의를 이끌어내는 진정성 있는 대화와 소통을 하루 속히 달성해야 한다. 우리가 언제 국가적으로 다양한 이해 관심과 이념과 가치관이 다른 사람들의 대표자들이 한자리에 모여서 혹은 서로의 의견 교환의 통로를 제대로 마련하여 건전한 국민적 합의를 형성하고

자 하는 목표를 향해 진지하고 의미 있는 논의를 몇날 며칠이고 시도해본 경험이 있는지 물어볼 필요가 있다. 물론 이것은 일종의 상징적 표현이지 현실적으로 그런 형식의 대화를 바로 시행하자는 뜻이 아니다. 하지만 적어도 그런 성격의 꾸준한 노력도 없이 국가의 미래를 특정 집단이 요리하는 일은 이제 지양해야 한다. 한국 사회의 소통의 어려움이 어디 있는지를 분석하는 일은 어렵지 않다. 원인을 알았으면 이제는 소통의 길을 훤히 열어줄 국가적 수준의 문명론적 담론의 과감한 실험이 더 중요한 과제다. 그와 같은 소통이 가능할 때 비로소 우리 사회는 한층 더 높은 차원의 '문화적 교양으로 다듬은'(cultured) 진정한 선진 사회가 될 것이다(김경동, 2010).

| **참고문헌** |

김경동, 『한국사회변동론』, 나남, 1993.

김경동, 『한국사회발전론』, 집문당, 2002a.

김경동, 『사회학의 이론과 방법론, 상하권』, 한국학술정보, 2002b.

김경동, 「성숙 사회의 비전과 전략」, '제1회 인간과 사회 심포지엄: 인간다운 삶을 위한 인문사회 연구', 이화여대 국제교육관 LG컨벤션홀, 한국연구재단, 2010년 4월 22일.

김경동 외, 『사이버시대의 사회 변동』, 집문당, 2002.

김경동 · 김여진, 『한국의 사회윤리: 기업윤리, 직업윤리, 사이버윤리』, 철학과현실사, 2010.

이재열, 「무너진 신뢰, 지체된 투명성」, 정진성 외, 『한국사회의 트렌드를 읽는다』, 서울대학교출판부, 2009, pp. 13~32.

「조선일보」, 2010년 2월 12일.

「조선일보」, 2010년 2월 13일.

최호철, 「사이버 시대의 언어생활」, 『사이버 시대의 삶의 질』, 아산사회복지사업재단, 2000, pp. 263~288.

하원규, 「유비쿼터스 IT혁명이란 무엇인가?」, 『유비쿼터스 사회의 조망』, 한국정보사회학회 후기학술대회, 2003, pp. 1~27.

한국인터넷진흥원, KISA, 인터넷통계정보검색시스템, ISIS, 2010년 2월 15일.

Berlo, D. K., *The Process of Communication*, New York: Holt, Rinehart & Winston, 1960.

Blumer, Herbert, *Symbolic Interactionism: Perspective and Methods*, Englewood Cliffs, NJ: Prentice-Hall, 1969.

Cooley, Charles Horton, *Human Nature and the Social Order*, New York: Schocken, Paperback ed., 1964.

"A World of Connections: A Special Report on Social Networking", *The Economist*, 2010, January 30.

Habermas, Jürgen, *Communication and the Evolution of Society*, Boston: Beacon Press, 1979.

Hall, E. T., and M. R. Hall, *Understanding Cultural Differences*, Yarmouth, ME: Intercultural Press, 1990.

Kim Kyong-Dong, "Presidential Election and Social Change in South Korea", *Development and Society* 32(2), 2003, pp. 293~314.

Kim Kyong-Dong, "The Culture of Industrial Relations in Korea: An Alternative Sociological Approach", *Asian Journal of Social Science* 32(3), 2004, pp. 458~475.

Mead, George Herbert, *Mind, Self, and Society: From the Standpoint of a Social Behaviorist*, Chicago: Chicago University Press, 1935.

Robbins, Stephen P., and Timothy A. Judge, *Organizational Behavior*, 12th Ed. Upper Saddle River, NJ: Pearson Prentice Hall, 2007.

회의와 확신 사이에서:

소통과 대화를 위하여

유 종 호
연세대학교 영문학과 특임교수
대한민국예술회 회원

유종호

1935년 충북 충주에서 태어나 서울대학교 문리대 영어영문학과와 뉴욕 주립대학교 대학원에서 수학하고 서강대학교에서 박사학위를 받았다. 공주사범대학교, 이화여자대학교, 연세대학교에서 교수를 역임하고 2006년에 연세대학교 특임교수가 되었으며 현재 대한민국예술원 회원으로 있다. 저서로는 『비순수의 선언』, 『사회역사적 상상력』, 『문학이란 무엇인가』, 『서정적 진실을 찾아서』, 『나의 해방 전후』, 『시와 말과 사회사』 등이 있다.

예술은 여러 관점에서 접근할 있으나 인간 사이 전달(傳達) 활동의 하나로 보는 관점도 가능하다. 실지로 지난 20세기 초반에 영어 사용 세계에서 문학비평의 새 경향을 창도한 I. A. 리처즈 같은 이는 "예술이 전달 활동의 최고의 형태"라고 하면서 비평 이론의 두 기초는 가치 이론과 전달 이론이라고 말하고 있다. 덧붙여 요즘 자연선택이라고 하지만 이전엔 자연도태(淘汰)라고 번역되던 현상에서 압도적으로 중요시된 것은 전달 능력이라고까지 말하고 있다.[1] 성공적인 전달 행위는 발신자와 수신자 사이의 원만한 소통(疏通)과 이해로 귀결되지만 그것이 반드시 쉽게 이루어지는 것만은 아니다. 그 비근한 사례를 우선 필자가 공부한 문학 분야의 현상을 통해서 검토해보기로 한다.

1 I. A. Richards, *Principles of Literary Criticism* (London: Routledge, 1924), p. 25.

문학의 경우

발신자(發信者)와 수신자(受信者) 사이의 성공적인 소통은 발신자의 전언이나 의도를 수신자가 별 장애 없이 수신하는 데서 외관상 완결된다. 그러나 그 전언이 극히 사무적이거나 혹은 사교적인 것이 아닌 한 수신의 종결이 성공적인 소통을 보장해주지 않는다. 부탁이나 호소의 전언인 경우에 수신자가 간청 혹은 호소에 공감하거나 동조해서 발신자의 기대에 호응해줄 때 비로소 성공적인 소통이 완결된다고 할 수 있다. 문학에서의 성공적인 소통은 발신자인 저자의 전언이나 의도를 수신자인 독자가 별 장애 없이 수용하는 것으로 일단 끝난다. 그러나 그것은 어디까지나 소극적인 성공에 지나지 않는다. 문학이 독자에 대한 작가의 넓은 의미의 호소인 이상 독자 편에서 공감하고 동조하는 심적 태도를 형성할 때 비로소 소통의 적극적인 성공이 보장되는 것이라고 할 수 있다. 또 독자의 호응을 크게 받아 인구에 회자되는 작품이란 것은 대부분 이런 적극적인 의미에서의 소통이 성공적으로 이루어진 것이라고 할 수 있다.

그러나 19세기 말이나 20세기의 어느 시점에서부터 이러한 성공적인 소통이 희귀 현상이 되어갔다. 아니, 독자들이 "하이 브라우"와 "로우 브라우"로 분리되면서 양자 사이의 괴리가 점점 커져가게 된다. 이것은 보통 난해하다는 독자층의 반응으로 표면화되었다. 다시 말해서 작가가 말하고자 하는 취지도 의도도 불분명해지고 독자 편에서 따라가기 어렵게 되었다는 것이다. 이러한 배경에는 저자와 독자의 지위 혹은 위치가 변화되었다는 사정이 있다. 단적으로 말해서 저자의 위치가 격하된 반면 독자의 위치는 격상되었다는 사정이 있다. 이것을 바꾸어 말하면 텍스트의 권위가 상대적으로 약화되었다는 뜻이 되기도 한다. 가령 인쇄술이 보급되기 이전에 대개의 텍스트는 성서를 비롯한 고전으로 구성되어 있었고 문자 해독을 독점한 소수 엘리트만이 접근할 수 있었다. 그리고 이들 텍스트는 교회나 대학을 비롯한 전통적 제도 기관의 비호를 받으면서 어느 정도 성스러움의 아우라를 지니고 있었다. 그러나 근대 이후 전통적 권위의 상대적 약화와 함께 이러한 텍스트도 권위가 무너지게 된다. 근대 이후 평등이 강조되고 정치적 민주화와 사회적 평준화가 서서히 진행하면서 저자와 독자의 지위도 점차 대등한 쪽으로 진행하게 된다. 텍스트가 성스러운 아우라를 띠고 있을 때 독자는 일단 텍스트를 경건하게 대하면서 저자의 전언을 해독하고 이해하려 노력한다. 이해가 안 되는 부분이 있으면 어디까지나 독자 편의 역량 부족이라고 여기고 이해를 위한 노력을 경주하게 된다. 그러나 저자와 텍스트의 지위가 상대적으로 격하하고 독자의 위치가 격상된 이상 독자들은 이전처럼 텍스트에 대한 일방적 숭상을 거두고 요즘 젊은 세대의 속어를 빌리면 "계급장 떼어놓고 맞상대"를 하려고 든다. 독자 편에서 이해할 수 없다며 저자에게 볼멘소리를 하고 문제는 저자와 텍스트 쪽에 있다고 손가락질을 하게 된다.

얘기가 추상적으로 흐르는 것을 피하기 위해 실례를 들어 상황을 검토해보기로 한다. 대체로 시는 산문보다 소통이 어려운 편이다. 다시 말하면 산문보다 시가 이해하기 어렵다. 산문처럼 전언 파악이 즉시적으로 이루어지지 않는 것이 보통이요 소통의 지연은 대체로 시언어 고유의 특색이기도 하기 때문이다. 시의 문법에 익숙하지 않는 한, 시란 장르는 상대적으로 어려운 장르다. 김소월은 20세기 한국 시인 중에서 가장 널리 읽혀지는 시인이요 누구나 쉽게 이해할 수 있다고 생각한다. 그를 난해한 시인이라고 할 사람은 없을 것이다. 과연 그의 시가 순조롭게 소통되고 있는 것일까? 그의 작품 중에 「만리성」(萬里城)이라는 사행시가 있다.

밤마다 밤마다

온 하룻밤!

쌓았다 헐었다

긴 만리성!

이 작품을 제대로 이해하는 사람은 많지 않다. 동요 같기도 하고 민요 같기도 한 이 작품에 대해 경의를 가지고 접근해가는 독자는 별로 없다. 한번 읽어보고 잘 이해가 되지 않으면 별 볼일 없는 작품이라고 넘어가버리기가 쉽다. 그러나 잠 못 이루는 불면의 밤을 노래한 작품이란 것을 이해하고 나면 그 경제적 처리에 놀라면서 일종의 불멸(不滅)의 이미지라는 점에 수긍이 갈 것이요 시의 매력에 새삼 감탄하게 될 것이다. 불면의 밤을 노래하여 괴로운 불면 현상이 만리성으로 시각화된 절묘한 작품이라는 이해에 이르게 하는 것은 무엇인가? 우선 우리말에 대한 어느 정도의 조예가 필요하다. 진시황이 쌓게 했다는 만리장성을 모르는 사람은 없다. 또 김종서의 유명한 시조에는 만리변성(萬里邊城)이란 말이 나온다. 그러나 여기 나오는 것은 만리장성이 아니라 그것이 축약된 만리성이다. 긴 성이란 뜻으로 "하룻밤을 자도 만리성을 쌓는다"는 속담이 있다. 잠깐 사귀어도 깊은 정을 맺게 된다는 말이다. 우선 그런 속담을 알아야 만리성이란 친숙한 말의 쓰임새를 알 수 있다. 여담이지만 우리나라 곳곳에 '만리재'란 지명이 꽤 퍼져 있다. 한편 "밤새 기와집 짓느라고 뜬눈으로 새웠다"는 속담이 있고 그 변종이 꽤 된다. 여러 가지 궁리가 많아 이 일 저 일 생각하며 잠을 못 잤다는 뜻이다. 혹은 잠을 못 이루어 이런저런 궁리나 공상으로 밤을 보냈다는 뜻이다. 이런 속담이 위에 적은 김소월 사행시에 내장되어 있다고 볼 수 있다. 그리하여 명시적 언급 없이 불면을 노래한 사행시가 성립되는 것이다. 단순하고 투명한 언어지만 쉽게 소통이 이루어지는 것은 아니다. 이렇게 소박 단순한 시의 수준에서도 소통은 쉽지 않다. 그러니 난해하다는 현대시에서는 말할 것도 없다. 왜 현대시에서 소통은 점점 어려워지는가? 우리는 시언어의 특성을 로만 야콥슨의 전달 행위에 관한 도형을 빌려서 검토해본다.

맥락

메시지

발신자 ———————————— 수신자

접촉

코드

편지건 연설이건 모든 의사 전달은 '발신자'와 '수신자' 그리고 발신자가 수신자에게 보내는 '메시지'로 성립된다. 이 과정은 단순하지만은 않다. 메시지는 발신자와 수신자 사이에 '접촉'을 필요로 한다. 이 접촉은 시각적일 수도 있고 청각적일 수도 있다. 또 메시지는 일정한 '코드' 속에 담겨 있어야 한다. 또한 메시지는 발신자와 수신자 쌍방이 이해하고 있는 '맥락'을 지시해야 한다. 이 맥락이 메시지로 하여금 의미 있게 한다. 그런데 메시지가 모든 의미를 공급하는 것은 아니다. 전달된 것 중 많은 부분이 맥락, 코드, 접촉 매체에서 유래한다. 따라서 의미는 의사 전달 행위 전체 속에나 있는 셈이다. 그런데 전달 행위가 메시지 자체에 초점을 두고 있을 때 지배적인 것이 '시적' 기능이다. 메시지의 단어들 자체가 우리의 주의력 속에서 전경화(前景化)될 때 시적 기능이 지배적이 되는 것이다. 즉 메시지가 소리의 패턴이나 어법이나 구문에 주의를 당겨서 메시지 자신을 강조하는 경우이다. 이것이 시적 기능이고 시에서는 유난히 이 시적 기능이 지배적이다. 따라서 아무리 투명하다고 하더라도 시는 산문보다 소통 면에서 명쾌하지 못하다. 소통이 지연되는 것이 보통이고 이 지연성에 시를 읽는 재미가 있다고 할 것이다. 김소월의 「만리성」의 메시지는 밤잠 못 이루는 자의 동태이지만 단박에 인지되지 않고 곰곰이 생각해야 비로소 이해되기 때문에 인지의 지연과 뒤따른 이해가 읽기의 즐거움을 이루는 것이다.

스페인 태생의 미국 철학자 조지 산타야나는 보통 유리창과 착색된 유리창을 예로 하여 산문과 시의 차이를 설명한다. 보통 유리창은 그저 광선을 실내로 도입하기 위하여 장치되어 있다. 그러나 착색된 유리창은 광선을 도입할 뿐 아니라 광선을 채색하기도 한다. 실내에 있는 다른 물상들을 뚜렷하게 보이게 하는 원인이 될 뿐 아니라, 동시에 그 자체가 주목을 끄는 물상이 된다. 순수한 산문은 보통 유리창처럼 그저 사상을 전달할 뿐이지만 시는 착색된 유리창처럼 그 자신이 착잡한 존재방식으로서 주목을 끌기도 하며 실내에 초자연적인 마력을 발산하기 위해 그늘을 던지기도 하면서 마술을 부리는 것이다.[2] 20세기 초에 제기한 이러한 통찰은 러시아 형식주의에서 거론하고 시도한 시언어 분석을 앞당겨 보여주는 것이다.

다시 부연해본다면 시는 말의 기의(記義, signified)보다도 기표(記表, signifier)가 우위를 점하고 있는 언어 형식이라고 할 수 있다. 기의가 전달행위에서는 핵심적 기능을 수행한다. 그러나 기표에 보다 중점이 주어질 때 전달과 소통에서는 상대적으로 차질이 생길 수밖에 없다. 기의가 기표에 완전히 굴종하여 독특한 음악적 효과를 거두게 한 것이 프랑스 상징주의 시의 특성이다. 이 경우에 흔히 기의를 통해 전달되는 전언은 모호해질 수밖에 없고 독자 편에서는 난해하다는 반응이 나올 수밖에 없다. 그러면

---

2 George Santayana, "The Elements and Function of Poetry", in *Literary Criticism in America*, ed. Albert Van Nostrand (New York: The Liberal Arts Press, 1953) p. 191.

기의가 기표에 굴종하여 독특한 음악적 효과를 내게 하는 상징주의 시인들의 기도는 어떠한 의미를 가지고 있는 것인가? 니체가 『권력에의 의지』에서 한 말을 상기해보는 것도 유익할 것이다.

> 음악과 비교해본다면 말을 통한 소통은 뻔뻔스러운 것이다. 말은 희석시키며 비인간화한다. 말은 몰개성화한다. 말은 통속적이 아닌 것을 통속적으로 만들어버린다.[3]

몰개성화(沒個性化)하고 통속적이 아닌 것을 통속적으로 만들어버리는 언어의 필연성을 넘어서 자기 고유의 개성적인 경험을 전달하려는 시인은 결국 기의보다 기표에 의존하여 음악적 효과를 내려 시도하고 그것은 불하해하다는 독자의 반응을 얻게 된다고 할 수 있다. 시인은 "도구로서의 언어와 인연을 끊은 사람이다. 시인은 말을 기호로서가 아니라 사물로서 본다는 시적 태도를 단호하게 선택한 사람이다"라고 사르트르가 『문학이란 무엇인가』에서 말할 때 그가 지적하는 것도 사실은 같은 것이다.[4] 그러므로 독자들은 똑같이 말을 매체로 한 것이되 시의 말과 산문의 말이 얼마쯤 다르다는 것을 이해하고 들어가야 한다.

20세기의 시는 그 후 무의식과 꿈의 세계를 탐험하는 초현실주의 시의 등장으로 더욱 난해한 것이 되어버린다. 여기서 소통은 점점 어려워지고 그 이해를 위해서는 훈련 과정을 겪어야 하는 사태가 발생하게 된다. 시가 그만큼 특수화되어가기 때문이고 그것은 시인의 개성적 경험과 그 표현이 점점 비교화(秘敎化)되어간다는 것을 뜻한다. 그래서 사르트르는 시와

---

3 Friedrich Nietzsche, *The Will to Power*, trans. Walter Kaufmann (New York: Vintage Books, 1968) p. 428.

4 장 폴 사르트르, 정명환 역, 『문학이란 무엇인가』, 민음사, 1998, 18쪽.

산문을 판별해서 산문가에게만 이른바 '참여'를 호소하게 된다. 효과적인 호소는 막힘 없는 소통을 통해서만 가능하고 그렇기 때문에 사르트르는 "우리는 말로서 생각한다. 언어로서 표현하기에 마땅치 않은 어떤 말할 수 없는 아름다움을 우리가 깊이 간직하고 있다고 믿는 것은 어리석은 일이다. 그뿐 아니라 나는 전달할 수 없는 것이 있다는 주장에 반대한다. 그것은 폭력의 원천이다"[5]라고 말하는 것이다. 소통과 이에 따른 대화가 없는 곳에서는 폭력이 따르게 마련이게 때문에 우리는 사회구성원 사이의 원만한 소통을 중요시하게 되는 것이다.

산문으로 되어 있는 소설의 경우는 어떻게 되는가? 근대 문학의 총아인 소설 장르에서 소통이 원만히 진행되지 못하고 소설이 난해하다는 독자 편의 불평이 쏟아진 상황은 어떻게 설명할 수 있을 것인가? 중요하고 의미 있는 것에 대한 공감의 붕괴라는 말로 그 사정을 요약할 수 있을 것이다. 삶에서 중요하고 또 의미 깊은 것에 대한 대체적인 공감이 널리 퍼져 있을 경우에 작가 편에서도 그러한 주요 문제를 다루고 독자 편에서도 그러한 문제를 흥미진진하게 받아들인다. 19세기의 위대한 작가들, 가령 톨스토이나 발자크가 진지하게 다룬 세계가 그러한 세계이고 독자 편에서도 열의 있게 수용하였다. 이 경우에 작가는 성공적인 소통을 성취한 것이라고 할 수 있다. 그러나 소위 근대화가 진척됨에 따라서 이러한 상황에 커다란 변화가 오게 된다. 사회적 분업의 세분화, 경제적 불평등의 심화, 자기완성의 기회와 문화, 교육, 사회적 특권 향유에서의 불균형은 공유 현실에 대한 동의로 이어질 수 있는 절실한 공유 경험의 영역을 몹시 협소하게 만들었다. 사회적 신분이나 이해관계나 문학 향수 태도에서 심한 차이가 생겨나고 사회적 공유 경험의 폭이 좁아지면서 점점 사람들은 자기

5 같은 책, 373쪽.

에게 생소한 타인의 경험 세계를 불가해하고 착잡하고 생소한 것으로 받아들이게 마련이다. 이러한 상황에서 경험 교환에서의 소통은 점점 어려워지게 된다. 문학도 사람 사이의 경험 교환이고 그래서 전달이 중요하고 소통이 중요한 것인데 이 경험 교환 능력이 축소되어가는 것이다. 물론 이러한 상황에 발맞추어 소설 독자도 전문화되어가고 이들을 만족시킬 수 있는 작가도 소수의 예외적인 예술가 작가로 국한되기에 이르렀다. 그리하여 극히 소통이 잘 이루어지는 작품의 제공자는 결국 통속 소설가의 위치로 전락하게 된다. 소통에는 성공하지만 예술로서는 평범 이하의 상투적인 작품으로 그치게 된다. 난해한 소설의 등장을 이렇게 개괄적으로 요약할 수 있는 것은 아니다. 19세기 작가에게서 볼 수 있는 예술로서의 소설 장르에 대한 자의식이 소설의 세련화와 함께 전문 독자를 상정하게 된 사정을 우리는 간과할 수 없다. 가령 20세기의 걸작이라고 전문가 사이에서 공인되고 있는 조이스의 『율리시즈』는 서구 문학과 영문학 전통에 대한 깊은 이해를 전제로 한 것이다. 그렇지만 사회적 공유 경험의 협착화와 난해한 소설의 등장이 깊은 상관관계를 가지고 있다는 것은 큰 맥락에서 부정할 수 없을 것이다.

위에서 한 말을 요약하면 시에서는 극히 개인적 · 개성적인 것의 추구가 개인 언어(ideolect)에 의한 시의 비교화(秘敎化)를 낳고 생소해지면서 뜻 깊고 광범위한 경험 교환이 어려워지게 되었다고 할 수 있다. 그것은 저자 및 독자를 포함해서 모든 개인이 점점 유아론적(唯我論的) 세계로 빠져들어 그만큼 고독해지고 피차간에 이방인이 되어버린 상황의 반영이라고 할 수 있다. 공동체 해체에 따른 개인의 원자화와 관련되는 것이라고 할 수 있다. 대범하게 말해서 현대의 문학 독자들은 1950년대에 사회학적 유행어가 되었던 '고독한 군중'이기도 한 것이다.

언어 사용의 문제점

영국 작가 올더스 헉슬리는 20세기의 가장 주요한 작가는 아니다. 1930년대 이후 그의 작가적 명성은 영어 사용 국가 이외에서는 쇠퇴해왔다. 그러나 당대의 여러 가지 문제점을 소설 속에 도입해서 탐구한 작가로서 많은 화제를 낳았고 그러한 국면은 『멋진 신세계』 같은 역(逆)유토피아 작품을 통해 우리에게 익숙하다. 유럽에서 제2차 세계대전이 일어난 1939년에 발표한 『숱한 여름이 간 뒤』(*After Many a Summer*)도 현대의 물질주의와 유물론을 비판한 에세이 소설이라는 일부의 평가를 받았다. 이 소설에선 주인공이자 일종의 현자로 등장하는 프롭터라는 인물이 현존 언어의 부적정성을 여러 가지로 지적한다. 즉 인간사에 관한 이해와 소통이 잘 안 되는 이유의 하나는 인간의 언어에 문제가 있다는 것이다. 프롭터는 말한다.

> 사실상의 차이는 언어상의 차이로 표현되어야 한다. 그렇지 않고서는 난센스를 얘기하는 폭밖에 되지 않는다. 그럼에도 불구하고 우리는 한 단어를 전혀 다른 사물들을 암시하는 데 구별 없이 사용하고 있다. 신은 사랑이라고 우리는 흔히 말한다. 이 경우에 사용한 사랑이란 말은 가령 남녀 간의 사랑이나 모성애나 조국애와 같은 이질적인 것을 말할 때도 쓰인 것이다. 따라서 우리는 신을 일종의 장엄한 동경의 화신이라고 생각하기 쉽다. 즉 신을 인간적인 이미지로 창조한다. 그것은 우리의 허영을 돋구어준다. 사람들은 이해보다도 허영을 달가워한다. 그래서 언어의 혼란이 야기된다. 우리가 진정으로 그 말을 이해하려고 한다면 '우리는 서로 사랑하였다'고 쓰는 반면 "신은 X사랑이다"라고 써야 할 것이다. 이렇게 함으로써만 영원의 수준에서 직접적인 경험을 가져보지 못한 사람들도, 영원의 수준에서 일어나는 것이 인간의 수준에서 일어나는 것과

전혀 이질적이라는 것을 지적으로 이해할 기회를 얻게 된다.[6]

그의 의견을 따르면 사랑이란 단어는 쓰이는 문맥에 따라서 차이점을 가지고 있지만 한 가지 점에서는 공통된다. 즉 어떤 정서적 흥분을 동반하고 열망이나 사모의 요소를 포함하고 있다. 그러나 가장 계발된 사람들의 '영원의 수준'에서의 어떤 경험이 '신은 사랑이다'라고 표현되면 이것은 정반대로 흥분이나 열망으로 뒤범벅이 된 '인간적 차원'에서의 어떤 경험과 혼동되어 부당한 오해를 받게 된다는 것이다. 쟁점도 흐릿해지고 따라서 남는 것은 이해의 절망이다. 사랑이란 말뿐 아니라 지식 · 지혜 · 힘 · 정신 · 평화 · 선 · 자유 등등 예는 얼마든지 있다. 이런 혼란을 방지하기 위해 그는 특수한 정신 경험의 전문어, 즉 "정신 경험의 대수학" 또는 "영원의 미적분학"의 발명을 공상하기까지 한다.[7]

이러한 프롭터, 아니 헉슬리의 생각은 여러모로 코집스키(Korzybski)가 개발한 이른바 일반의미론(general semantics)의 명제를 상기시킨다. 바르샤바에서 수학자와 기사(技師)의 훈련을 받은 코집스키는 제1차 세계대전 당시에 러시아군에서 일하였고 그때의 경험이 그로 하여금 일반의미론의 개발로 나가게 했다. 전쟁은 우리의 일상생활에서 우리에게 조언하고 지도하는 사람들의 실패와 비교할 때 자연과학자의 성취를 돋보이게 하였다. 기사들이 설계하고 준비하면 신뢰할 수 있는 구조물이나 교량이 완성되었다. 그들이 전문 분야에서 예측하면 사물은 설계명세서에 적힌 대로 되어 나왔다. 그러나 정치 · 경제 · 법률의 담당자들의 예측은 그렇지 않았다. 기사에 대해서 갖게 되는 신뢰감을 사회 '과학자'들에겐 가질 수가

---

6 Aldous Huxley, *After Many a Summer* (Harmondsworth: Penguin Books, 1955), pp. 133~134.

7 같은 책, 134쪽.

없었다. 그 차이는 어디서 오는가? 코집스키는 쉽게 관찰되는 양자의 활동, 즉 양자의 말하기(talking)에서 그 해답을 구했다. 기사는 자기가 취급해야 할 사실에 적절하고 또 구조상 유사한 여러 언어(단어 혹은 수자)로 혼잣말을 하거나 '계산하거나' 한다. 즉 기사는 생활 사실을 관찰하고 자기가 하는 말을 거기에 일치시킨다. 그의 주된 노력은 그의 말하기, 공식, 방정식 등이 사실의 표현에 적절하도록 하는 것이다. 그리고 그것이 성취되었을 때 다리가 붕괴하는 법은 없다. 그러나 개인 생활이나 국가의 중대사에서 일상의 언어 습관은 전혀 그렇지 않다. 그리하여 부적절하고 오도적인 언어 사용의 분석을 통해서 '언어와 사실을 적절히 관련짓는 습관을 낳게 하는 방법'을 일반의미론이라고 부른 것이다.[8] 그가 미국으로 건너가 출판한 저서는 추종자를 낳았고 이들이 일반의미론의 보급을 주도하였다.

일반의미론이 꾀한 것은 언어의 대수화(代數化)라고 할 수 있다. 일반의미론이 권장하는 "현지의 인식", "진행형적 성격을 가진 세계의 인식", "언어 사용이 유사점과 차이점 쌍방을 나타내야 한다는 인식" 등을 적절히 활용하면 우리의 생활에서 많은 낭비와 오용과 오해를 방지할 수 있는 것은 사실이다. 특히 "언어에 앞선 사실 인식"의 필요성을 역설할 것은 정교하게 조직된 거짓말이 횡행하고 정치적으로 활용되는 풍토에서 의미 있는 일이었다. 그러나 그 효용이 매우 한정적인 것은 무엇보다도 현재의 일반의미론의 쇠락이 웅변으로 말해주고 있다. 물론 일반의미론의 쇠퇴를 그 이론적 · 학문적 취약성 탓으로만 돌릴 수는 없다. 일반의미론이 미국에서 큰 호응을 받은 것은 1930년대 후반과 1940년대 전반의 시기였다.

---

8 Irving J. Lee, *Language Habits in Human Affairs: An introduction to General Semantics* (New York: Harper & brothers, 1941), pp. 7~8.

유럽에서 나치 독일이 냉소적인 약육강식의 폭력 논리로 기독교적 휴머니즘에 기초한 서구인의 가치관에 정면 도전하고 파시즘이 세를 얻고 있던 시기였다. 그리고 이른바 자유주의 국가에서도 매스컴의 병리적 측면이 한창 기세를 올리던 시기였다. 그러한 범세계적 사회 풍토에서 착란과 교란의 선전 언어의 홍수로부터 냉정과 이성적 현실 인식과 이에 따른 자각적인 언어 사용으로 오해 없는 소통의 필요성을 역설한 것은 의미 있고 시의 적절한 일이었다.

또 일반의미론의 개발과 운동이 고립된 지적 작업으로 전개된 것은 아니다. 지적 배경과 성향은 크게 다르지만 대범하게 말하여 일상 언어의 대수화(代數化)라는 점에서 유사성이 없지 않은 "기본영어"(basic English) 구상을 리처즈가 널리 알리기 시작한 것도 1940년대 초의 일이다. 되풀이 나오는 소수의 기본 단어를 통해서 어떠한 생각도 표현하고 소통할 수 있다는 "기본영어"를 리처즈와 오그덴이 착상한 것은 1920년대에 『의미의 의미』를 공저할 때의 일이다. 십여 년의 노력 끝에 오그덴은 1929년에 그 기본영어를 공표하였고 1930년대에 공동 노력으로 850개의 기본영어를 확정하였다. 리처즈는 기본영어로 번역한 플라톤의 『국가』 축소판을 1942년에 상자하였고 1947년엔 세계 정부와 "기본영어"의 협동으로 전쟁을 제거하자는 담대한 구상을 제기한 『국가와 평화』를 상자하였다.[9] 헉슬리가 『숱한 여름이 간 뒤』에서 현존 언어의 부적합성을 지적하며 독자에게 호소하고 있는 것도 이러한 여러 지적 운동의 일환이며 그 반영이라고 보아야 할 것이다. 대중 조작을 능사로 하는 전체주의 반대와 평화에 대한 열망이 이러한 지적 경향의 기본 충동이 되어 있다고 할 수 있다.

---

9 Stanley Edgar Hyman, *The Armed Vision: A Study in the Methods of Modern Literary Criticism* (New York: Alfred A. Knopf, 1947), pp. 313~314.

자제(自制)와 언어의 선용으로 인간 생활에 획기적인 변화가 오기를 기대하는 것은 국민윤리 교육으로 사회의 병리 차유를 기대하는 것과 비슷한 낭만적 낙관주의라고 할 것이다. 언어의 선용과 원활한 소통으로 사회적 갈등은 물론이고 국제적 갈등까지 해결할 수 있다는 구상은 가상할 만한 비전이기는 하지만 사회경제적이고 정치역학적인 난문제를 언어 문제로 귀착시키는 단선적 환원론일 수밖에 없다. 문제는 언어의 무자각적 오용이 아니라 언어의 의도적 오용을 자행하는 의식적 · 심층적 욕구와 그것을 부추기는 사회적 이해관계일 것이다. 다만 일반의미론이 역설하는 어사(語辭)의 감정적 · 선동적 구사가 우리 모두 명심하고 자제해야 할 사안이라는 것은 아무리 강조해도 지나치지 않을 것이다. 또 그 자각이 적어도 소집단 인간관계에서 긍정적인 결과를 낳으리라는 것은 충분히 가능한 일일 것이다.

회의와 확신

근대화의 진전에 따라 종교가 쇠퇴할 것이라는 일반적 관측이나 기대와는 달리 유럽이나 극동을 제외하고서는 제2차 세계대전 이후 세계 도처에서 열렬한 종교운동이 전개되고 있다. 또 이러한 종교운동에서 각각의 원리주의자들이 세를 얻고 있는 게 사실이다. 베를린 장벽이 무너지면서 두 개의 독일은 하나가 되었지만 20개의 새 독립국가가 생겨났고 이들 독립국가에서는 민족주의가 팽배하고 있다. 국가 간 통상 장벽의 제거나 자본시장의 자유화를 특징으로 하는 글로벌 경제의 시대가 한편으로 종교상의 원리주의와 열렬한 민족주의 시대이기도 하다는 것은 얼핏 역설적으로 보이지만 그것이 엄연한 세계의 현실이다. 성전(聖典)의 글자 하나하나에 충실하겠다는 원리주의자들은 동일한 종교 안에서의 다른 종파와도 대화를 거부한다. 그러니 다른 종교와의 대화는 더욱이나 기대할 수 없다. 소통이 되지 않을 경우에 남는 것은 폭력에의 호소이다. 세계 도처에서 난무하는 크고 작은 테러가 일상적 뉴스가 되는 것은 당연한 귀결이다. 소련연방의 해체나 동구권의 붕괴로 한동안 세계는 냉전의 종식을 구가하였다. 그러나 그 후 세계 전역에서의 폭력 행위 양상은 규모가 커지면서 광폭해지고 있다. 종교적 원리주의자나 민족주의자들의 폭력만이 아니다. 동기 없는 이른바 '묻지 마 살인'이나 무방비 불특정 다수를 향한 총격 같은 테러 행위가 빈번히 자행되고 있다. 냉전 종식이 아니라 소규모 테러 행위의 전성시대가 개막한 것이라는 감개를 금할 수 없다.

안으로 눈을 돌려보아도 상황은 우리를 우울하게 한다. 사회적 갈등이 툭하면 거리에서의 시위나 격렬한 신체적 충돌로 표출되곤 하는 것이 우리의 오랜 사회적 관행이 되다시피 했다. 그것은 권위주위 정부 아래서 제반 시민적 권리에 대한 억압이 빚어낸 불가피한 반동 현상이라는 국면이 없지 않다. 학생층으로 한정되었던 가두에서의 시민적 저항권 행사는 이제 다수 시민의 참여로 확대된 채 수시로 분출되곤 한다는 양상을 띠고 있다. 그것을 직접민주주의의 발현이라며 긍정적으로 평가하는 관점도 없지 않다. 그러나 상한 인구 20만 내외의 소규모 폴리스에서 생성·발전하였던 정치제도에 대한 향수를 인구 천만의 거대도시 메가폴리스의 주민에게 투사한다는 것은 적정성 없는 시대착오적인 것으로 보인다. 뿐만 아니라 직접민주주의 암묵적 옹호자에게 고유한 것으로 생각되는 저항하는 다수 민중은 정의로울 수밖에 없다는 혹종의 민중 신화는 충분히 검증되거나 검토된 바 없다. 자연발생적이라고 할 수 없는, 조작(操作)되고 동원된 다수의 함성은 색깔이야 어떻든 전체주의 사회의 한 징표이다. 그것은 대의제도의 부정으로 이어질 뿐 아니라 선동가와 음모 집단의 초법적 수단이 되기 쉽다.

물론 대의제도의 건전한 운영이 시행되고 있는 사회에서의 일이라는 단서가 필요하긴 하다. 사회구성원 사이의 소통과 대화가 자유롭고 자연스러워야 사회적 갈등의 평화적 해결이 가능하다는 것은 재삼 강조되어야 마땅하다. 사회 각 분야에서 갈등과 상호 불신이 표면화되어 있음에도 불구하고 문제 해결을 위한 진지한 대화는 별로 찾아지지 않는다. 특히 정치 분야에서의 대립과 갈등과 소통 부재는 도를 넘었다고 해도 과언이 아니다. 대의제도의 전통이 일천(日淺)한 사회에서 권위주의적 정부와 반대세력 간의 오랜 전투적 갈등이 사회 곳곳에 그 후유증을 남기고 있다. 비유적인 의미로 쓰는 우리 나름의 '원리주의'가 사회 곳곳에서 떨치고 있다는 생각을 금할 수 없다.

이러한 맥락에서 일본 문학의 연구자이며 번역자이기도 한 미국인 도날드 킨이 서양 독자를 위해 쓴 일본 문학 입문서 『일본의 문학』에서 하고 있는 말은 우리의 눈길을 끈다. "유생(儒生)들이 극단적 정통주의로 기울어져 군자는 식사 때 얘기하지 않는다는, 공자가 했다는 우연한 말 때문에 한국에서는 몇 백 년 동안 말없는 식사가 계속되었다. 중국에서는 그렇지 않았고 일본에서는 더더구나 그렇지 않았다."[10] 그는 일본이 중국의 대륙문화를 수용함에 있어서 한국보다 한결 저항적이고 선택적이었다는 점을 말하는 맥락에서 한국에서는 유학 수용도 한결 무조건적이었다면서 이런 말을 하고 있다. 그가 어디에서 이러한 정보나 추론을 얻은 것인지는 알 수 없다. 일본에 널리 퍼져 있는 견해인지도 모른다. 중국과 인접해 있다는 지리적 조건에 대한 고려가 배제된 이러한 언급은 이상하게도 일본어

---

10 Donal Keene, *Japanese Literature: An Introduction for Western Readers* (New York: Grove Press, 1955) p. 2.

번역본에서는 빠져 있다. 그것이 일인 번역자의 특수 고려에서 나온 원저자와의 양해 사항인지 혹은 저자가 그러한 대목을 뒷날 자진 삭제한 것인지의 여부는 확인할 길이 없지만 우리로서는 매우 궁금한 사안이다. 그러나 고깝게 들려서 우리를 착잡하게 한다는 바로 그 이유 때문에 우리가 자성할 국면이라고 해야 할 것이다.[11]

『유교 · 전통 · 변용』의 저자 정두희(鄭杜熙) 교수는 조선조의 유교화 과정을 연구한 마르티나 도힐러 교수의 저서를 두고 "결과적으로 적장자(嫡長子) 중심의 철저한 가부장 사회의 출현을 야기한 조선왕조가 같은 성리학적 이념의 토대 위에 세워진 송(宋)나라보다도 더욱 철저한 성리학적인 사회가 되었다고 지적하고 있다고" 적절히 논평하고 있다.[12] 그러한 국면에 대한 도힐러 교수의 서술의 하나를 되는 대로 골라보면 다음과 같은 것이 있다.

> 조선조 사회 유교화의 의심할 바 없이 가장 근본적인 특징은 부계 친족제도의 발전이었다. 조선조의 친족제도는 중국에서보다 더 엄격히 구조화되었다. 중요한 차이점은 장자상속제—고전 속에 서술된 고대 중국에서의 가계 조직의 근간인—가 두 나라에서 시행된 정도와 범위에 있었음이 명백하다. 중국에서는 장자상속제가 여러 세기 동안 소멸되었고 오직 장자 우선권의 '명색'만이 형제 중 윗자리임을 인정해서 흔히 주어지는 여분 상속에서나 존속하였다. 상속 관행은 다양했지만 기본적 관례는 형제간의 균등 상속이었다. 이와 대조적으로 조선에서는 방계를 젖혀놓고 직계 지속을 강조해서 장자를 그 세대의 이상적이고 선호되는 대표로 선정하는 결과를 빚었다. 의례적 장자상속제가 형

11 ドナルド · キーン, 吉田健一譯, 日本の文學, 中公文庫, 1979 참조.
12 정두희, 『유교 · 전통 · 변용』(국학자료원, 2005), 80쪽.

제 사이의 균등한 상속의 완전한 폐기로 직접 이어진 것은 아니다. 그러나 조선조가 후반기로 들어서면서 설사 전면적인 것은 드물었지만 경제적 장자 상속제를 선호하는 경향은 눈에 뜨이게 현저하다. 개개 특정사례에서 관행은 다양했다 하더라도 적장자상속제라는 생각은 사회의식 속에 굳건히 뿌리박혔으며 가계 산정을 현저히 축소시켰고 그 결과 서자뿐만 아니라 차남도 손해를 보게 되었다.[13]

친족제도나 장자상속제의 엄격하고 경직된 구조화와 발맞추어 모계 · 여성 · 서자의 배제도 경직하게, 또 철저하게 시행되는 것을 우리는 보게 된다. 사대부의 특권화나 양인과 천인 사이의 엄격한 차이도 조선조에서 한결 심했다. 도힐러 교수가 그것을 반드시 부정적으로 보는 것은 아니며 적장자 중심의 강력한 가문의 존재가 왕권의 전제를 견제하는 요인이 되었음을 지적하기도 한다. 중국에서보다도 더 유교적인 사회가 된 데에는 그 나름의 이유와 우리 쪽의 사정이 있었을 것이다. 원인이 어디 있던 조선조에서의 유교의 원리주의적 수용이 현실과의 점증하는 괴리를 낳으면서 반근대(反近代)로 흐른 것은 우리의 근세사가 보여주고 있다. 원리주의적 성향의 잔재가 혹 우리의 시야를 좁히고 있는 것은 아닌지 비판적 자기검증을 할 때라는 생각이 든다.

우리 사회는 정치적으로 의회민주주의를, 경제적으로는 시장경제를 기본으로 하는 사회이다. 많은 시련과 우여곡절이 있었지만 산업화와 민주화를 이룩한, 유일한 제2차 세계대전 후의 독립국가라는 성가(聲價)를 얻고 있다. 그러나 경제적 성장에 합당한 사회적 · 문화적 성숙엔 이르지

13 Martina Deuchler, *The Confucian Transformation of Korea: A Study of Society and Ideology* (Cambridge: Harvard Univ. Press, 1992), pp. 284~285.

못했다는 자괴감을 우리 모두가 공유하고 있다. 그 가장 큰 징후가 사회구성원 사이의 소통과 이해의 부족이다. 대화와 소통은 열린 마음을 가진 주체가 상대의 존재를 인정하고 진지한 마음으로 역지사지(易地思之)해서 어떤 타협에 이르는 것이다. 물리적 힘이 아니라 설득에 의한 타협점의 발견이 중요하고 이때 설득은 일방적인 것이 아니고 상호적인 것이 되어야 함은 물론이다. 타협은 물리적 충돌이나 폭력의 구사보다 백번 나은 것이다. 그럼에도 우리말에서 타협이란 말은 어감 자체가 향기롭지 못하다. 원리주의적 사고의 입장에서 보면 그것은 기본 원리의 훼손이요 훼절이기 때문이다.

영국의 철학자 러셀은 일가견을 가지고 사회의 거의 모든 문제에 대해서 발언한 경험론적 사회 사상가이기도 하다. 인간이 이성적일 수 있는가에 대해서 매우 회의적인 입장이지만 그럼에도 이성에 대한 믿음을 저버리지 않는 그는 「철학과 정치」라는 에세이에서 넓은 의미의 자유주의적 정치이론이 상업의 소산이라고 말하고 있다. 그를 따르면 그 알려진 최초의 사례는 이집트나 리디아와의 교역으로 살았던 소아시아 이오니아의 도시에서였다. 페리클레스 시대에 상업이 번창하자 아테네인들은 자유주의적으로 되었다. 중세의 롬바드 지방의 도시에 이어서 이탈리아에서 떨치다가 16세기에 스페인에 의해서 꺼지고 말았다. 그러나 스페인이 재정복하고 굴종시키는 데 실패한 네덜란드와 영국이 17세기에 자유주의와 교역의 선두주자가 되었고 20세기엔 미국이 그 자리를 대체하게 되었다는 게 러셀의 역사적 개관이다.[14] 상업과 자유주의의 연관은 누가 보아도 명백하다. 교역은 전혀 다른 종족 관습과 접촉케 함으로써 우물 안 개구리의 독단론을 폐기시킨다. 구매자와 판매자의 관계는 자유로운 두 당사자

14 Bertrand Russell, *Unpopular Essays* (London: Unwin Books, 1968), pp. 20~21.

사이의 절충과 협상의 관계이다. 구매자나 판매자가 상대방의 관점을 이해할 수 있을 때 가장 유리해진다. 자유주의는 공적 질서가 허용하는 한 공생(共生)과 관용과 자유를 실천하며 정치 강령에서는 광신을 배제하고 온건을 표방한다는 것은 굳이 러셀의 말을 빌리지 않더라도 우리가 익히 아는 사실이다. 성리학을 원리주의적으로 채택하여 원산지에서보다도 더 경직하게 제도로 구조화하였고 자폐적 쇄국을 실천하였고 교역과 상업을 천시한 전통사회의 후예들이 자유주의의 핵심인 공생과 관용의 정신을 외면하고 협상과 타협을 금기시하며 이분법적 사고에서 벗어나지 못하는 것은 무자각적 전통의 압력일지도 모른다. 그것은 아마도 현재를 괴롭히는 원리주의적 성향의 "양도할 수 없는 소유"(dead hand)라고 해야 할 것이다.

무지와 확신은 함께 간다는 말도 있지만 확신에 차서 자기회의를 모르는 징후들이 너무나 많다. 소신 있는 인사라는 말은 우리 사이에서 찬사의 하나가 되어 있다. 억압적인 분위기를 무릅쓰고 자기 신념을 표명하는 양심의 자유 실천자에게 찬사를 보내는 것은 당연하다. 건물에 불이 났다든가 누군가가 옥상에서 투신하려고 한다든지 하는 긴박한 비상 상황에서는 일차적으로 소방 활동이나 구조 활동과 같은 행동이 요구된다. 그러나 비상시도 아닌 일상적 상황에서 매사에 소신을 앞세우며 즉각적 행동으로 돌입하는 것은 문제가 있다. 우리는 확신이란 것이 과연 냉철한 이성적 판단의 소산인지 그렇지 않으면 이해관계의 단순 반영일 뿐인지를 면밀하게 검토할 필요가 있다. 즉 숙고되고 계몽된 확신인가, 충동적 · 습관적 확신인가를 성찰해야 할 것이다. 우리 사이에서 회의라는 것은 회색인의 징표이고 우유부단한 지식인의 특성이라고 부정적으로 인식되는 경향이 있다. 그러나 원리주의적 확신이 팽배해 있는 사회에서 적정 수준의 회의는 권장되어 마땅하다. 우선 회의는 경망한 속단과 편향적 예단을 방지한다는 미덕을 가지고 있다.

원리주의적 성향과 함께 자성해야 할 것은 우리 사회에서 결코 낯설지 않은, 가부장적이고 억압적인 가정 질서이다. 이러한 맥락에서 『20세기의 의미』의 저자로 일반에게도 알려진 미국의 경제학자 케네스 볼딩의 견해는 시사하는 바가 많다. 1960년대에 일본의 대학에서 가르친 일이 있는 그는 일본처럼 비교적 풍요한 나라에서 격렬한 학생운동이 전개되는 것에 적잖은 의문을 가진 바 있다. 어째서 일본인, 특히 일본 지식인들이 마르크스주의에 끌리는가에 대해서 자기 나름의 성찰을 계속하고 그 결과 몇 가지의 원인을 상정하였다. 그 중의 하나가 일본의 가정 질서나 유아기 체험과 반(反)체제적 성향 사이의 상관관계로 저자 자신은 주저하면서 제기한다는 단서를 달고 있다. 권위주의적인 부친이 지배하는 가정에서는 아이들의 마음속에 억압된 불만이 축적된다. 마르크스주의는 이 불만을 정당화시켜주는데 그것은 마르크스주의가 권력의 자리에 있는 자에 대해 갖게 되는 증오나 폭력을 정당화시켜주기 때문이라는 것이다.[15] 사회현상을 심리학의 문제로 귀결시키는 것은 또 하나의 심리학주의요 단순 환원론이다. 그러나 하나의 부가적 설명으로서는 설득력이 있는 것이라고 생각되며 우리의 경우에도 부분적으로 적용되는 사안이라고 생각한다. 우리의 근대 소설이나 당대 소설에서 억압적이고 폭력적인 가정의 묘사는 가장 흔한 관심사의 하나이다. 민주적인 가정 질서가 민주시민을 길러내는 근간이요 요체라는 것은 우리가 숙고해야 할 국면이라고 생각한다.

의회민주주의를 표방하며 시행하고 있는 열린사회인 이상, 시민도 정당인도 회의와 확신 사이에서 많은 고민을 해야 비로소 온건과 관용의 정

15 Kenneth E. Boulding, *A Primer on Social Dynamics: History as Dialectics and Development* (New York: The Free Press, 1970), p. 135.

치가 실현될 수 있을 것이다. 시민에게도 시민운동가에게도 정치인에게도 필요한 것은 회의와 성찰을 통한, 막스 베버의 "책임윤리"에 준거한 선택과 행동이며 이에 대한 이해일 것이다. 그럴 때 비로소 우리는 부박하고 선동적인 분위기가 대세를 좌우하는 경지를 넘어서 성숙한 사회로 진입할 수 있을 것이다. 그리고 그 과정에서 심사숙고와 회의를 거친 신념의 원만한 소통이 필수적임은 말할 것도 없다. 이것은 우리가 꾸준히 추구하고 이행해야 할 사회적 과제일 것이다.

과학적 진단 : 과학의 소통은 과학자가 먼저

최재천
이화여자대학교 에코과학부 교수
문진연구센터 기획위원회 위원

최재천

서울대학교를 졸업하고 미국 펜실베이니아주립대학에서 생태학 석사와 하버드대학에서 박사학위를 받은 후 하버드대학 전임강사, 미시건대학 조교수, 서울대학교 교수를 역임하고 현재는 이화여자대학교 에코과학부의 교수로 재직하고 있다. 『최재천의 인간과 동물』, 『대담』 등의 저서와 『인간의 그늘에서』, 『통섭: 지식의 대통합』 등의 번역서를 출간하였다. '통섭원' 원장 및 '기후변화센터'과 '136환경포럼' 등의 공동대표를 맡고 있다.

갑자기 '소통'이 우리 사회 최대의 이슈 중의 하나로 떠오르고 있다. 세계 최고 수준의 정보통신 국가에서 소통이 사회문제가 되고 있다니 소통의 원활함과 소통매체의 발달 간의 관계가 생각처럼 그리 밀접한 것은 아닌 모양이다. 소통의 부재로 인해 발생하는 사회적 비용이 엄청나다고 한다. 소통의 부재, 즉 불통은 경제 발전은 물론 삶의 질 향상에도 심각한 걸림돌이 되고 있다. 우리 사회의 고질적인 소통의 부재는 도대체 어디에 기인하는 것일까?

지난 2009년에 국내에서 출간된 가장 훌륭한 책 중의 하나로 내가 조금도 주저 없이 권하는 책이 있다. 목사이자 신학자인 호남신학대학의 신재식 교수, 한국장신대학의 종교학자 김윤성 교수, 그리고 2010년에 동덕여자대학교에서 서울대학교 자유전공학부로 옮긴 과학철학자 장대익 교수가 종교와 과학의 소통을 위해 숨이 긴 이메일을 주고받은 내용을 엮은 『종교전쟁』이라는 책이다. 우리나라는 불교와 기독교가 거의 비슷한 수의 신도를 갖고 있지만 어찌 보면 신기할 정도로 다행스럽게 종교 간의 분쟁 또는 갈등이 그리 심하지 않다. 그렇다고 해서 종교 간의 소통이 활발한 것은 아니지만 적어도 첨예하게 대립하지는 않는 것 같다. 드러내놓고 물리적인 충돌을 일으키지 않는 점은 매우 다행한 일이다.

종교를 둘러싼 소통의 문제가 특별히 심각한 부분은 다름 아니라 과학과의 관계이다. 그 중에서도 특히 세계에서도 유래를 찾기 어려울 정도로 원리주의적인 교파가 자리를 잡은 우리나라 기독교와 과학의 관계는 좀처럼 소통의 실마리를 찾지 못한다. 바로 이 점에서 『종교전쟁』은 특별히 귀한 책이다. 우리 사회에서 보기 드문 수준의 소통을 아름답게 일궈낸 귀한 노력의 결실이다. 나는 이 책에 추천사를 부탁받고 다음과 같은 글을 보냈다.

> 이들의 대화에는 세 가지 중요한 덕목이 있습니다. 비움, 귀 기울임, 받아들임. 20세기와 마찬가지로 21세기도 여전히 과학과 종교가 이끌어갈 것입니다. 과학과 종교가 서로 마음을 비우고 서로에게 귀를 기울이며 조금씩 서로를 받아들이기 시작한다면 21세기는 훨씬 더 밝아질 것입니다.

나는 비움, 귀 기울임, 그리고 받아들임이 소통의 세 단계라고 생각한다. 결론을 손에 쥐고 남을 설득하려 들면, 그건 통치 또는 통제에 가깝다. 우선 나를 비워야 한다. 그리고 상대의 말에 귀를 기울이며 좋은 것은 받아들여야 한다. 나를 비운다는 것은 나만 옳다는 자기중심주의, 나의 기준만 지켜져야 한다는 편협한 원리주의, 철저하게 나의 이득만을 위해 움직이는 이기주의 등을 지양하는 노력이다. 주관성보다는 객관성, 지나친 원리주의보다는 남을 배려하는 마음, 함께 살 수 있는 방향을 모색하는 공동체 정신 등이 중요한 덕목으로 인정되어야 할 것이다.

우리 사회에 토론 문화의 부재를 개탄하는 목소리가 높다. 토론의 부재와 소통의 부재는 본질적으로 같은 말이라고 생각한다. 서양 사람들은 토론을 마친 다음에 자신의 생각대로 결론이 나지 않았어도 서로 환하게 웃으며 헤어진다. 그러나 우리는 종종 토론장을 떠나며 그전보다 훨씬 더 소원한 관계가 되거나 때론 공개적으로 의견 차이가 있었음을 밝히곤 한다. 토론이란 원래 서로 다른 생각을 갖고 있는 사람들이 남의 의견에 귀 기울이며 견해의 차이를 좁히려는 노력을 하거나 적어도 다른 사람들의 의견을 들으며 내 사고의 부족한 부분을 보완하기 위해 마련하는 대화마당이다. 하지만 대한민국 사회에서는 토론장에 들어서는 사람들 대부분이 결연한 태도를 갖고 임한다. 반드시 상대를 굴복시키겠다는 투쟁의 의지로 무장되어 있다. 오죽하면 '끝장토론'이라는 용어까지 등장했을까? 끝장토론이라는 말은 그 자체가 모순이다. 토론은 원래 끝장을 전제하는 지적 활동이 아니다. 토론이란 원래 딱히 지고 이긴다는 개념이 있는 게 아니건만 우리는 토론에서 지는 것을 상당히 굴욕적인 일로 간주한다. 그래서 무력을 동원해서라도 반드시 상대를 굴복시키려 한다. 그래서 우스갯소리로 대한민국을 요즘 '떼한민국'이라고 부른다고 한다.

과학은 객관성과 검증 가능성으로 현실성을 획득한 인간 활동이다. 여전히 대중의 상당수가 과학을 이해하지 못하고 과학의 폐해에 대한 두려움을 갖고 있긴 하지만, 현대 사회가 과학에 거는 기대와 의존도는 시간이 갈수록 점점 더 커지고 있다. 학문 간의 소통이 더할 수 없이 중요한 덕목으로 떠오르는 요즈음 나는 이 강연을 통해 소통을 위한 진정한 노력은 과학 또는 과학자가 먼저 해야 한다는 점을 강조하고자 한다. 과학자가 소통하고자 하는 상대를 우리는 흔히 '대중'이라고 일컫는다. 하지만 이 '대중' 속에는 과학의 정의부터 가르쳐줘야 하는 문외한 일반 대중뿐 아니라 과학의 다른 분야 및 인문 · 사회과학 분야의 학자와 지식인을 포함한다는 것을 인식해야 한다.

나는 2005년에 프랑크푸르트 도서전 주빈국 조직위원회로부터 '과학적 글쓰기와 노벨상'이라는 주제로 강연을 해달라는 제의를 받았다. 평소 노벨상에 대해 그리 각별한 애정을 갖고 있었던 사람이 아니라서 주제가 그리 마음에 드는 것은 아니었지만, 나는 제안을 받아들여 '글 잘 쓰는 과학자가 성공한다'라는 부제를 달고 시끌벅적한 도서전 한 모퉁이에서 강연을 했다. 강연이 끝난 후 외국 출판사의 편집인 두엇이 내게 다가와 질문을 할 정도로 반응은 그런대로 괜찮았다. 하지만 나는 여기서 글쓰기 능력에 대해 말하려는 것이 아니다. 다만 위대한 과학자 중에서 다른 분야의 과학자들과 일반 대중을 위한 글을 쓴 과학자들이 과학은 말할 것도 없거니와 우리 사회의 발전에 어떻게 공헌했는지에 대해 간략하게 소개하고자 한다.

아인슈타인과 파인만

나는 대학입시 면접에서 학생들에게 종종 가장 존경하는 과학자가 누구냐고 묻는다. 그러면 생물학자가 되겠다는 학생이나 지질학을 전공하겠다는 학생이나 할 것 없이 거의 전부가 아인슈타인을 가장 존경한다고 대답한다. 아인슈타인은 일반상대성이론이며 특수상대성이론 등 그 어느 누구도 부인할 수 없을 위대한 업적을 남긴 물리학자이다. 생물학이나 지질학을 전공할 학생이라고 해서 물리학자인 아인슈타인을 존경하지 말라는 법은 없다. 다만 아인슈타인을 빼곤 딱히 아는 과학자가 없어서 그렇게 대답하는 우리 학생들의 교양과학 수준이 실망스러울 따름이다.

그렇다면 아인슈타인 다음으로 고등학생들과 일반 대중에게 많이 알려진, 그래서 종종 아인슈타인에 가장 버금가는 위대한 물리학자로 인정받는 사람은 누구일까? 다름 아닌 리처드 파인만(Richard Feynman)이다.

물론 파인만은 양자역학과 입자물리학 분야에서 많은 업적을 남겨 1965년에 노벨물리학상을 수상한 탁월한 물리학자이다. 하지만 그가 아인슈타인을 제외한 그 모든 위대한 물리학자들 중에서 가장 훌륭한 학자로 평가받을 수 있는 객관적인 기준은 없다. 그럼에도 불구하고 그가 일반 대중은 물론 다른 학자들에게도 엄청난 영향을 끼칠 수 있었던 이유는 무엇일까? 다름 아니라 그가 물리학 이론을 쉽게 설명하기 위하여 각별히 많은 노력을 기울였기 때문이다.

그는 소립자의 행동을 복잡한 수학 공식 대신에 스스로 고안한, 그래서 훗날 '파인만 도형'(Feynman diagrams)으로 알려진 간단한 그림들로 설명하여 물리학에 대한 일반인들의 이해를 한층 향상시켰다. 그는 또한 명쾌한 강의로 어려운 물리학 이론들을 쉽게 설명하여 유명해졌다. 특히 1959년에 '저 바닥에도 충분한 여유 공간이 있다'(There's Plenty of Room at the Bottom)라는 제목으로 그가 한 강의는 나노기술(nanotechnology)의 시대를 여는 데 결정적인 공헌을 한 것으로 평가된다. '파인만의 물리학 강의'(The Feynman Lectures on Physics)는 책으로도 출간되어 참으로 많은 사람들에게 엄청난 영향을 미쳤다. 그는 또한 조금은 자서전 격인 『파인만씨 농담도 잘 하시네』(*Surely You're Joking, Mr. Feynman!*)와 『남이야 뭐라 하건』(*What Do You Care What Other People Think?*) 등의 책을 써서 많은 학생들로 하여금 물리학자의 길을 걷게 만들기도 했다. 파인만은 무수히 많은 책과 강연으로 물리학이라는 학문을 알리는 데 그 어느 물리학자보다 커다란 공헌을 한 학자이며 그 과정을 통해 그 역시 가장 위대한 물리학자 중의 한 사람으로 인정도 받고 큰 영향력을 발휘하기도 했다. 파인만 같은 학자의 노력으로 물리학은 소수의 물리학자들만의 경연장이 아니라 엄청나게 많은 사람들이 의견을 개진할 수 있는 거대한 집단 지능(collective intelligence)의 광장을 얻게 된 것이다.

제임스 왓슨과 분자생물학, 그리고 인간유전체 사업

20세기 과학의 발견 중 가장 위대한 발견으로 많은 사람들은 1953년 제임스 왓슨(James Watson)과 프랜시스 크릭(Francis Crick)이 세계적인 과학저널 『네이처』(*Nature*)에 발표한 DNA의 이중나선 구조의 발견을 꼽는다. 이 공로로 왓슨과 크릭은 1962년에 킹스칼리지 런던(King's College London)의 모리스 윌킨스(Maurice Wilkins)와 함께 노벨생리의학상을 수상했다. 노벨상 수상 당시 왓슨의 나이는 겨우 34세로 크릭과 윌킨스보다 무려 열두 살이나 어렸으며 실제 연구에 있어서도 가장 큰 공헌을 한 학자가 아니었건만, 윌킨스는 거의 곧바로 잊혀졌고 세월이 흐르며 사람들은 DNA와 관련하여 크릭보다는 왓슨을 먼저 떠올리게 되었다. 오죽하면 먼 훗날 2003년에 윌킨스는 『이중나선의 제3의 인물: 모리스 윌킨스의 자서전』(*The Third Man of the Double Helix: The Autobiography of Maurice Wilkins*)이라는 책까지 내야 했을 지경이 되었고, 같은 영국 출신의 유명한 과학저술가 매트 리들리(Matt Ridley) 역시 2006년에 『프랜시스 크릭: 유전자 부호의 발견자』(*Francis Crick: Discoverer of the Genetic Code*)라는 책까지 쓰며 크릭을 왓슨의 대열로 끌어올리는 노력을 해야 했다.

물론 왓슨에게는 신의 가호가 함께했다. 왓슨과 크릭은 1953년에 그들의 논문을 쓸 때 저자의 순서를 동전을 던져 정하기로 했는데 신이 왓슨의 손을 들어준 것이었다. 글의 공저자가 있을 경우에 종종 제1저자만을 기억하는 사람들의 성향 덕택에 왓슨이 크릭보다 더 유명해진 점도 무시할 수는 없겠지만, 경력도 훨씬 많았던 두 영국인이 젊은 미국 친구에게 역사의 주도권을 빼앗긴 더 큰 이유는 바로 왓슨이 1968년에 출간한 『이중나선』(*The Double Helix*)이라는 얇은 책 때문이었다고 판단하는 사람들이 많다. '이중나선'은 모던 라이브러리(Modern Library)가 최고의 논픽션 저술

100권에 선정할 만큼 과학자와 그들의 연구에 대한 대중들의 관점을 송두리째 바꿔버린 책이었다. 원래 원고에는 '솔직한 짐'(Honest Jim)이라는 제목이 붙어 있던 이 책은 대학 시절의 내게 과학자의 삶이 그저 무미건조한 연구의 연속이 아니라 한 편의 드라마와 같이 흥미진진할 수 있다는 걸 보여주며 나로 하여금 과학자의 길을 걷도록 인도해준 책이었다. 나 이외에도 얼마나 많은 젊은이들이 이 책을 읽고 생물학을 평생의 삶으로 택했을지는 구태여 말할 필요도 없을 것이다. 이어서 1965년에는 과학 교과서의 새로운 형식을 확립했다는 평을 듣는 『유전자의 분자생물학』(*The Molecular Biology of the Gene*)을 출간하며 생명과학의 시대를 열어젖혔다. 이 같은 그의 노력이 훗날 1990년 '인간유전체 사업'(The Human Genome Project)을 이끌어내는 데 결정적인 역할을 했음을 의심할 사람은 없을 것이다. 인간유전체 사업이 우리 인간의 삶에 미친 영향은 가히 혁명적이다. 그리고 그 엄청난 혁명이 어쩌면 '이중나선'이라는 작은 책으로부터 출발했을지도 모를 일이다.

분자생물학을 진화론과 연결하고 심지어는 철학의 경지로 끌어올린 두 명의 프랑스 생물학자들이 있다. 바로 리처드 파인만이 노벨물리학상을 받던 해에 노벨생리의학상을 수상한 프랑스와 자콥(François Jacob)과 자크 모노(Jacques Monod)이다. 이 두 생물학자는 내가 가장 감명 깊게 읽은 두 권의 과학책을 저술한 과학사상가들이다. 모노가 1971년에 출간한 『우연과 필연』(*Chance and Necessity*)과 자콥이 1982년에 출간한 『가능과 실제』(*The Possible and the Actual*)가 바로 그 두 권의 책이다. 이들을 포함하여 왓슨과 크릭, 행동유전학의 기틀을 마련한 미국의 물리학자이자 분자생물학자 시모어 벤저(Seymour Benzer), 그리고 사회생물학의 창시자 에드워드 윌슨(Edward Wilson) 등 현대 생물학의 거장들이 한결같이 거듭남을 경험했다고 고백한 책이 있다. 양자역학의 기초를 마련하여 1933년에 노벨물리학상을 수상한 오스트리아의 이론물리학자 에르윈 슈뢰딩거(Erwin Schrödinger)가 1944년에 저술한 『생명이란 무엇인가?』(*What is Life?*)만큼 현대 생물학의 발전에 크게 기여한 책은 아마 없을 것이다. 『생명이란 무엇인가?』에 소개된 유전부호를 지닌 화학물질에 대한 슈뢰딩거의 생각은 1946년에 노벨생리의학상을 수상한 유전학자 허먼 멀러(Hermann Muller)가 이미 1922년에 쓴 논문에서 설명한 내용과 상당 부분 일치하긴 하지만 물리학자가 쓴 생명의 본질에 대한 책은 남다른 혜안을 제시하며 놀라운 생물학의 발전을 이끌어낸 것이다. 학문 간의 넘나듦은 이처럼 예상하지 못한 다른 학문에서 화려한 꽃을 피울 수 있다.

과학자의 사회적 영향력

미국은 물론 세계 여러 나라의 과학 연구의 방향을 바꿔버린 인간유전체 연구를 이끌어낸 제임스 왓슨의 영향력 외에도 학문의 영역을 넘나들며 사회 여러 분야에 폭넓은 영향을 끼치고 있는 과학자들이 수두룩하다. 그 중에서도 국제 학술지 『포린 폴리시』(*Foreign Policy*)가 2005년 10월호 특집으로 마련한 '세계 100대 사회적 지식인'에서 10위권에 든 두 과학자를 소개하고자 한다. 『이기적 유전자』(*The Selfish Gene*, 1976)라는 영원한 베스트셀러로 우리 독자들에게도 매우 친숙한, 영국 옥스퍼드대학의 진화생물학자 리처드 도킨스(Richard Dawkins)가 노엄 촘스키(Noam Chomsky)와 움베르토 에코(Umberto Eco)에 이어 3위에 올랐고, 『총, 균, 쇠』(*Guns, Germs, and Steel*, 1997)로 퓰리처상을 수상한 생리학자이자 조류학자이며 진화생물학자이자 또 지리학자와 역사학자인 미국 로스앤젤레스 소재 캘리포니아 주립대학(UCLA)의 교수 제레드 다이아몬드(Jared

Diamond)는 9위에 선정되었다.

리처드 도킨스는 현대 동물행동학의 학문적 기반을 마련한 공로로 1973년에 콘라트 로렌츠(Konrad Lorenz), 칼 폰 프리쉬(Karl von Frisch)와 더불어 노벨생리의학상을 수상한 바 있는 니콜라스 틴버겐(Nikolaas Tinbergen)의 지도하에 박사학위를 받은 본격적인 동물행동학자이지만 학술적인 논문 외에 『이기적 유전자』를 시작으로 『확장된 표현형』(*The Extended Phenotype*, 1982), 『눈 먼 시계공』(*The Blind Watchmaker*, 1986), 『에덴의 강』(*River out of Eden*, 1995), 『불가능의 산을 오르며』(*Climbing Mount Improbable*, 1996), 『무지개를 풀며』(*Unweaving the Rainbow*, 1998), 『악마의 사도』(*A Devil's Chaplain*, 2003), 『조상 이야기』(*The Ancestor's Tale*, 2004) 등 내놓는 책마다 베스트셀러의 반열에 오르며 일반 독자는 물론 다른 학문 분야의 학자들에게 진화적 사고의 틀을 정립하는 데 역대 가장 큰 공헌을 한 생물학자가 되었다. 그래서 2006년에는 그의 동료 진화생물학자들이 글을 모아 『리처드 도킨스: 우리의 사고를 바꾼 과학자』(*Richard Dawkins: How a Scientist Changed the Way We Think*)라는 책을 내기도 했다. 그는 최근 『만들어진 신』(*The God Delusion*, 2006)이라는 책을 쓰며 종교, 그 중에서 특히 기독교가 어떻게 우리 인간의 사고를 흐리게 만드는가에 대해 통렬한 비판을 가해 엄청난 사회적 파장을 불러일으키기도 했다. 그런가 하면 2009년 '다윈의 해'를 맞아 진화의 증거를 조목조목 열거한 『지상 최대의 쇼』(*The Greatest Show on Earth: The Evidence for Evolution*, 2009)를 출간하며 왕성한 저술 활동을 이어가고 있다. 2009년은 다윈 탄생 200주년이자 그의 『종의 기원』(*On the Origin of Species*)의 출간 150주년을 맞는 해였다. 다윈의 진화론은 서양의 2000년 사상 전통을 송두리째 뒤바꾼 위대한 이론으로 평가받지만 여전히 많은 사람들은 이론의 진수를 이해하지 못하고 있다. 리처드 도킨스는 다윈이 시작한 과업을 이어가고 있으며 그 누구보다도 잘하고 있다.

현대 학문의 지식의 방대함으로 인해 더 이상 진정한 의미의 르네상스인의 출현은 거의 불가능해졌다. 한 개인이 두 분야 이상을 통달할 수 있던 시대는 지나갔다. 그러나 아주 드물게 우리 주변에는 여러 분야를 넘나들며 탁월한 능력을 발휘하는 인재가 있다. 제레드 다이아몬드가 그 대표적인 인물이다. 그는 일찍이 하버드대학을 졸업하고 영국 케임브리지대학에서 박사학위를 받은 뒤 캘리포니아 주립대학교 의과대학 생리학 교실의 교수로 임용되었다. 생리학 분야의 연구를 하면서도 틈을 내어 뉴기니 섬의 새들에 관한 진화와 생태 연구를 병행하여 조류학과 생태학 분야에서도 최고의 경지에 이르렀다. 환경 문제에도 관심을 가져 현재 캘리포니아 주립대학의 환경보건학과와 지리학과의 교수를 겸임하고 있다. 그의 대표 저서인 『총, 균, 쇠』는 1988년 퓰리처상과 더불어 영국과학저술상, 파이 베타 캐파 과학저술상, 캘리포니아 저술상 골드 메달 등을 수상하며 오랫동안 「뉴욕타임스」의 베스트셀러 목록에 오른 유명한 책이다. 이 책은 총, 균, 그리고 쇠가 인류 문명을 결정지은 요소임을 지리학 · 진화생물학 · 역사학 등 여러 학문의 관점에서 종합적으로 조명하여 많은 사람들에게 큰 영향을 미쳤다. 2005년에는 그 후속작으로 『문명의 붕괴』(*Collapse: How Societies Choose to Fall or Succeed*)를 내놓으며 이번에는 어떻게 한때 찬란했던 문명들이 힘없이 무너질 수 있는가를 분석하여 다시 한 번 사람들의 비상한 관심을 모았다. 그는 이 책에서 문명 붕괴의 원인으로 다섯 가지 요인을 분석했는데, 그 중에서 환경 파괴는 어쩌면 한 문명을 붕괴시키는 데 가장 결정적인 요인은 아닐지 모르지만 모든 붕괴한 문명에는 예외 없이 등장했던 공통요소임을 밝혀 환경의 중요성을 일깨웠다. 그의 또 다른 책 『제3의 침팬지』(*The Third Chimpanzee*, 1992)는 우리 인간과 침팬지, 그리고 보노보가 결국 모두 침팬지 가족일 수밖에 없다는 진화적 근거를 설득력 있게 분석한 책으로 영국과학저술상과 「로스앤젤리스타임스」 과학저술상을 수상한 바 있다.

이 세상 모든 일의 끝에는 글쓰기가 있다. 이는 과학자와 그의 소통 노력에만 국한되는 게 아니다. 우리 사회 전반에 걸쳐 전반적으로 적용되는 일이다. 논문이나 책을 쓸 때는 물론, 직장에서 기안 문서를 작성할 때, 연구계획서를 제출할 때, 사랑의 연애편지를 쓸 때, 심지어는 짤막한 트위터 글을 쓸 때까지 이 세상 모든 일의 끝에는 글쓰기가 있다.

과학의 소통, 과학자가 먼저 해야

지금까지 소개한 과학자들 중에서 제임스 왓슨은 워낙에 과학사를 통틀어 가장 위대한 업적을 남긴 과학자 중의 한 사람으로 객관적인 인정을 받는 사람이지만, 그 밖의 다른 이들은 반드시 그들의 학문 분야에서 압도적으로 일인 최고의 위치를 차지하고 있다고 말하기 어렵다. 그러나 그들은 한결같이 대중, 즉 일반 독자와 다른 학문에 종사하는 동료 학자들과 소통하려고 남다른 노력을 기울인 학자들이다. 그런 노력의 결과로 그들 자신이 보다 큰 지명도를 얻은 것은 말할 나위도 없지만, 그보다 더 중요한 것은 그로 인해 그들의 연구 결과가 보다 널리 알려지고 이해되어 그들이 몸담고 있는 학문은 물론 다른 인접 학문의 발달에 결정적인 도움을 주었다는 사실이다. 우리나라 과학자들 중에는 종종 대중과의 소통에 허비할 시간이 있으면 그만큼 더 연구에 매진하라고 질책하는 이들이 있지만, 세계적인 과학자들마저 그런 노력을 게을리 하지 않았음은 큰 시사점을 남긴다. 이런 점을 일찌감치 이해한 미국의 과학계는 정부 연구비를 받는 과학자라면 모두 자신의 연구 결과를 대중에게 알리는 노력을 하도록 의무적으로 요청하고 있다. 일찍이 아인슈타인은 자신의 연구 결과를 할머니에게 설명할 수 없다면 뭔가 잘못된 것이라고 말한 바 있다. 아무리 어려운 과학이라도 방법을 찾으면 대중과 소통할 수 있다.

과학은 학문의 속성상 기초부터 차근차근 쌓아가지 않는 한 쉽사리 이해하기 어려운 부분이 있다. 그래서 일반 대중 모두에게 이 같은 체계적인 학습 과정을 요구하는 것에는 무리가 따른다. 일반 대중의 과학적 이해를 향상시키려면 과학자가 먼저 노력해야 하는 까닭이 여기에 있다. 그런 노력은 과학자 자신은 물론 과학의 발전에도 도움이 되는 일임을 인식해야 한다. 그러나 대중과 소통하는 일은 당장 산적해 있는 연구 계획을 생각하면 때로 그리 쉬운 일이 아니다. 지나치게 이기적인 차원에서 과연 내게 도움이 되는가를 계산하기에 앞서 어느 정도는 과학계의 성원으로서 과학의 발전에 기여할 책임과 의무가 있음을 자각해야 할 것이다. 나는 바로 이 과정에 내가 늘 얘기하는 소통의 세 단계, 즉 비움, 귀 기울임, 그리고 받아들임의 과정이 다시 한 번 유효하다고 생각한다. 이 세상 모든 소통은 일단 자신을 비우는 일로부터 출발한다. 그래야 다른 것을 받아들일 수 있다. 하지만 자신을 비우는 일처럼 어려운 일이 이 세상에 또 어디 있을까? 거의 모든 종교의 가르침 첫 단계가 바로 자신을 비우라는 것이다. 그러나 진정으로 자신을 비울 수 있는 사람은 이 세상에 거의 없다. 예수님을 좇아가기 위해 그물을 내려놓으라는 얘기는 아니다. 그저 조금만 비우면 된다. 우리 사회에서 소통이 어려운 것은 우리 모두가 자신을 전혀 비우려 하지 않기 때문이다. 지금부터라도 그저 조금씩 비우는 연습을 해보면 어떨까 싶다.

이 과정은 똑같이 대중의 자세에도 요구된다. 과학은 어렵다든가, 배워야 아무 쓸모가 없다든가, 과학을 알고 나면 인문학적 상상력이 떨어진다든가 하는 식의 몽매한 생각을 버리고 과학을 받아들일 빈 공간을 조금씩 마련해야 한다. 그리고 과학에 귀 기울이다 보면 어느새 과학이 좋은 친구가 되어 있을 것이다. 리처드 도킨스는 『무지개를 풀며』에서 이 점을 특별히 잘 설명한다. 책은 영국의 낭만 시인 키츠가 그의 장편시 「라미아」에서 뉴턴이 개발한 분광학에 의해 무지개가 풀어헤쳐지는 바람에 무지개에 관한 시성과 상상력이 소실되었다고 말한 것에서 출발한다. 도킨스는 뉴턴 덕택에 오히려 우리가 훨씬 더 대단한 상상력을 갖게 되었다고 주장한다. 아폴로의 달 착륙으로 인해 계수나무 아래에서 방아를 찧는 토끼의 신화가 사라지며 신화적 상상력이 무너졌다고 주장하는 사람들이 있지만, 우주물리학의 발달로 인해 우리가 상상할 수 있는 공간이 얼마나 확장되었는지를 생각하면 과학은 오히려 우리의 상상력의 범위를 거의 무한대로 넓혀주었다는 걸 인정해야 한다. 상상력이라고 하면 거의 자동적으로 인문학적 상상력만 떠올리는 우리 사회의 편협함에도 문제가 있다. 과학적 상상력은 인문학적 상상력에 조금도 뒤지지 않는다. 과학자들도 인문학자 못지않게 많은 상상을 하고 산다.

귀뚜라미의 소통

귀뚜라미는 소리로 의사소통을 하는 대표적인 곤충이다. 귀뚜라미 수컷은 윗날개를 서로 비벼 소리를 내고 그걸 듣고 암컷이 찾아와 짝짓기를 한다. 캐나다의 곤충학자 윌리엄 케이드(William Cade)의 관찰에 따르면 귀뚜라미 수컷들이 하룻밤에 소리를 내는 시간은 개체에 따라 엄청나게 다양하다. 길게는 무려 11시간 동안 소리를 내는가 하면 어떤 수컷들은 30분도 채 울지 않는다. 귀뚜라미 수컷이 윗날개를 비비는 행동은 상당한 에너지 소모를 요구하는 행동이다. 팔을 뒤로 하고 서로 엇갈리게 하는 운동을 11시간 동안 계속한다고 상상해보면 이 행동이 얼마나 고된 일인지 쉽게 짐작할 수 있을 것이다. 이처럼 에너지 소모가 많은 행동을 누구는 무려 11시간 동안 수행하는가 하면 누구는 채 1시간도 하지 않는 것은 무슨 까닭일까?

케이드의 연구에 의하면 아주 짧은 시간 동안만 소리를 내는 수컷들은 이른바 얌체 전략을 쓰는 수컷들이다. 동물의 의사소통은 대체로 시각·청각·후각의 세 가지 감각에 의존한다. 이 중 청각에 의한 소통은 크게는 물리적 진동에 의한 소통에 포함되는 것으로서 어두운 밤에도 가능하다는 장점을 지니지만 한 가지 결정적 약점을 갖고 있다. 소리의 출처를 정확하게 짚을 수 없다는 점이다. 소리가 들려오는 방향은 알 수 있지만 그쪽 방향에 있는 수컷들 중 정확하게 어느 수컷이 그 소리를 낸 개체인지는 명확하게 알 방법이 없다. 얌체 수컷들은 바로 이 약점을 이용한다. 오랜 시간 동안 성실하게 소리를 내는 수컷 근처에 잠복해 있다가 그들이 내는 소리를 듣고 찾아오는 암컷의 길목을 가로막고 마치 자신이 그 소리를 낸 주체인 듯 행동한다. 일종의 속임수 전략을 쓰는 것이다.

한쪽에서는 이처럼 속임수 전략까지 쓰며 에너지를 아끼고 있는데 초저녁부터 울기 시작하여 동이 틀 무렵까지 줄기차게 울어대는 성실한 수컷들은 도대체 왜 그렇게 최선을 다하는 것일까? 스스로 알을 낳을 수 있는 암컷과 달리 수컷 귀뚜라미가 자기의 유전자를 후세에 남길 수 있는 유일한 길은 오로지 암컷의 간택을 받는 일이다. 만일 수컷이 그저 30분 정도만 울어도 암컷들이 수고한다며 짝짓기에 응해준다면 구태여 11시간씩 중노동을 할 필요가 없을 것이다. 가장 훌륭한 유전자를 지닌 수컷을 찾으려고 고심하는 암컷 역시 그리 쉽사리 결정을 내릴 수 없다. 신중한 암컷의 마음을 얻으려면 수컷은 끈질기게 구혼을 할 수밖에 없다. "목마른 자가 우물을 판다"고 했다. 소통은 원래 잘 안 되는 게 정상이다. 수컷 귀뚜라미가 자신의 뜻을 암컷에게 아무리 열심히 알리려고 해도 암컷이 듣지 않으면 그만이다. 그래서 수컷들은 암컷이 들어줄 때까지 울고 또 울어야 한다. 소통은 원래 소통을 원하는 쪽이 상대를 향해 끊임없이 노력해야 그나마 이뤄질 가능성이 있는 것이다. 예를 들면, 좋은 정책을 만들어놓아도 국민이 협조하지 않는다고 불평하는 지금 우리 정부의 태도는 소통의 본질을 전혀 이해하지 못하는 행동이다. 국민이 이해하고 수긍할 때까지 수천 번이라도 반복하여 설명하고 설득해야 하는 게 원칙이다.

결론적으로 말하면 현재 우리 사회의 소통 부재의 가장 근접적 원인은 소통하려는 노력의 부재이다. 국민이 과학의 중요성을 이해하지 못한다고 불평하는 과학자가 있다면 자신이 얼마나 적극적으로 과학을 알리려고 노력했는지 되물어야 할 것이다. 보수와 진보 진영이 서로에게 자신들의 입장을 이해해주지 않는다고 손가락질하기 전에 자신들의 의도를 얼마나 성실하게 그리고 열심히 설명했는가를 반성해볼 일이다. 미국 정치사에서 케네디 형제만큼 대단한 정치인들도 그리 많지 않았다. 존 F. 케네디는 제35대 미국 대통령을 지냈고, 로버트 케네디는 상원의원과 법무장관을 지냈으며, 막내인 에드워드 케네디는 무려 47년 동안 상원의원으로 활동했다. 암살된 두 형들만큼 화려하고 극적인 정치 편력을 갖고 있는 것은 아니지만 2009년에 에드워드 케네디가 사망했을 때 그에 대해 쏟아진 평가에 따르면 미국 정치사에서 그가 이룩한 업적은 사실 그의 형들의 업적들과는 비교도 되지 않는 대단한 것이었다. 가장 막강한 상원의원이었지만 가지지 못한 자들을 위해 사회복지와 인종차별 철폐를 위한 법안을 통과시키기 위해서 갓 입성한 신참 의원들의 사무실까지 직접 찾아가 몇 번이고 반복하여 설명하며 도움을 청했다고 한다. 힘없는 다른 의원들이 그의 사무실을 찾아올 때까지 기다린 게 아니라 그가 스스로 몸을 낮추고 후배 의원들을 일일이 찾아다녔다고 한다. 법안을 통과시키기 위해 한 표라도 더 확보하려고 그는 하룻밤에 11시간 이상 윗날개를 비벼댄 것이다. 거듭 강조하건대 소통은 소통을 원하는 쪽에서 죽을힘을 다해 노력해야 가능한 것이다. 미국 정치사에서 약자를 위해 에드워드 케네디보다 더 많은 법안을 통과시킨 정치인은 없었다고 한다. 그에 대한 사망 기사(obituary) 중 기억에 남는 대목이 있다. 어느 언론인이 쓴 글이었는데, 그는 에드워드 케네디보다 더 훌륭한 업적을 남긴 미국 정치인이 있으면 한번 나와 보라는 뜻으로 다음과 같이 썼다. "도대체 다른 어떤 놈이 있단 말이냐"(Who the hell else is out there?).

| 참고문헌 |

Dawkins, Richard, *Climbing Mount Improbable*, W. W. Norton & Company, 1996.

Jacob, Francois, *The Possible and the Actual*, The University of Washington Press, 1982.

Ridley, Matt, *Francis Crick: Discoverer of the Genetic Code*, Eminent Lives, 2006.

Watson, James D., *Molecular Biology of the Gene*, W. A. Benjamin, 1977.

Wilkins, Maurice, *The Third Man of the Double Helix: The Autobiography of Maurice Wilkins*, Oxford University Press, New York, 2005.

제레드 다이아몬드 지음, 김진준 옮김, 『총, 균, 쇠』, 문학사상, 2005.

제레드 다이아몬드 지음, 김정흠 옮김, 『제3의 침팬지』, 문학사상사, 1996.

제레드 다이아몬드 지음, 강주헌 옮김, 『문명의 붕괴』, 김영사, 2005.

리처드 도킨스 지음, 홍영남 · 이상임 옮김, 『이기적 유전자』(전면 개정판), 을유문화사, 2010.

리처드 도킨스 지음, 홍영남 옮김, 『확장된 표현형』, 을유문화사, 2004.

리처드 도킨스 지음, 이용철 옮김, 『눈먼 시계공』, 사이언스북스, 2004.

리처드 도킨스 지음, 이한음 옮김, 『조상 이야기』, 까치, 2005.

리처드 도킨스 지음, 이한음 옮김, 『악마의 사도』, 바다출판사, 2005.

리처드 도킨스 지음, 최재천 · 김산하 옮김, 『무지개를 풀며』, 바다출판사, 2008.

리처드 도킨스 지음, 이용철 옮김, 『에덴의 강』, 사이언스북스, 2005.

리처드 도킨스 지음, 이한음 옮김, 『만들어진 신』, 김영사, 2007.

리처드 도킨스 지음, 김명남 옮김, 『지상 최대의 쇼』, 김영사, 2009.

앨런 그래펀, 마크 리들리 지음, 이한음 옮김, 『리처드 도킨스: 우리의 사고를 바꾼 과학자』, 을유문화사, 2007.

자크 모노 지음, 조현수 옮김, 『우연과 필연』, 궁리, 2010.

에르빈 슈뢰딩거 지음, 전대호 옮김, 『생명이란 무엇인가: 정신과 물질』, 궁리, 2007.

신재식 · 김윤성 · 장대익 지음, 『종교전쟁』, 사이언스북스, 2009.

제임스 왓슨 지음, 최돈찬 옮김, 『이중나선: 생명에 대한 호기심으로 DNA 구조를 발견한 이야기』, 궁리, 2006.

리처드 파인만 지음, 박병철 옮김, 『파인만의 물리학 강의 1』, 승산, 2004.

리처드 파인만 지음, 김인보 옮김, 『파인만의 물리학 강의 2』, 승산, 2006.

리처드 파인만 지음, 정재승 · 정무광 · 김충구 옮김, 『파인만의 물리학 강의 3』, 승산, 2004.

리처드 파인만 지음, 김희봉 옮김, 『파인만씨 농담도 잘하시네 1』, 사이언스북스, 2000.

리처드 파인만 지음, 김희봉 옮김, 『파인만씨 농담도 잘하시네 2』, 사이언스북스, 2000.

리처드 파인만 지음, 홍승우 옮김, 『남이야 뭐라 하건』, 사이언스북스, 2004.

민주화된 과학기술 사회에서의 소통

이 덕 환

서강대학교 화학과 교수

서강대학교 과학커뮤니케이션 주임교수

문진연구센터 기획위원회 위원

* 이 글은 2010년 10월 1일 프레스센터에서 개최되었던 하버드옌칭학회-STEPI 심포지엄에서 발표한 내용을 대폭 수정하고 보완한 것임.

이덕환

서울대학교 화학과를 졸업하고 코넬대학교에서 박사학위를 받았으며 프린스턴대학교 연구원을 역임했다. 대한민국과학문화상(2004)을 수상하고, 과학기술훈장 웅비장(2008)을 수훈했다. 현재 서강대학교 화학과 교수 및 과학커뮤니케이션 주임교수로 재직 중이며 대한화학회 차기 회장(2011)에 선출되었다. 수준 높은 과학문화 대중화를 위해 노력하고 있으며 교육과학기술부 문진연구센터를 운영하고 있다. 『거의 모든 것의 역사』, 『거인들의 생각과 힘』을 비롯한 다수의 번역서와 『이덕환의 과학세상』, 『이덕환의 사이언스 토크토크』 등의 저서가 있다.

오늘날 우리 사회가 경험하고 있는 여러 가지 어려움이 심각한 소통의 단절 때문이라는 지적이 설득력을 얻고 있다. 정치계의 소통 단절에 의한 어려움은 어제오늘에 시작된 것이 아니다. 그러나 사회 전반에 걸쳐 이념 · 종교 · 지역 · 계층 · 세대 간에 심화되고 있는 대부분의 갈등도 원활한 소통이 이뤄지지 못하고 있기 때문이다. 더욱이 역설적으로 보일 수도 있지만, 소통의 단절이 더욱 심각한 문제로 부각되기 시작한 것이 우리 모두의 오랜 염원이었던 경제 성장과 정치적 민주화의 꿈이 실현된 1990년대 이후부터이다. 물론 우리 사회가 겪고 있는 소통의 어려움에 대한 정확한 진단은 쉽지 않다. 모든 문제를 소통의 단절 탓이라고 보는 것이 너무 표피적이고 상식적인 진단이다. 그럼에도 불구하고 원만한 소통의 필요성이 절실한 것은 누구도 부정하기 어렵다.

우리의 역사적 전통과 기질은 물론이고 우리가 처한 정치적 · 경제적 · 사회적 · 종교적 상황이 모두 원만한 사회적 소통을 어렵게 만드는 요인으로 지적되고 있다. 원인이 복잡하기 때문에 적절한 해결책을 찾아내는 일도 결코 쉽지 않다. 그러나 지난 10여 년 동안 우리 사회에서 나타난 변화를 중심으로 그 직접적이고 심층적인 원인을 짐작해볼 필요가 있다.

우리 사회는 지난 10여 년 사이에 급격한 민주화와 낯선 첨단 과학기술에 대한 우리의 인식 변화를 경험했다. 오늘날 우리가 살고 있는 사회는 한마디로 '민주화된 과학기술 사회'라고 할 수 있다. 국민 모두의 사회 참여가 보장되어 있고, 모든 사회 문제가 과학기술과 직접 또는 간접으로 관련된 사회라는 뜻이다. 일제강점기와 한국전쟁에 이은 권위주의적 권력에 젖어 있던 우리에게 30여 년의 투쟁으로 얻어낸 민주화는 역사적 · 사회적으로 매우 중요한 변화임에 틀림이 없다. 그러나 민주화를 달성하고 상당한 기간이 지났음에도 불구하고 사회를 이끌어가야 할 정치인을 포함한 사회 지도층은 새로운 사회 환경에 충분히 적응하지 못하고 있고, 국민들도 새롭게 주어진 자유와 사회적 책임을 충분히 소화해내지 못하고 있는 것이다.

놀라운 경제 성장에 따른 삶의 질 향상과 함께 그 존재가 더욱 뚜렷하게 부각된 현대 과학과 첨단 기술에 대한 우리의 인식도 크게 왜곡되어 있다. 특히 1990년대 말부터 본격적으로 시작된 환경 · 안전 · 건강에 대한 높은 관심이 과학기술에 대한 부정적인 인식을 증폭시키면서 과학기술에 대한 사회적 인식은 매우 복잡한 양상으로 변화하고 있다. 오늘날 우리 사회에서 현대 과학과 첨단 기술에 대한 일반적인 인식은 지극히 이중적이다. 한편으로 현대 과학과 첨단 기술이 우리에게 놀라운 경제 성장과 번영을 가능하게 해주었다는 긍정적인 인식이 있지만, 정반대의 부정적인 인식도 있다. 우리와 어울리지 않는 서구의 낯선 현대 과학과 첨단 기술이 우리의 아름다운 자연환경과 전통을 심각한 수준으로 훼손시키고 있다는 것이다. 더욱이 과학과 기술의 무분별한 도입에 의한 지나치게 빠른 사회 변화에 대한 피로감도 누적되고 있는 형편이다.

여기서는 민주화된 과학기술 사회에서의 소통에 대해 구체적으로 살펴본다. 특히 현대 과학과 첨단 기술에 의한 우리 인식의 변화, 현대 사회에서 과학기술의 함의, 그리고 과학기술이 원활한 사회적 소통의 걸림돌로 작용하는 현실을 개선하기 위한 대안을 모색해본다. 물론 민주화와 과학기술에 대한 인식의 변화가 우리 사회 소통 단절의 유일한 원인이라고 할 수는 없다. 그러나 민주화된 현대 사회에서 과학기술의 의미 · 가치 · 역할에 대한 분명한 인식이 원활한 소통을 촉진시키는 결과로 이어질 가능성이 매우 높은 것은 사실이다.

1. 과학기술과 사회의 새로운 관계

1) 현대 과학의 발전에 따른 세계관의 변화

현대 과학은 '우리가 어디에서 어떻게 살고 있는 누구인가'라는 우리의 가장 근원적인 의문에 대해 우리 인간이 찾아낸 가장 설득력 있는 해답이다. 물론 우리가 알고 있는 '과학'이 엄밀한 의미에서 완벽하다고 볼 수는 없다. 세월이 흐르면서 옳지 않은 것으로 밝혀지는 경우도 없지 않다. 결국 과학적 지식이 엄밀한 철학적 의미에서 만고불변의 절대적 진리라고 주장할 수도 없고, 현대 과학이 우리가 해결해야 할 모든 문제를 해결해줄 것으로 기대할 수도 없다. 그럼에도 불구하고 우리는 과학을 통해서 세상과 우리 자신을 인식할 수밖에 없다. 과학은 우리가 세상을 보는 '눈'이고, 그래서 세상과 우리 자신에 대한 우리의 인식은 과학의 발전에 따라 달라질 수밖에 없다. 비록 우리의 과학 지식이 패러다임에 따라 달라지는 제한적이고 상대적인 것이라고 하더라도 우리는 그런 과학에 의존할 수밖에 없다.

17세기 근대 과학 혁명으로 시작된 현대의 과학은 20세기에 들어와서 폭발적인 발전을 거듭했다. 특히 지난 반세기 동안의 성과는 그야말로 놀라운 것이었다. 우주 · 자연 · 생명에 대해 과거와는 비교를 할 수도 없을 정도로 획기적인 성과가 이룩되었다. 그 결과로 오늘날 우리의 세계관은 과거 어느 때와도 비교할 수 없을 정도로 달라졌다. 특히 철학과 윤리의 가장 기본적인 기반이라고 할 수 있는 우주관 · 자연관 · 생명관에는 획기적인 변화가 있었다. 그런 변화가 여러 가지 면에서 우리에게 부담스러울 수도 있지만 그런 이유 때문에 과학에서의 새로운 변화를 거부할 수는 없다. 전통을 이어가는 것도 중요하지만, 필요한 변화를 수용하는 것이 더 중요할 수도 있다.

역사적으로 볼 때 동양과 서양의 우주관은 확연히 다른 것처럼 보였다. 우주 만물에 대한 동양과 서양의 과학적 지식이 달랐기 때문이다. 동양은 우주 만물이 음양(陰陽)과 오행(五行)으로 구성되어 있다고 믿었지만, 서양은 철저한 기하학적 원리를 기반으로 하는 사원소(四元素)와 제5원으로 구성되어 작동하는 것으로 믿었다. 그러나 동양과 서양의 우주관은 모두 천문 관측을 기반으로 한 것이라는 공통점을 가지고 있다. 천문 관측을 위한 별다른 수단이 없었던 시절에는 눈에 보이는 것만으로 우주의 정체와 근원적인 원리에 대해 막연한 추정을 할 수밖에 없었다. 결국 동서양의 모든 문명에서 밤하늘에 반짝이는 모든 별들은 천구(天球)에 붙어서 함께 움직이고, 해와 달, 그리고 수성 · 금성 · 화성 · 목성 · 토성만이 나름대로의 규칙성을 나타내며 독립적으로 움직이는 것으로 인식했다. 결국 동서양의 고대 우주관은 독특한 움직임을 보여주는 일곱 개의 천체를 기반으로 하고 있다. 더욱이 그런 우주관이 단순한 우주관으로 끝난 것이 아니라 철학과 윤리의 가장 중요한 근거로 활용되기도 했다. 우리 자신이 우주의 중심에 위치한 정말 특별한 존재라는 우월감에 빠져들기도 했다.

그러나 오늘날 우리의 우주관은 동양이나 서양의 전통적인 우주관 중 어느 것과도 비교할 수 없을 정도로 확연하게 다르다. 우리는 밤하늘에 반짝이는 별들이 천구에 붙어서 움직이는 것이 아니라 모두 서로 엄청난 거리만큼 떨어져 있는 독립된 항성이라는 사실을 알고 있다. 우주에는 수천억 개의 그런 항성으로 구성된 천억 개의 은하가 존재하고, 우리의 항성 '태양'은 '은하수'라는 은하의 중심에서 상당히 벗어난 곳에서 빠르게 회전하는 평범한 별이라는 놀라운 사실도 밝혀냈다. 그뿐이 아니다. 우리의 우주가 137억 년 전의 크기를 말하기도 어려운 작은 특이점에서 시작된 빅뱅(대폭발)으로 시작되었고, 우주 만물이 6종의 쿼크를 포함한 17종의 기본 입자와 아직도 정체를 알 수 없는 암흑 물질로 구성되어 있는 것으로 이해한다. 20세기 후반에 우주에 쏘아올린 허블망원경을 통해서 밝혀낸 우주에 대한 전혀 새로운 사실들이다. 우주에 대해 전혀 다른 수준의 이해를 하고 있는 우리가 제한된 천문 관측에서 추론한 우주관에서 비롯된 철학과 윤리에 의존해야 할 것인지에 대한 심각한 고민이 필요하다.

지구에 대한 인식도 완전히 달라졌다. 지구가 둥글다는 사실을 알아낸 것만으로도 엄청난 변화였다. 그러나 1960년대 후반에 밝혀진 지구 내부의 구조에 대한 과학적 지식 덕분에 지구가 우주의 중심이고, 우주 만물이 우리 자신을 위해 존재한다는 황당한 생각은 완전히 버릴 수밖에 없게 되었다. 둘레가 4만 킬로미터에 이르는 둥근 지구의 내부에서 진행되는 거대한 규모의 핵분열 반응에서 발생하는 뜨거운 열이 끊임없이 쏟아져 나온다. 우리는 그런 열에 의해 뜨겁게 녹아 있는 마그마 위에 위험스럽게 떠 있는 '판'(tectonic plate)에 살고 있는, 초라하지만 별난 존재이다. 지각을 구성하는 판은 끊임없이 움직이면서 서로 충돌하고 밀치고 떠밀리는 과정에서 화산 · 지진 · 해일과 같은 엄청난 자연재해가 발생하기도 한다. 우리의 생존을 위협하는 자연현상이 우리에게 분노한 신(神)의 탓이 아니라 지극히 자연스러운 자연의 변화 과정에서 저절로 발생하는 것임을 알게 된 것이다.

생명에 대한 인식도 완전히 달라졌다. '살생을 하지 말라'는 부처의 가르침에는 움직이지 못하는 식물을 생명으로 보지 않았던 당시의 극도로 제한된 생명에 대한 인식이 담겨 있다. 당시에 생명과 무생명을 구분하는 유일한 근거는 '살아 움직인다'는 것뿐이었다. 그래서 살아서 움직이는 것이라면 아무리 하찮은 미물(微物)이라도 함부로 죽일 수가 없었지만, 반대로 아무리 거대한 규모라고 하더라도 식물의 경우에는 아무런 윤리적 부담을 느낄 이유가 없었다. 그러나 오늘날 우리의 생명에 대한 과학적 인식은 전혀 다르다. 비록 우리 눈에는 움직이지 않는 것처럼 보이는 식물도 엄연히 살아 있는 생물이다. 우리 눈으로는 그 존재조차 파악하기 어려운 박테리아라는 미생물(微生物)도 존재한다. 심지어 생물과 무생물의 경계에 위치한 바이러스의 존재도 명백하게 인식하고 있는 형편이다. 고등생물과 하등생물의 구분도 더 이상 정당화할 수 없는 임의적인 결론이었다.

우리 자신에 대한 인식도 과학의 발전에 따라 변화해왔다. 인간이 지구상에서 번성해왔던 수많은 생물종과 크게 다르지 않은 하나의 '평범한' 존재라는 사실은 20세기 중반 DNA의 구조가 밝혀지면서 탄생한 생명과학에 의해 드러난 전혀 새로운 인식이다. 우리 자신이 다른 생물종과는 달리 신(神)이나 절대자에 의해 특별하게 창조되었거나 선택되었다는 인식은 빠르게 힘을 잃어가고 있다. 우리가 생태계를 아끼고 보호해야 할 더욱 중요한 이유도 알게 되었다. 우리가 생태계와 함께하기 때문이라는 감성적인 이유가 아니라 우리 자신의 생존과 끊임없는 진화에 생태계와의 상호작용이 절박하게 필요하기 때문이다.

과학의 발전과 함께 변화해왔던 우주관 · 자연관 · 생명관의 영향은 단순히 세상과 생명과 우리 자신에 대한 인식에만 한정된 것이 아니다. 시대에 따른 세계관의 변화는 곧바로 사회와 우리 스스로의 삶에 직접적이고 심각한 영향을 주었다. 우리가 신과 같은 절대자에 의해 창조되거나 선택되었다는 인식은 사회의 계층적 신분 차별과 절대적 통치 권력을 정당화시키는 가장 확실한 논리적 근거로 활용되었다. 사회의 구조적 · 통치적 차원에서 과학의 효용가치는 일찍부터 알려져 있었다. 지만 사회적 영향은 극도로 제한되었다. 극심한 신분 차별과 절대 권력을 정당화시키기 위한 논리로 활용되었던 신화(神話)와 종교도 우주의 생성과 구조, 생명의 탄생 등에 대한 당시의 인식을 앞세워 설득력을 확보했다. 그런 논리적 근거를 효율적으로 확산시키기 위해 밤하늘에 반짝이는 별을 이용하기도 했다. 그리스 신화로 가득 채워진 '별자리'는 고대 그리스 사회가 과학과 적극적인 상호작용을 한 결과라고 볼 수 있다.

그러나 지동설로 시작된 근대 과학의 출현은 결과적으로 암울했던 종교적 폭압의 시대를 마감시켰고, 우리 자신에 대해 자유 · 평등 · 인권 · 민주와 같은 전혀 새로운 인식을 갖도록 만들어주었다. 오늘날 우리가 인류의 한계를 넘어서 생태계 전체를 지키는 파수꾼이 되어야 한다는 무거운 책임감을 느끼게 된 것도 현대 생명과학의 발전과 무관하다고 말하기 어렵다. 우리의 DNA가 다른 생물의 DNA와 크게 다르지 않다는 사실도 중요하고, 불확실한 미래 환경에 적응하기 위해서는 생태계의 전체 차원에서 느린 속도이기는 하지만 끊임없이 진행되는 진화의 기반을 포기할 수 없다는 사실도 중요하다. 결국 현대 과학은 과거와는 전혀 다른 새로운 세계관을 제시해줌으로써 오늘날 우리 모두가 높은 삶의 질을 함께 향유할 수 있는 정신적 · 현실적 기반을 마련해준 것이다.

2) 첨단 기술과 사회

기술은 '인간의 입장에서 편리함과 유용함을 실현시키는 수단'이다. 자연에서 얻을 수 있는 재료를 이용해서 다양한 목적으로 활용할 수 있는 도구를 만들기도 하고, 자연의 일부를 변형시키기도 하고, 사람들에게 유용한 서비스를 제공하기 위해 필요한 수단을 말한다. 우리 자신에게 유익한 것을 뜻하는 기술은 인간을 다른 짐승과 구별되도록 만들어주는 가장 중요한 특징 중 하나이다. 기술은 우리의 가치관에 의해 그 가치가 평가된다는 점에서 과학 지식과는 근본적으로 다른 것이다.

사실 육체적 · 생리적으로 연약한 인간이 다른 짐승들과의 경쟁을 견뎌낼 수 있었던 것은 50만 년 전에 시작했던 불을 사용하는 기술 덕분이었다. 다른 짐승과 차별화되는 인류 문명이 가능해진 것도 돌 · 청동 · 철을 이용해서 도구를 만들었기 때문이다. 그러나 인간이 짐승과 크게 다를 것이 없는 수렵채취 생활에서 벗어나 본격적으로 '사회'를 구성하여 '인간다운 삶'을 시작한 것은 1만 2천 년 전에 육종, 관개(灌漑), 천문 기술을 개발하면서부터였다. 농경과 목축을 시작하면서 인간의 '생산성'이 획기적으로 높아졌을 뿐만 아니라, 적극적인 분업과 전문화와 교환을 기반으로 하는 본격적인 경제 활동이 가능하게 된 것이 직접적인 원동력이었다. 경제 활동과 사회의 출현이 기술에 의해 가능해진 것이라는 뜻이다. 18세기 산업혁명 이후에는 증기기관처럼 인간을 대신해서 '일'을 해줄 수 있는 기계 장치를 개발하기 시작했다.

인류 문명이 시작된 후에도 기술 개발의 중요성은 줄어들지 않았다. 새로운 소재를 활용하는 기술에 따라 문명을 석기 · 청동기 · 철기로 구분할 수 있을 정도였다. 본격적인 산업 문명이 시작되기 전의 전통적인 농경 사회에서는 계절을 알아내기 위한 천문 관측 기술, 농기구, 마구(馬具), 무기의 제조 기술 등이 사회의 경쟁력을 결정하는 가장 중요한 요소였다. 19세기 말부터 등장한 현대 기술은 그 종류와 수를 헤아리기도 어려울 정도로 다양하다. 20세기에 등장한 정보 · 통신 · 신소재 등의 기술은 상상을 넘어서는 수준으로 우리 삶을 변화시켰다. 새로운 기술을 충분히 개발한 사회는 번성했고, 상대적으로 그렇지 못한 사회는 쇠퇴의 길을 걸을 수밖에 없었다. 분업과 교환에 필요한 금융과 운송 등의 기술도 중요했고, 보건과 의료 기술도 핵심적인 기술로 자리를 잡았다. 산업혁명 이후에 시작된 산업 사회에서는 기술을 기반으로 하는 경제력이 사회의 경쟁력을 결정하는 가장 중요한 요소로 자리를 잡았다.

3) 현대 사회에서 과학과 기술

현대 사회의 가장 중요한 특징은 산업혁명 이후에 등장한 자본을 앞세운 경제적 권력의 출현과 프랑스혁명에서 등장한 자유 · 평등 · 인권 · 민주와 같은 새로운 개념을 기반으로 하는 '민주화'라고 할 수 있다. 인간이라면 누구나 자유로워야 하고, 누구나 평등한 천부적 권리를 가지고 있다는 오늘날의 인식은 새로운 기술의 등장으로 사회의 생산성이 충분히 향상되어 누구나 상당한 수준의 삶의 질을 누리게 되면서 가능해진 것이다. 심지어 성직자에 의한 종교적 억압이 해소되기 시작한 것도 제지(製紙)와 인쇄 기술이 등장한 덕분이라고 볼 수 있다. 또한, 우주와 자연과 우리 스스로에 대한 과학적 지식의 확산도 핵심적인 기여를 하게 되었다.

우주와 자연에 대한 현대 과학적 이해는 과거와 전혀 다른 차원이다. 이제 우리는 밤하늘에 반짝이는 별과 자연으로부터 137억 년에 이르는 장구한 우주와 자연의 역사를 읽어낼 수 있는 능력을 갖게 되었다. 유구(悠久)한 것으로 여기던 산천도 사실은 지구의 중심에 위치한 외핵에서 일어나는 핵분열에서 방출되는 열에 의한 지각작용과 자연적인 풍화와 침식작용에 의해 끊임없이 변화하고 있다는 사실도 알아냈다. 생명에 대한 인식의 변화는 더욱 놀랍다. 우리의 세포핵에 들어 있는 DNA가 64진법으로 암호화된 생명의 신비를 담고 있다는 사실을 밝혀냈고, 진화는 끊임없이 변화하는 생태환경에서 생물이 적응하기 위한 가장 전략이라는 사실도 이해하게 되었다.

오늘날의 그런 과학은 정치적 · 종교적 · 사회적 · 인종적 · 성적(性的) · 세대 간의 차이에 상관없이 누구나 함께 공유할 수 있는 가치관을 정립시켜주는 기반의 역할을 한다. 모든 민주 사회가 요구하는 '사회적 합의'가 가능한 것도 현대의 과학이 사회구성원들이 공유하고 공감할 수 있는 가치관을 정당화시켜주는 합리적 · 이성적 · 논리적 기반을 제공해주기 때문이다.

기술의 발전도 사회의 민주화에 기여했다. 사회 전체적으로 삶의 질이 열악했던 시대에는 사회적 차별이 일상적이었다. 생존에 허덕이는 형편에서 인간으로서의 권리는 그림의 떡일 수밖에 없었다. 주택과 의복은 물론이고 음식까지도 사회적 신분을 과시하는 수단으로 활용되었던 것이 사실이다. 대량 생산이 불가능한 경우에 권력자들이 제한된 자원을 독점하는 것은 일상적인 일이었다. 과거 우리 선조가 물질적으로는 풍족하지 못했지만 사회적 · 정신적으로는 여유를 누리고 살았을 것이라는 짐작은 역사적 근거를 찾을 수 없는 우리의 착각일 뿐이다. 화학비료 · 농약 · 농기계를 이용할 수 없었던 과거 농경시대의 생산성으로는 인구의 70%가 노예 계급에 속했거나 또는 그에 버금가는 강도의 노동에 시달려야만 했다. 그렇게 해야만 나머지 30%가 비교적 인간다운 삶을 누릴 수 있었다. 그런 상황에서 이웃에 대한 배려는 지극히 제한적일 수밖에 없었던 것이 사실이다. 결국 우리가 상상할 수 있는 이상으로 극심했던 과거의 사회적 차별은 사회의 낮은 생산성 때문에 더욱 악화될 수밖에 없었던 셈이다.

2. 과학기술과 사회의 상호작용

과학기술과 사회의 상호작용도 시대적으로 끊임없이 변화해왔다. 처음부터 기술은 기술자의 전유물이었다. 초기의 기술자였던 고대의 주술사들은 자신들의 기술을 비밀스러운 '비법'(秘法)으로 신비화시켜서 자신들의 특별한 사회적 지위를 확보하는 수단으로 활용했다. 그런 사실은 지금까지도 원시생활을 계속하고 있는 오지(奧地)의 원시 사회에서 쉽게 확인할 수 있다. 기술이 곧 권력이었다.

사회가 복잡해지면서 기술자들은 지배자들을 위한 '테크노크라트'로 자리를 잡았다. 기술은 과거에 정치적 절대 권력을 유지시켜주는 가장 핵심적인 요소였다. 상업을 중시했던 유럽 봉건시대의 제후들도 새로운 기술을 개발할 수 있는 능력을 가진 '연금술사'들을 확보하기 위해 치열한 경쟁을 벌였다. 이제는 기업의 등장으로 사회가 훨씬 복잡해지기는 했지만 기술과 권력 또는 사회적 경쟁력과의 관계는 지금도 크게 달라지지 않았다고 볼 수 있다.

절대 권력이 지배하던 시기에는 사회 경쟁력의 핵심이었던 기술과 사회의 상호작용도 어쩔 수 없이 절대 권력을 중심으로 한정될 수밖에 없었다. 정치적 절대 권력의 테크노크라트로 자리를 잡은 기술자들은 권력자가 필요로 하고, 권력이 요구하는 기술을 개발해주는 대가로 사회적 지위와 권리와 이익을 보장받았다. 기술자가 굳이 권력의 범위를 벗어나 상호작용을 해야 할 이유도 없었고, 필요성도 없었다.

과학을 포함한 지식의 확산도 어쩔 수 없이 제한적일 수밖에 없었다. 사실, 지식을 널리 확산시킬 수 있는 현실적인 수단과 방법도 없었다. 더욱이 중세 말의 종교개혁의 경우에서 확인할 수 있는 것처럼 지식의 확산을 제한하는 것이 정치적 · 종교적 절대 권력의 유지에 도움이 되기도 했다. 그렇다고 모든 지식의 확산을 제한했던 것은 아니다. 절대 권력의 유지에 필요한 지배 논리는 적극적으로 확산을 시켜야만 했다. 고대 사회에서는 '신화'가 지배 논리를 확산시키는 가장 효과적인 수단이었다. 그런 신화를 널리 전파하기 위해 밤하늘에 반짝이는 별을 이용하기도 했다. 권력자가 임의의 기준으로 취사선택해서 제공하는 지식이 사람들의 이성을 마비시켜 합리적인 판단을 할 수 없도록 만들어버렸다. 윤회설을 믿으며 현실의 고통을 견뎌내고 있는 인도 천민 계급의 삶에서도 그런 사실을 확인할 수 있다. 왜곡된 지식 덕분에 현대적 윤리로는 용납할 수 없는 수준의 고통을 겪고 있는 사람들이 '행복한 삶'을 누리고 있다는 주장은 지극히 잘못된 억지이다. 역시 현대적 윤리 수준으로는 용납할 수 없는 열악한 삶의 질을 감수하고 있는 오지의 원시 부족들이 행복한 생활을 하고 있다는 주장도 합리적인 것이라고 하기 어렵다.

그러나 현대의 민주화된 과학기술 사회는 과학기술과 사회의 적극적인 상호작용을 요구하고 있다. 이제 더 이상 과학은 과학자의 전유물일 수가 없는 상황이 되어버린 것이다. 민주 사회가 요구하는 원만하고 합리적인 사회적 합의를 위해서 과학 지식이 충분히 일반화되어야만 한다. 일부 계층의 의도에 따라 과학 지식의 확산을 제한해서는 정상적인 사회적 합의가 불가능하다. 새로운 기술의 도입에 대한 사회적 합의도 예외일 수가 없다. 사회의 가치관에 어긋나는 기술은 진정한 기술이라고 할 수 없기 때문이다. 사회적 합의에 참여해야 하는 모든 구성원들이 새로운 기술의 정체를 정확하고 올바르게 이해해야만 하고, 새로운 기술이 우리 모두에게 미치게 될 긍정적인 면과 부정적인 면에 대해 충분히 예측할 수 있는 능력을 갖춰야만 한다.

물론 그동안 과학기술을 독점해왔고, 과학기술의 정체와 영향력에 대해 가장 잘 알고 있는 과학기술자들의 적극적인 노력이 필요하다. 그러나 현대 사회에서 과학기술과 사회의 바람직한 상호작용은 과학기술자들의 노력만으로는 불가능하다. 과학기술을 활용해야 하는 주체인 사회구성원들의 적극적인 관심과 노력이 반드시 필요하다. 어느 한쪽이라도 충분한 노력을 기울이지 않으면 과학기술과 사회의 바람직한 상호작용과 소통은 불가능하다.

그런 의미에서 오늘날 우리 사회에서 극도로 왜곡된 과학과 기술에 대한 인식은 반드시 바로잡아야 한다. 과학을 단순히 자연에 대한 우리 호기심을 통해 얻은 성과로 인식하고, 오락의 대상으로 여기는 자세는 절대 용납될 수 없다. 과학과 기술은 위험한 자연에서 우리 스스로의 생존을 보장하기 위해 애써 얻어낸 인류 공동의 자산이라는 확실한 인식이 필요하다. 과학과 기술에 대한 그런 인식을 공유하는 사회에서만 과학기술과 사회의 원만한 소통과 상호작용이 가능하다.

3. 과학기술의 소통을 가로막는 요인

오늘날 우리는 세계 10위권의 경제력과 세계 최고 수준의 사회적 민주화를 달성했지만 우리 사회에서 과학기술과 사회의 상호작용은 결코 바람직한 수준이라고 보기 어렵다. 사회 · 정치적 민주화 이후에 우리 사회가 경험하고 있는 대부분의 사회적 혼란, 분열, 갈등이 과학기술과 사회의 소통 단절에서 그 원인을 찾을 수 있다. 그러한 혼란과 갈등 때문에 우리 사회가 감당해야 하는 낭비도 엄청난 것이 현실이다. 자칫하면 우리 사회

발전의 원동력이었던 과학기술이 우리 사회를 퇴화시키는 요인으로 작용할 수도 있는 형편이다.

흔히 과학기술에 대한 부정적인 인식을 오래전 우리 사회를 지배했던 '사농공상'(士農工商)의 전통 때문이라고 보는 시각도 있다. 그러나 한 세기 전에 이미 자취를 감춰버린 그런 전통이 지금까지 살아남아 있다는 주장도 인정하기 어렵지만, 설사 그런 전통이 남아 있다고 하더라도 21세기에 우리의 문제를 선조가 남겨준 잘못된 전통 탓으로 돌리는 것은 용납하기 어려운 패배주의적 발상이다. 오늘날 우리 사회에서 과학기술의 소통을 가로막는 요인은 다양하다.

1) 전통의 상실과 급격한 사회 변화

우리 사회는 해방과 전쟁에 이은 정치적 혁명 등의 혼란의 과정에서도 세계가 놀라는 경제 성장을 이룩했다. 급격한 발전과 성장의 과정에서 우리는 오랜 세월 동안 이어져왔던 전통의 대부분을 상실해버렸다. 엄청난 성과를 이룩했음에도 불구하고 우리의 현실에 대한 인식은 매우 부정적이고 부정확하다. 우리가 제2차 세계대전 이후 산림 면적이 증가한 유일한 국가라는 사실도 무시되고, 지난 60년 동안 우리의 평균 수명이 30살 이상 늘어났다는 사실도 인식하지 못하고 있다. 도시와 주거 환경이 놀라운 수준으로 개선되었다는 사실도 애써 외면해버리고 있다. 우리 사회의 발전에 기여한 과학기술의 역할이 대부분 무시되거나 외면당하고 있다는 뜻이다.

2) 과학기술과 정치의 과도한 밀착

지난 반세기 동안 우리에게 낯설었던 현대의 과학기술을 적극적으로 수용했던 덕분에 오늘날 우리는 세계가 놀라는 기적과 같은 발전을 이룩했다. 그런 과정에서 우리 과학기술계는 어쩔 수 없이 정부와의 상호작용에 과도하게 집착했던 것이 사실이다. 세계 최저 수준의 경제력을 가지고 있었던 우리 사회가 과학기술에 관심을 보이지도 않았고, 최소한의 소통도 가능하지 않은 상황이었던 것도 사실이다. 그러나 이제는 달라졌다. 선진국 진입을 눈앞에 두고 있는 민주화된 사회의 과학기술계가 여전히 정부와의 소통에 매달리고 있을 수는 없는 일이다. 그럼에도 불구하고 우리 과학기술계는 여전히 정부의 과도한 보호막에서 벗어나지 못하고 있는 것이 사실이다.

3) 과학기술 관련 사회 문제의 정략적 활용 가치

1990년대에 사회 · 정치적 민주화가 이루어지는 과정에서 과학기술과 밀접하게 관련된 환경, 안전, 보건 · 의료 문제가 그동안의 정치적 구호를 대체할 수 있는 대안으로 자리를 잡게 되었다. 우리 사회가 처음 경험한 비정치적 사회 문제였던 동강댐 건설 문제가 대표적인 경우였다. 그 이후로 방폐장, 새만금, 고속철, 광우병, 멜라민, 석면, 기후 변화 및 녹색 성장 등으로 이어진 일련의 사회 문제들이 모두 그런 범주에 포함되는 것으로 볼 수 있다. 오늘날 우리 사회가 기후 변화의 문제를 세계 어느 선진국의 경우보다 심각한 문제로 인식하게 된 것도 기후 변화가 정략적으로 유용한 사회 문제로 대두된 탓이다. 환경, 안전, 보건 · 의료 문제에 대한 사회적 관심이 높아진 것은 바람직하지만, 그런 문제들이 정치적 이념을 반영하는 것으로 인식되어서 과학기술과 사회의 상호작용을 저해하는 걸림돌로 작용하고 있는 것이 현실이다.

4) '문과'와 '이과'로 구분된 불합리한 교육

현대의 과학은 고도로 분화되고 전문화되어 있는 것이 사실이다. 그런 과학을 누구나 쉽고 재미있게 배우고 이해하기는 어렵다. 그럼에도 불구하고 민주화된 과학기술 시대에서 과학기술과의 적절한 수준의 상호작용을 위해서는 누구나 상당한 수준의 과학 교육을 받아야만 한다. 그러나 우리의 경우에는 고등학교에서 시작되는 '문과'와 '이과'의 불합리한 구분이 정상적인 과학 교육을 가로막는 심각한 걸림돌이 되고 있다. 합리적 근거도 없는 교육행정적 이유 때문에 문과로 구분된 사람들은 평생토록 자신에게는 과학 지식이 전혀 필요 없다는 잘못된 신념을 갖게 된다. 그런 사람들은 신비를 앞세운 상업적 이익에 맹목적으로 현혹되어 자신의 건강과 재산을 잃어버리거나, 사회적으로 논란이 되는 과학기술 관련 사회 문제에 대해서는 이념적으로 편향된 극단적 선동(煽動)에 휩쓸려 우리 사회의 원만한 사회적 합의를 저해하는 역할을 하게 될 수도 있다.

'이과'의 경우에도 문제가 심각하다. 이과 학생들을 대상으로 하는 과학 교육은 오로지 과학적으로 중요한 개념을 철저한 위계적 질서에 따라 정확하게 교육시키는 것을 목적으로 한다. 과학이 무엇이고, 왜 필요한 것이고, 어떻게 활용할 수 있는 것인지에 대한 교육은 전혀 찾아볼 수가 없다. 더욱이 물리 · 화학 · 생명과학 · 지구과학으로 철저하게 구분된 분과적 접근으로 교육의 효율은 지극히 낮은 수준에 머무를 수밖에 없는 형편이다.

결국 문과와 이과로 구분된 불합리한 교육은 사람들에게 한편으로는 과학이 과학자의 전유물이라고 주장하면서 다른 한편으로는 과학이 이과 출신에게만 필요한 것이라는 극도로 모순된 인식을 심어주고, 사회를 '문과'와 '이과'로 구분함으로써 혈연 · 지연 · 학연에 버금가는 수준의 심각한 부작용을 일으키는 요인이 되고 있다. 최근에는 일본의 잘못된 '유토리'(餘裕) 교육철학을 맹목적으로 받아들여 과학을 완전히 외면하는 문과학생들이 전체의 70%를 넘어서는 심각한 상황으로 치닫고 있다.

5) 눈앞의 이익에만 매달리는 무책임한 기업

눈앞의 이익을 챙기기 위해 엉터리 과학 지식을 강조하는 우리 기업의 행태도 과학기술과 사회의 바람직한 상호작용을 가로막는 걸림돌이 되고 있다. 특히 가전제품과 식품가공 기업의 문제는 매우 심각하다. 수많은 기업들이 어처구니없는 사이비 과학적 주장을 앞세워 소비자를 현혹하고 있다. 음이온 공기청정기, 정수기, 세탁기 등의 가전제품이 대부분 그런 범주에 들어간다. 선진국의 규제 기관에서 퇴짜를 맞은 엉터리 가전제품도 국내 시장에 버젓이 내놓는 경우를 자주 볼 수 있다. 엄청난 규모의 광고 탓에 우리 언론도 가전제품의 어처구니없는 행태를 제대로 지적하지 못하고 있다.

식품가공 회사의 문제도 심각하다. 세계적으로 아무런 문제를 발견할 수 없었던 MSG(모노글루탐산 소듐)를 기업들 사이의 과도한 광고 경쟁 과정에서 국민들에게 건강에 해로울 수 있는 '화학조미료'로 인식시켜 스스로 퇴출시키는 황당한 일이 벌어지고 있다. 국내에서는 '무(無)MSG 제품'을 내세우면서 동남아시아의 후진국에는 대규모 MSG 생산 공장을 만들어 대량으로 공급을 하는 비윤리적인 행태도 계속하고 있다. '친환경', '무공해', '자연산' 등의 공허한 구호를 앞세워 소비자를 현혹하는 경우도 적지 않다.

6) 무책임한 언론

우리 언론의 과학기술에 대한 인식은 놀라운 수준으로 열악하다. 도무지 이해할 수 없는 이유 때문에 과학기술과 관련된 기사는 '중학교 3학년' 수준을 고집한다. 더욱이 과학기술에 대해서는 최소한의 상식도 없다는 사실을 공공연히 밝히는 '문과' 출신의 사건 담당 기자들에 의해 왜곡된 과학기술 관련 기사가 사회에 미치는 악영향은 결코 무시할 수 없는 상황이다. 우리 사회를 통째로 뒤흔들었던 황우석 사태는 언론이 만들어낸 사건이라고 해도 크게 틀리지 않을 정도이다. 그럼에도 불구하고 우리 언론은 아직도 과학기술 기사에 대한 상식적인 수준의 관리를 위한 투자도 아까워하고 있는 형편이다.

최근에는 익명성을 이용한 인터넷의 폐해도 감당하기 어려운 수준으로 악화되고 있다. 전혀 책임질 수 없는 자료들이 '퍼 나르기'를 통해 순식간에 인터넷 전체를 오염시키고 있고, 그 중 상당 부분은 언론을 통해 확대 재생산되는 어처구니없는 일이 반복되고 있다.

7) 전문성이 부족한 정부

기상청이 '오보청' 또는 '구라청'이라는 비난으로 곤혹을 치르고 있다. 슈퍼컴퓨터를 비롯한 고가의 장비를 갖췄지만 그런 장비를 충분히 활용할 수 있는 인력과 기술력을 갖추지 못하고 있다. 그럼에도 불구하고 기상청이 사회로부터 극단적인 비난을 면하지 못하고 있는 것은 기상청의 대(對)국민 설득력에 심각한 문제가 있기 때문이다. 대외적으로 확인시켜줄 수 있는 전문성을 확보하지도 못하고, 끊임없이 반복되고 있는 기상 재난과 이변에 대해 충분히 설득력 있는 설명을 제시하지도 못하고 있는 것이 기상청의 현실이다.

정부기관의 전문성 부족은 기상청에만 한정된 것이 아니다. 환경, 보건·의료, 식품 안전 등 전문성이 요구되는 거의 모든 정부기관들이 우리 사회에서 확실한 전문성을 인정받지 못하고 있는 것이 현실이다. 정부의 전문성 부족은 결과적으로 과학기술에 대한 불신으로 이어져서 과학기술과 사회의 상호작용에 걸림돌로 작용하게 된다.

4. 과학기술과 사회의 소통 개선

우리가 민주화된 과학기술 사회에 살고 있다는 사실은 누구도 부정할 수 없다. 맹목적으로 과학기술을 거부하고 '자연으로 돌아가자'는 주장은 우리의 역사적 경험과 냉혹한 현실, 그리고 발안한 미래를 무시한 비인간적이고 비인륜적인 주장이다. 과학기술이 우리에게 가져다준 긍정적인 혜택과 부정적인 문제를 정확하게 파악해서 합리적인 선택을 해야만 한다.

1) 과학기술의 효용성에 대한 확신

우리 인간은 과학기술을 이용해서 자연과 생명을 인식하고, 다른 짐승과 차별화된 문명을 이룩했던 것은 누구도 부정할 수 없는 역사적 진실이다. 그렇다고 우리에게 언제나 밝은 미래가 보장되어 있는 것은 아니다. 지구상에 등장했던 모든 생물이 그랬듯이 우리는 끊임없이 변화하는 환경의 변화에 적응하기 위해 끊임없이 노력해야만 한다. 우리 인류도 변화에 적응한 생물은 번성하고, 실패한 생물은 멸종의 운명을 맞이할 수밖에 없는 냉혹한 현실에서 예외일 수가 없다.

끊임없이 변화하는 자연 · 생태 · 생활 환경에서 우리의 생존은 우리 스스로 확보할 수밖에 없고, 우리가 활용할 수 있는 생존 수단은 과학기술뿐이라는 사실을 인정해야 한다. 과학기술은 단순히 우리의 생활을 넉넉하고 편리하게 만들기 위해 필요한 것이 아니라 치열한 경쟁 속에서 우리의 생존 확률을 높이기 위해 우리가 활용할 수 있는 유일한 수단이라는 사실을 정확하게 인식해야 한다. 지금까지 우리가 어렵게 확보한 기술에 만족하거나 아무 이유 없이 그 일부를 포기하는 것은 생존을 포기하는 것과 크게 다르지 않다.

과연 우리가 언제, 어떤 수준까지 지금과 같은 '발전'을 계속할 수 있을 것인지는 아무도 알 수 없다. 그러나 현재의 과학기술 수준에서 멈춰 선다면 우리의 운명은 명백해진다. 더 이상의 생존은 불가능하다는 것이다. 그런 뜻에서 우리는 이미 1만 2천 년 전에 브레이크 없는 전차에 올라타 버린 셈이다. 우리에게 과학기술에 의한 발전의 중단은 애써 이룩한 인류 문명의 종말을 뜻할 뿐이다. 물론 많은 사람들이 끊임없는 발전에 피로를 느끼게 되었다고 볼 수도 있다. 그러나 아직까지 다른 대안은 보이지 않고 있다. 우리의 노력이 종말을 향한 전진이라고 하더라도 어쩔 수가 없는 것이 현실이다. 다행히 지금까지 우리의 경험은 성공적이었고, 앞으로도 그런 행운이 기다려줄 것이라고 믿는 수밖에는 다른 도리가 없는 것이 사실이다.

2) 획기적인 과학 교육의 강화

과학기술과 사회의 상호작용을 개선하는 가장 근원적인 방법은 초중등학교의 과학 교육을 강화하는 것이다. 고도로 분화되고 전문화된 과학을 심심풀이로 배울 수는 없다. 과학이 쉽고 재미있는 것이라는 잘못된 환상도 버려야 한다. 자연의 신비를 밝혀내고, 우리의 생존 가능성을 높여줄 과학과 기술을이 누구나 이해할 수 있고, 흥미를 느낄 수 있는 하찮은 흥밋거리로 전락시켜서는 안 된다. 과학이 무엇이고, 우리에게 어떤 의미를 가지고 있는 것이고, 우리가 어떻게 활용해야 하는 것인지에 대한 충분한 교육이 필요하다.

학생들의 적성과 진로를 고려해서 '문과'와 '이과'로 구분해서 가르치겠다는 교육행정편의적 발상은 과감하게 포기해야 한다. 과학은 어렵고 재미없는 것이지만 우리의 지속적인 발전과 생존을 위해서라면 어쩔 수 없이 상당한 노력과 투자로 배울 수밖에 없다는 사실을 분명하게 인식해야 한다. 물론 교육의 과정에서 불필요한 어려움이나 낭비가 없도록 효율적이고 체계적인 교육 제도와 관행을 만들어야 한다.

3) 과학기술계의 인식 전환

이제 민주화와 선진화가 이룩된 21세기에 과학기술은 사회와 함께 호흡하며 발전할 수밖에 없다는 사실을 분명하게 인식해야 한다. 물론 정부와의 긴밀한 협력과 노력은 반드시 필요하다. 그러나 사회와 국민도 충분히 고려해야만 한다. 국민과 사회에 새로운 과학기술의 등장에 따른 긍정적 · 부정적 영향을 균형적으로 소개해주어서 사회가 민주적 절차에 따라 합리적 판단을 할 수 있도록 해주어야 한다. 민주화 · 선진화된 사회에서 국민과 단절된 과학기술은 더 이상 존재할 이유가 없기 때문이다.

그렇다고 과학자가 반드시 직접 나서야 할 필요는 없다. 과학기술과 사회의 상호작용이 단순하고 간단한 문제가 아니기 때문이다. 과학기술이 어렵고 재미없는 것과 마찬가지로 과학기술과 사회의 소통도 마찬가지로 쉬운 일이 아니다. 그래서 과학기술은 물론이고 국민과 사회의 기대와 요구를 충분히 알고 있는 과학커뮤니케이션 전문가를 활용해야 한다. 그렇게 하는 것이 많은 투자와 노력으로 길러낸 과학자를 더욱 효율적으로 활용하는 길이 될 수도 있다.

4) 언론과 인터넷의 합리적 비판 기능 강화

현대 사회에서 언론과 인터넷의 영향력은 절대 무시할 수가 없다. 이제 우리 언론도 과학기술에 대한 적극적인 투자를 해야만 한다. 기사의 수준도 '중학교 3학년' 수준에서 획기적으로 높여야 한다. 현대 사회를 지배하는 과학기술을 중학교 3학년 수준으로 이해하고, 활용할 수는 없는 일이다. 익명성을 앞세워 인터넷 전체를 오염시키고 있는 '퍼 나르기'의 폐해를 막을 수 있는 제도적 장치도 마련해야 한다. 자칫하면 정보화 시대의 꽃이라는 인터넷이 아무도 활용할 수 없는 무용지물이 될 수도 있는 상황이다.

5. 결론

과학기술과 경제사회의 긴밀한 상호작용은 절대 외면할 수 없는 시대적 과제이다. 오늘날 우리 사회가 경험하고 있는 과학기술과 사회의 소통 부재는 우리가 지금까지 애써 이룩해온 번영과 발전을 한순간에 물거품으로 바꿔버릴 수도 있는 심각한 문제라는 인식이 필요하다. 현대 사회에서 과학은 관심과 재능을 가지고 있는 사람들이 오락으로 즐기는 대상일 수가 없다. 민주화된 과학기술 사회에서 과학은 우리가 우주 · 자연 · 생명을 정확하게 인식하여 사회적 합의의 기반으로 삼을 수 있는 우리의 공통분모이고, 기술은 끊임없는 변화를 계속하고 있는 자연 · 생태 · 사회 환경에서 우리 자신의 생존 확률을 증진시켜줄 수 있는 유일한 수단이라는 인식이 필요하다. 우리가 변화하고 있는 기후를 되돌려서 몸살을 앓고 있는 지구를 구해낼 수 있는 능력을 가지고 있다는 착각에서도 깨어나야 하고, 우리가 사라진 이후의 지구를 걱정해야 한다는 잘못된 강박관념과 우리가 선택받은 특별한 존재라는 환상에서도 벗어나야 한다. 오로지 우리가 할 수 있는 것은 우리를 특별한 존재로 보이도록 만들어준 과학기술에 의존해서 불확실한 미래를 위해 함께 뚜벅뚜벅 걸어가는 것뿐이다. 그 길의 끝에 어떤 운명이 기다리고 있는지는 아무도 알 수 없다. 더 나은 미래를 향한 발전을 가로막는 장애요인은 우리

스스로의 힘으로 제거하고 극복할 수밖에 없다는 현실을 정확하게 인식해야 한다.

문진연구센터 소개

개요

인문사회와 과학기술의 융합이 필요하다는 주장이 힘을 얻고 있다. 인문학적 상상력과 과학적 합리성, 그리고 예술의 창의력이 합쳐져야만 우리 사회가 추구하는 창조적이고 합리적인 사회를 향한 새로운 도약이 가능하다는 뜻이다. 그런 융합의 필요성은 모두가 공감한다. 그러나 과연 어떤 길을 따라가야만 우리 사회가 요구하는 진정한 의미의 융합이 가능할 것인지를 파악해야 한다. 문진연구센터는 '문진'(問津)과 '문진'(問診) 및 '문진'(文鎭)하는 자세로 우리 사회가 요구하는 진정한 융합의 길을 찾아내는 역할을 담당한다.

문진연구센터의 목표

인문학과 자연과학의 단절은 단순한 이유에서 시작되고 심화되는 것은 아니다. 상당한 기간에 걸쳐 매우 다양하고 복잡한 이유를 걸쳐 나타난 것이다. 그 결과로 인문학과 과학기술은 서로의 가치를 인정하지 않고 반목하고 갈등하는 관계로 변해버렸다. 그러나 이러한 단절의 문제만을 고민할 것이 아니라 이제는 서로가 모여 상생하는 해결책을 모색해야만 한다. 더 이상 인문학과 과학기술의 불편한 관계가 용납될 수 없는 한계에 이르렀기 때문이다. 무엇보다도 과학기술에만 의존한 우리 삶의 질 향상은 기대할 수 없는 수준에 이르렀다. 포화상태에 이르게 된 66억 지구촌에서 인구가 지속 가능한 성장을 계속하는 일은 인문학과 과학기술이 함께 힘을 모아 해결할 수밖에 없는 가장 중대한 과제가 되었다.

이러한 절박한 인식에서 문진연구센터는 급격하게 변화하는 현대 사회에서 미래에 대한 합리적 대응을 위해 단계별의 과정을 점검해봄으로써 합리적인 해결책을 찾는다. 이를 위한 구체적인 방안으로는 각 분야의 전문가를 초빙하여 집중 토론회를 거쳐 우리 사회의 미래상에 대한 진지한 사회적 진단과 합의를 도출한다. 당장 해결해야 할 현안에 천착하기보다는 장기적이고 궁극적인 비전에 대한 합의를 도출하는 것이 우선적이라고 할 수 있다. 궁극적으로는 선도적인 연구방법론 개발과 다양한 소통 방법을 통해 연구 성과를 공유하고 연구 성과의 확산을 위해 함께 노력하는 구심점 역할을 담당하는 것이다.

핵심 사업

- 문진토론회 개최: 다양한 분야의 전문가를 확보하여 토론을 통해 사회적 진단과 합의 도출.
- 문진총서 발간: 문진토론회의 성과의 공유와 확산.
- 융합 심포지엄 개최: 융합적 시각을 통해 우리 사회의 바람직하고 궁극적인 비전 제시.
- 성과확산 총괄센터: 인문사회-과학기술 학제간 융합연구 지원사업의 성과 확산

문진연구센터 기획위원

성명	소속	성명	소속
엄정식	서강대학교 철학과	이대일	명지대학교 디자인학부
이덕환	서강대학교 화학과	이승종	서울대학교 화공생명공학부
최재천	이화여자대학교 에코과학부	이정모	성균관대학교 심리학과
정 민	한양대학교 국문과	한경구	서울대학교 자유전공학부

인문사회-과학기술 학제간 융합연구 지원사업

2010년도 과제

새싹형

동해와 환동해 지역의 자원과 환경에 대한 학제간 융합 연구	한철호	동국대
인간을 위한 생명과학의 윤리적 토대 구축	이상목	동아대
경제 · 사회 · 금융 현상의 분석과 예측을 위한 융합 연구: 미시적 상호작용과 집단행동을 중심으로	강상훈	부산대
의료인문학 연구: 전통 및 근현대 의학에 대한 인문학적 성찰과 소통	황상익	서울대
프랙탈에서 예술작품까지: 아름다움의 과학	이승복	충북대
주의력결핍 및 과잉행동장애, 게임중독, 그리고 불안 · 우울 치료에 대한 뉴로피드백 효과와 뇌-컴퓨터 인터페이스를 이용한 기능성 게임 개발	조한익	한양대

씨앗형

삽화와 상위인지 전략지도가 영어 읽기 이해에 미치는 영향: Working Memory, Eye Movements, fMRI 데이터를 중심으로	최성묵	경북대
현장 데이터 기반 프로세스마이닝 기법을 활용한 환경친화적 제품 설계에 관한 연구	최상현	경상대
고혈압 치료의 보조 요법으로서의 의복 환경 조절을 통한 혈관 기능 개선 연구 및 의복 처방 프로그램 개발	유신정	경희대
촉각(觸覺)의 문화융합학: 인문학, 의학, 공학의 학제적 연구를 통한 촉각 연구의 플랫폼 구축	안덕선	고려대
치유를 위한 불교의 마음챙김과 사상의학의 융합 연구	박성식	동국대
감정이입과 통합 사고에 기반한 사회 갈등 치유	오영석	동국대(경주)
임산부를 위한 명상치유 프로그램(MPW) 개발과 그 적용 효과에 관한 검증 연구	백경임	동국대(경주)
유산소 운동과 저항성 운동 트레이닝이 제2형 당뇨병 환자의 기초대사량, 마이오넥틴 및 인슐린 저항성 지표에 미치는 영향	임 수	분당서울대학교병원
정원 문화로 본 한 · 중 전통생활 미학 탐구 연구	김동욱	상명대(천안)
식물 윤리의 관점에서 본 원예 활동의 교육 모델 개발: 철학적, 심리적, 교육적 아동교육 프로그램	곽혜란	서울교대
복잡계 네트워크에서 시스템의 동태적 특성에 기반한 광역 도시권 분석과 수치모델 개발	이정재	서울대
디지털 시대의 엔터테인먼트 콘텐츠 투자를 위한 융복합적 가치 평가	나영국	서울시립대
발효 문화의 창출과 확산: 발효 음식에 담긴 인간, 자연, 문화에 대한 학제간 융합 연구	정연식	서울여대
기후, 문화, 변화: 기후변화에 따른 생태변이로서의 Chimera, 문화 속의 Chimerism	장매희	서울여대
발달장애 가족의 교육적, 정서적 역량 강화를 위한 기능성 모바일 콘텐츠 개발	양심영	숭의여대
로커티브미디어 콘텐츠 발전 방향에 관한 연구: AR, LBS, 그리고 사용자의 경험을 중심으로 하는 학제간 융합 연구	김효동	아주대
집단심상통섭연구센터 설립을 위한 융복합 연구: 사전기획 연구—현대 일본사회의 감성 지형 분석	최범순	영남대
한국 전통 음식문화의 세계화를 위한 미각의 평가 모형 개발과 활용방안에 관한 연구	김용성	전북대
센서기반 행동공학 연구를 통한 안전 사회 구현 연구	김대원	중앙대
지구 온난화 및 한랭화 시기의 역사적 고찰과 미래 기후변화 대응방안 모색	이 유	충남대
녹색성장 국가전략의 성공적 추진을 위한 유비쿼터스 융합교육 시스템 구축 방안 연구	변호승	충북대
휴먼 오피니언 자동 분류시스템 구현을 위한 언어학적 의미 · 구문 패턴 모형 연구	남지순	한국외대
노인 암 환자의 삶의 질에 관한 연구	윤현숙	한림대
청소년 자살 예방을 위한 기능성 게임 개발 기초 연구	이지숙	호서대

2009년도 과제

새싹형

국가공동체 생존을 위한 다학문간 '융합방법' 연구: 기후변화 대응 저탄소 녹색성장을 위한 응용전략 수립 및 실천	김학수	서강대
녹색과학 통역 프로젝트: 생물 컨텐츠와 예술 언어의 융합을 통한 대국민 소통	장이권	이화여대

씨앗형

LMO에 대한 사회와 과학기술간 이해와 소통	한미영	과학창의재단
한국 중세 원림(園林)의 미학에 대한 학제간 연구	김창원	경기대
노인성 인지 저하 및 치매 예방을 위한 기능성 게임 프로젝트 개발	최문기	고려대
국가 연구개발 서비스 시스템 선진화 방안 연구	김현수	국민대
동해와 환동해 지역 연구: 학제간 융합 가능성 모색	이혜은	동국대
마음학: 인간의 마음에 관한 과학적 설명+철학적 성찰	류지한	동의대
호모후마니타스의 사생학: 융합인문학의 확산과 공유의 관점에서	정효운	동의대
과학적 장 개념과 영문학, 물리학, 건축학의 조우	조일제	부산대
금융시장의 분석과 예측을 위한 학제간 융합 연구	윤성민	부산대
친환경 정보기술과 정책 수단을 이용한 온실가스 감축 효과의 평가모형 개발에 관한 연구	이혁주	서울과학기술대
의료 인문학 연구: 보건 의료와 의생명과학에 대한 인문학적 성찰	황상익	서울대
사회적 필요와 인문적 가치에 기반한 융합기술영향평가 예비연구	강남준	서울대
인간-동물문화 연구	이 항	서울대
신르네상스 시대 융합적 인지과학의 창조적 도약을 위하여: '주의'를 근간으로 한 인문/사회/자연과학의 학제간 연구	최명원	성균관대
인간 중심의 Social Computing을 위한 HCI 연구단: 실버 세대를 위한 Digital Content Platform 개발 기초 연구	김진우	연세대
웨어러블디스플레이 기술을 활용한 테크스포츠웨어 기반기술 개발	유재수	중앙대
프랙탈 이미지를 이용한 미적 경험의 과학적 분석	이승복	충북대
국가 식품생활용품 종합 안전관리 체계 구축 방안 연구	박현민	한국표준 과학연구원
외부 이상충격에서 시스템의 동태성 관점을 활용한 사회조직체의 대응 전략	유병길	한국항공대
지역문화 특성을 반영한 지속가능한 농어촌 지역사회 생활환경 모형 개발 기초 연구	최목화	한남대
이주민의 사회적 적응, 초국가적 정체성과 유연한 시민권에 대한 연구	박소라	한양대